Transformation digitale

David Fayon et Michaël Tartar

Transformation digitale

5 leviers pour l'entreprise

PEARSON

Mise en pages : APS-Chromostyle, Tours

ISBN : 978-2-7440-6607-8

Sommaire

Remerciements

@fayon remercie en particulier :

- Géraldine, nos filles et leur petit frère @fayonsson.
- Ses amis, fans, abonnés, contacts, lecteurs, etc.
- Les dirigeants et les étudiants qu'il forme et qui nourrissent des échanges précieux.
- Ses anciens collègues de La Poste.
- Ses équipiers de Puzlin pour la nouvelle aventure 2.0 à écrire.

@michaeltartar remercie en particulier :

- Nathalie, Bérénice, Cassiopée, Enzo pour leur soutien et leurs encouragements.
- Ses parents qui l'ont encouragé dans sa passion pour l'informatique.
- Ses clients, confrontés à de forts enjeux de transformation digitale, qui lui ont fait confiance et lui ont beaucoup appris.
- Ses collègues non technophiles pour lesquels il a dû faire l'effort de vulgariser l'apport des technologies et leur transmettre son enthousiasme.
- Ses collaborateurs avec lesquels il a élaboré des démarches conseil pour accompagner la transformation digitale de ses clients.
- Les auteurs et contributeurs de livres et études traitant d'une partie de la problématique que pose le digital, tels

que la communication digitale, les médias sociaux, les architectures, la relation clients, la conduite du changement, etc.
- La multitude d'internautes avec lesquels il échange au travers des médias sociaux (notamment Twitter et LinkedIn) sur des problématiques de transformation digitale.

Nous remercions également :

- Google et en particulier Gmail et Google Spreadsheet sur lesquels nous avons passé de nombreuses heures, parfois en simultané, souvent chacun de notre côté, pour construire le modèle de manière collaborative, en coconstruction, ce que l'un modifie étant immédiatement visible par l'autre, où qu'il soit.
- Starbucks où il fait bon travailler grâce aux prises de courant et au Wi-Fi, tout en dégustant un café et quelques friandises (Michaël recommande le marbré au chocolat et à la pistache, David est plutôt inconditionnel du *carrot cake*), où nous avons fait la plupart de nos réunions de travail, en mobilité.
- Skype, qui nous a permis de faire une multitude de visioconférences, notamment lorsque le téléphone passait mal dans certains bâtiments.
- FreeConferenceCall.com (merci Yann !), idéal pour enregistrer une interview au travers d'une ligne téléphonique classique, puis de récupérer un fichier MP3 qui deviendra un podcast sur le site qui prolonge le livre.
- La multitude d'outils bureautiques, ordinateurs et *smart*, abonnements télécoms, médias sociaux, qui nous ont permis de créer le contenu de ce livre, en débattre, le corriger, l'amender, illustrant notre propos et montrant comment la maîtrise des technologies libère la créativité et l'innovation.

Nous remercions **Gilles Babinet** (@babgi), Digital Champion et **Georges Epinette**, directeur de l'organisation et des systèmes d'information du groupement des Mousquetaires, respectivement pour leur préface et postface.

Nous remercions Bernard Quinio, vice-président délégué à la formation tout au long de la vie à l'université Paris Ouest Nanterre-La Défense, Michel Volle promoteur de l'iconomie pour leur relecture attentive, ainsi que les promoteurs à venir de notre présent modèle. Nous remercions aussi Dorothée Scurti qui nous a mis en relation.

Nous remercions enfin les personnalités que nous avons interviewées et qui ont apporté des éclairages et des retours d'expérience pertinents qui ont permis de corroborer notre vision :

- **Catherine Barba** (@cathbarba), fondatrice de Catherine Barba Group (p. 191).
- **Alain Bensoussan** (@A_Bensoussan), avocat, directeur du cabinet du même nom spécialisé en droit des nouvelles technologies (p. 221).
- **Jean-Michel Culioli**, directeur des systèmes d'information, groupe Vitalia (p. 113).
- **Georges-Edouard Dias** (@gedias), *chief strategy officer*, QuantStreams (p. 69).
- **Damien Douani** (@damiendouani), expert nouveaux médias et technologies, cofondateur de l'agence FaDa social agency (p. 104).
- **Yann Gourvennec** (@ygourven), fondateur de Visionary Marketing (p. 174).
- **Françoise Gri** (@fgri), Directrice Générale, Pierre & Vacances Center Parcs (p. 45).
- **Eric Horesnyi** (@frenchaiku), PDG de Motwin (p. 120).
- **Stéphane Hugon** (@souslecedre), sociologue, fondateur du cabinet Eranos (p. 155).
- **Olivier Iteanu** (@iteanu), avocat, chargé d'enseignement en droit du numérique aux Universités de Paris I et Paris XI (p. 214).
- **Franck La Pinta** (@flapinta), responsable de la stratégie digitale et de la communication externe RH du groupe Société Générale (p. 147).

- **Laurence Paganini** (@PAGANINI_lauren), directrice générale de Kaporal (p. 54).
- **Arnaud Rayrole** (@arayrole), PDG de Lecko (p. 162).
- **Emmanuel Vivier** (@emmanuelvivier), cofondateur de HUB Institute (p. 183).

Des mêmes auteurs / ouvrages en collaboration

ALLOING Camille, FAYON David, *Développer sa présence sur Internet*, Dunod, 2012

BALAGUÉ Christine, FAYON David, *Facebook, Twitter et les autres… Intégrer les réseaux sociaux dans une stratégie d'entreprises*, Pearson, 2e éd., 2012

BALAGUÉ Christine, FAYON David, *Réseaux sociaux et entreprise : les bonnes pratiques*, Pearson, 2011

CORDINA Paul, FAYON David, *Community management*, Pearson, 2013

FAYON David, *Géopolitique d'Internet – qui gouverne le monde ?*, Economica, 2013

FAYON David, *Web 2.0 et au-delà*, Economica, 2e éd., 2010

FAYON David, *Clés pour Internet*, Economica, 2006

FAYON David, *L'informatique,* Vuibert, 1999

TARTAR Michaël, « Les Web Services, pourquoi ? 10 questions essentielles », Livre blanc BearingPoint, SAP, Sun, 2002

TARTAR Michaël, « L'e-administration au cœur de l'innovation territoriale », Livre blanc Communautés Urbaines de France et Caisse dépôts, 2008

TARTAR Michaël, « Référentiel des usages IT au travail », Etude BearingPoint, Eranos, AddedValue sous l'égide de Microsoft, 2009

TARTAR Michaël, « De la boîte à idée à l'innovation 2.0, l'innovation dans tous ses états », Livre blanc BearingPoint, 2010

TARTAR Michaël, sous la direction de KABLA Hervé, GOURVENNEC Yann, *Les médias sociaux expliqués à mon boss*, Éditions Kawa, 2011

TARTAR Michaël, FALQUE Éric, WILLIAMS Sarah-Jayne, *Les paradoxes de la relation client dans un monde digital*, Pearson France, 2011

TARTAR Michaël, « E-commerce & cross-canal, nouvelle donne pour les enseignes et les centres commerciaux », Etude BearingPoint pour le CNCC, 2012

TARTAR Michaël, sous la direction de KABLA Hervé, GOURVENNEC Yann, *La communication digitale expliquée à mon boss*, Éditions Kawa, 2013

Préface

Paris aujourd'hui, un lundi matin d'été. Une longue journée qui commence avec un rendez-vous avec le PDG d'une des grandes entreprises du CAC 40. C'est plutôt encourageant. Nous parlons de l'agilité numérique des entreprises. Ce grand patron me dit combien il veut faire de sa société une plateforme. Il utilise les mots justes, me parle du siège de Facebook où il s'est rendu, il y a quelques semaines. Il souligne tous les défis techniques que sa société a rencontrés au cours des années passées et qu'elle est finalement plutôt convenablement située sur son marché.

Vers la fin de la matinée, je quitte finalement son bureau pour aller rencontrer l'un des directeurs d'une autre société du CAC 40, très technologique. C'est moins bon. Nos indicateurs ne les classent pas très bien ; ils se défendent. Je suis obligé de sortir ma grille conçue avec mon entreprise CaptainDash en partenariat avec le journal Les Échos pour leur expliquer que c'est dans le volet « Culture numérique » qu'ils n'excellent pas. En réalité leur note sur ce critère est catastrophique : 4/20. La conséquence d'une société trop isolée, peu ouverte sur le monde des start-up, de l'innovation de rupture.

Il ne s'agit malheureusement pas d'une exception. Dans cette révolution numérique, nombreux sont ceux qui trop souvent pensent qu'il s'agit de technologie. Les structures ne changent pas, les hommes non plus, les certitudes encore moins. Dans ce monde français, la maîtrise technologique représente une forme de fait d'arme, une marque de noblesse, la traduction de principe scientifique dans le monde réel. Et l'adoption par le consommateur n'est pas nécessairement un aboutissement ; des cuisants échecs, comme ceux d'avions commerciaux supersoniques ou d'avions de chasse si sophistiqués que personne n'en veut plus, sont là pour nous le rappeler.

C'est, je crois, le point principal, la révolution numérique n'est pas un fait technologique. C'est avant tout une question de culture. Une culture qui repose sur la transversalité, l'ouverture, l'utilisation judicieuse de la multitude, de la donnée et surtout la valorisation de l'expérience utilisateur, du client. Des notions qui sont, il faut l'avouer, parfois difficiles à admettre dans un pays. Faut-il désespérer ? Faut-il finalement abdiquer, en considérant que notre modèle, ce modèle verticalisé qui a probablement longtemps représenté une force pour notre pays, un modèle qui exprimait discipline et rigueur, n'est souvent plus que rigidité et crispation ?

Je n'ai pas ce regard et ce n'est souvent pas celui de beaucoup d'étrangers qui observent la France. Ils y trouvent un pays ingénieux, dont les formations sont souvent de bonne qualité. Ils observent que les entreprises du CAC 40 restent remarquablement efficaces et que leur modèle de management fait souvent école dans les meilleurs MBA anglo-saxons.

En réalité, le modèle numérique, très transversal, pragmatique, et ouvert, n'est pas si incompatible que cela avec le nôtre. Parce que le principe de délégation propre aux méthodes de type agile comprend aussi beaucoup de rigueur et de partage d'un objectif commun. Parce que, au-delà de la technologie, il est composé de nombreux processus, très structurés, impliquant de nombreux points de mesure (KPI), parce qu'il comprend beaucoup de fonctions spécialisées qui commencent à poindre dans ce pays. Et aussi parce que les mathématiques, le design, des compétences où les Français excellent, sont particulièrement présents au sein des projets numériques.

Même des technologies très pointues comme le big data sont de mon point de vue avant tout des enjeux culturels. En permettant de faire des corrélations entre des données issues d'univers totalement différents, le big data accroît de façon fantastique les opportunités transversales au sein des entreprises. C'est ce que je constate chaque jour avec ma société, CaptainDash : nos tableaux de bord, construits sur une architecture de big data Hadoop, permettent de créer de nouveaux KPI et finalement donnent une lecture beaucoup moins hiérarchique de l'entreprise.

Il est à présent plus de minuit ; je regarde quelques-uns de mes méls. Le PDG du groupe croisé l'après-midi me dit combien il est heureux de vivre la révolution numérique. « Qu'est-ce que c'est dur ! » m'avait-il confié en riant, il y a quelques jours. Mais je sais qu'au travers des quelques mois qu'il a déjà passés à la tête de son entreprise, des mesures qui vont radicalement changer l'esprit de l'entreprise ont été prises. De nouveaux locaux dont la configuration privilégie le décloisonnement et le travail d'équipe en témoignent. Des projets de partenariats avec de nombreuses start-up, écoles et universités. Autant d'initiatives qui auraient semblé incongrues voici une année seulement. Mais il n'a que peu à voir. Formé à Polytechnique, ayant gravi tous les échelons d'un grand groupe anglo-saxon, il est finalement revenu en France, muni de son précieux bagage, cette expérience plurielle, internationale. J'ai appris dans l'après-midi qu'il avait d'ailleurs un temps partagé un appartement avec l'autre PDG avec qui j'avais commencé la journée !

Je me demande si les deux PDG avec lesquels j'ai échangé aujourd'hui sont à présent couchés ; je les imagine tout comme moi en train d'envoyer des méls, taper des textes et échanger avec des internautes sur les médias sociaux. Ouverts sur le monde, compétents techniquement, ils sont prêts à embrasser une nouvelle forme de management. Ils savent que c'est un réel challenge. Mais déjà on observe le changement, ils dévorent sans cesse de nouveaux conseils venus d'entrepreneurs numériques. Ils changent la structure, la forme, la gestion de projet ; ils bouleversent l'entreprise.

Tout cela, c'est le propos du livre que vous tenez entre les mains. Il bâtit un modèle générique pour toute organisation. David Fayon et Michaël Tartar ont en effet développé un outil pragmatique, construit autour de thèmes pertinents pour une approche à 360 degrés de la problématique du digital (Organisation, Personnel, Technologie et innovation, Produits et services, Environnement) propres à aider à comprendre ce qui représente le degré de maturité d'une organisation. C'est également un outil permettant de mieux comprendre le management du XXIe siècle tout en étant évolutif et en bénéficiant des apports de la multitude. Un moyen de comprendre pourquoi ce n'est plus la force brute, mais l'intelligence de la donnée, de la multitude, des réseaux sociaux qui constitue la moelle épinière de l'entreprise des temps à venir.

Gilles Babinet

Entrepreneur et Digital Champion, représentant de la France auprès de la Commission européenne

Avant-propos

Avoir un site Internet, une page Facebook, nommer un *community manager* ou même un directeur du digital dans votre entreprise ne suffit pas pour décréter que votre entreprise est digitale.

Le numérique change la donne pour les organisations (chapitre 1) : nouveaux modèles économiques, accélération des changements, pouvoir des internautes sur les réseaux sociaux, etc.

Face à ce nouveau paradigme, cinq approches ou stratégies sont possibles pour rendre son entreprise compatible avec le digital (chapitre 2) : attentisme, impressionnisme, externalisation, intégration et transformation digitale. C'est cette dernière approche qu'il convient d'appréhender et de mettre en œuvre. En effet, toute organisation, tel un organisme vivant, doit intégrer le digital dans sa stratégie et s'y adapter pour en tirer profit afin de :

- mieux performer que ses concurrents et mieux satisfaire ses clients, administrés, adhérents, etc. ;
- développer son chiffre d'affaires ;
- accroître sa visibilité et sa notoriété tant sur Internet que dans la vie physique ;
- recruter plus efficacement, attirer des talents, les former et les fidéliser ;
- innover plus facilement et rapidement grâce au numérique.

Mais pour cela, au préalable, il convient de mesurer sa maturité digitale à un instant *t*. Il s'agit d'un exercice complexe qui ne s'improvise pas et que nous avons voulu faciliter. En nous appuyant sur les concepts des outils de gouvernance du système d'information (voir annexe 1), nous avons bâti un modèle adaptable, collaboratif et évolutif quelle que soit la nature de l'entreprise.

Les dirigeants et les acteurs de la transformation digitale (ou numérique) de l'entreprise trouveront dans notre livre une démarche qui analyse l'opportunité du digital à travers cinq leviers complémentaires (organisation, technologie et innovation, personnel, produits et services, et environnement). Ils constituent le cœur de notre méthode et font l'objet des chapitres 3 à 7.

Le livre est agrémenté de témoignages d'experts du numérique et de dirigeants acteurs du changement occasionné par le digital.

Notre modèle a vocation à être enrichi des expériences menées sur le terrain, des spécificités sectorielles qui constituent une richesse et à profiter de l'intelligence de la multitude. Le site www.digitalimpacts.fr l'accompagne. Vous pouvez être acteur et participer à la coconstruction permanente de cet outil que nous bâtissons. Rejoignez-nous sur notre site.

Bonne lecture et bonne transformation digitale de votre organisation !

Note 1 : Le modèle de maturité digitale que nous proposons est sous licence Creative Commons. Il peut être utilisé par des praticiens pour mesurer la maturité numérique d'organisations dans l'optique d'un enrichissement de l'outil, et ce dans une approche ouverte « à la Wikipédia ».

Pour plus d'information sur les licences Creative Commons :
http://creativecommons.fr/licences/les-6-licences/

Note 2 : lors de la première apparition d'un mot clé, celui-ci est suivi d'un astérisque* qui renvoie au glossaire, en fin d'ouvrage.

Note 3 : Chaque interview est précédée d'un épitweet (*épigraphe + tweet*), phrase issue de l'interview et facilement tweetable.

Introduction

Numérique *vs* digital ?

Notre société est chaque jour de plus en plus digitale. Le débat entre les termes *numérique* et *digital* est loin d'être clos. L'Académie française[1] et les Québécois ont opté pour le terme numérique (dérivé du latin *numerus*, nombre), mais dans le même temps, le terme anglais digital (qui provient du latin *digitus*, doigt – *digit* désignant un chiffre) est utilisé dans le monde anglophone et l'on peut observer que les langues italienne et espagnole ont également retenu ce terme. Dans les usages, les deux termes sont utilisés, et chacun a ses partisans[2], *digital* étant davantage employé dans le monde du marketing et lorsque l'accent est porté sur les usages, alors que *numérique* revêt une connotation plus technique, même si son acception évolue lorsqu'on évoque les usages associés au numérique.

Nous avons choisi de ne pas choisir. Au risque de choquer les puristes des deux camps, nous privilégions le consensus et demandons à chacun d'accepter le vocabulaire de l'autre. Après tout, l'important n'est pas de savoir si le terme numérique ou le terme digital doit être utilisé en français. L'impor-

1. academie-francaise.fr/la-langue-francaise/terminologie-et-neologie
2. On pourra noter la création du secrétariat d'État à l'Économie numérique, le Conseil national du numérique et le Syntec informatique devenu Syntec numérique.

tant est de prendre conscience des enjeux en termes de création de richesse, d'emploi, d'avenir de notre modèle social, que les technologies et usages éclos à la fin du XXe siècle ont fait évoluer. Aussi, dans les pages qui suivent, les termes « numérique » et « digital » sont employés indifféremment.

Corollaire de la mutation de la société numérique : l'iconomie

L'économiste, informaticien et statisticien Michel Volle utilise le terme d'*iconomie* dans ses travaux[3]. Le terme a été repris par Christian Saint-Etienne et l'Institut Xerfi et nominé parmi les « mots numériques 2013[4] ».

Michel Volle définit l'iconomie par la « société dont l'économie, les institutions et les modes de vie s'appuient sur la synergie de la microélectronique, du logiciel et d'Internet ». Il souligne au chapitre 4 de son livre comment comprendre l'iconomie en revenant sur les définitions du numérique (qui s'est construit par opposition à analogique), de l'informatique, d'Internet et de l'informatisation. Et donne l'exemple d'entreprises qui se sont illustrées dans l'iconomie comme Withings et son pèse-personne, Lippi pour les clôtures métalliques et sa mutation grâce à Internet, Somfy, leader mondial de l'automatisation des ouvertures de la maison qui a étendu son expertise à toute la domotique*, Aldebaran et ses robots domestiques. Un positionnement de l'entreprise évoluant dans l'iconomie est donné dans la figure I.1.

---

3. Michel Volle, *Iconomie*, Economica, 2014.
4. Enquête annuelle auprès d'experts du web, http://davidfayon.fr/2014/01/responsive-design-mot-numerique-2013.

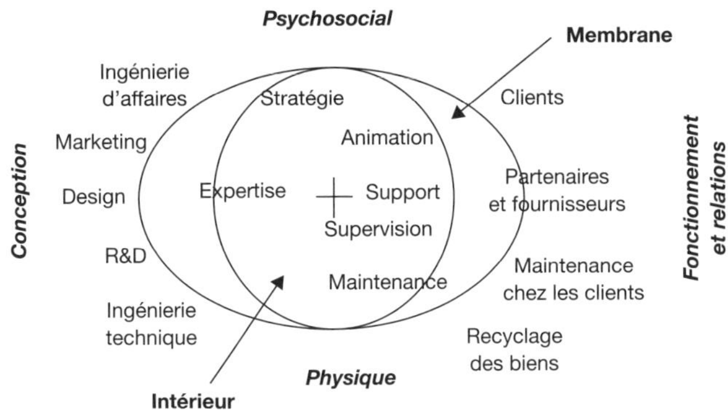

Figure I.1 L'entreprise dans l'iconomie[5]

Le modèle de maturité numérique que nous allons définir est compatible avec le concept d'iconomie et insiste également sur la création de valeur qui s'effectue aussi avec la multitude en dehors de l'organisation et pour l'organisation. Il insiste aussi sur le pouvoir qu'a pris le marketing dans les organisations aux côtés du système d'information, notamment pour l'innovation[6].

La numérisation de la société est en marche

Numérisation signifie « transformation en données numériques ». Elle recouvre[7] :

- la description d'un document physique par un fichier numérique ;
- la conversion d'un signal électrique analogique en un flux numérique ;

5. Michel Volle, *Iconomie*, op. cit.
6. On pourra se référer au Adobe Digital Summit EMEA qui s'est tenu à Londres les 14 et 15 mai 2014. Cf. http://michaeltartar.com/2014/04/16/adobe-digital-summit-emea-deux-jours-pour-faire-le-plein-didees-sur-le-marketing-digital/
7. http://fr.wikipedia.org/wiki/Numérique

- l'entreprise de conversion des fonds documentaires datant des époques technologiques précédentes.

Gilles Babinet, dans son livre *L'ère numérique, un nouvel âge de l'humanité*[8], estime que la révolution numérique est la nouvelle étape de l'humanité après les révolutions agricole, industrielle et des services. Nous pouvons même y distinguer trois périodes[9], celle du matériel informatique (1945-1985), celle du logiciel (1985-2005) puis celle des données, dans laquelle nous sommes (depuis 2005). Il distingue cinq mutations qui vont bouleverser nos vies :

- La connaissance et les gains d'opportunité (qui augmentent le champ des possibles avec par exemple le fait de prévenir d'un changement de réunion *via* un *smartphone*), le succès du partage et du collaboratif illustré notamment par l'encyclopédie libre Wikipédia avec l'intelligence apportée par la multitude, le *big data** avec la profusion des données disponibles et des capteurs.
- L'éducation avec, entre autres, le phénomène des *MOOC**, l'enseignement à distance et le nécessaire passage par l'apprentissage, ou le succès de la méthode Montessori qui privilégie l'éveil plutôt que le taux de réussite aux examens.
- La santé avec la force d'outils comme Watson d'IBM pour l'aide au diagnostic, le dossier médical personnalisé, le succès du *Quantified Self** corrélé aux évolutions démographiques, l'opportunité que représente Internet pour l'aide aux patients atteints d'une maladie rare ou orpheline.
- L'industrialisation et la production avec l'apport des robots, des *Fab Labs** et le passage au *Do It With Others (DIWO)* permis par les échanges sur le réseau ainsi que l'arrivée des

8. Le Passeur, 2014.
9. David Fayon, *Géopolitique d'Internet – qui gouverne le monde ?*, Economica, 2013

imprimantes 3D. Les impacts sont considérables pour le travail, mais aussi pour les lieux de production.
- Le rôle de l'État amené à être repensé avec l'*open data**, l'e-démocratie et la nécessaire innovation au sein de l'État avec la possibilité d'une transition de la régulation à l'innovation pour ne pas se reposer sur un contexte de rente.

Ces mutations vont affecter profondément les organisations sachant que le web est dans sa deuxième phase, celle du web 2.0*, qui est un web collaboratif avec une primauté des données où se situe la valeur qu'il convient de traiter, de contextualiser et raffiner pour apporter une valeur ajoutée. Le web 2.0 est concomitant avec la mobilité et le développement des *smartphones* et des tablettes qui constituent à présent les moyens de connexion à Internet incontournables au côté des ordinateurs personnels. La troisième phase du web en devenir est celle du web 3.0[10], conjonction du web sémantique et de l'internet des objets*.

De la primauté du numérique dans l'économie à la nécessité d'un modèle de maturité des organisations

L'économie digitale (ou numérique) se développe et tire la croissance de l'économie. Selon le rapport publié en 2011 par McKinsey[11], un quart de la croissance en France serait lié au numérique. En extrapolant, ce sera la moitié à l'horizon 2030. L'économie digitale offre par conséquent de belles perspectives de croissance et d'emploi aux acteurs nés du digital, mais aussi aux acteurs issus de l'économie traditionnelle.

---

10. David Fayon, *Web 2.0 et au-delà*, Economica, 2e éd., 2010
11. *Impact d'Internet sur l'économie française – Comment Internet transforme notre pays*, Rapport McKinsey, economie.gouv.fr/files/rapport-mckinsey-company.pdf

Méthodologie du rapport McKinsey

Le rapport McKinsey introduit un indice d'intensité web qui prend en compte deux dimensions, le nombre d'outils ou de technologies internet adoptés par une entreprise (de type site, mél, Intranet, marketing en ligne) et le taux de pénétration de chacun de ces outils (nombre d'employés, de clients ou de fournisseurs ayant accès à ces technologies). L'importance des différents outils est pondérée selon leur poids relatif et évaluée par les entreprises elles-mêmes, pour aboutir à un score compris entre 0 et 100 %. Trois groupes sont constitués : faible intensité web (indice entre 0 et 20 %), moyenne intensité web (20 à 40 %) et forte intensité web (au-delà de 40 %). Les entreprises à forte intensité web croissent deux fois plus vite que les autres, exportent deux fois plus et sont plus profitables. Et comme l'indique Christian Saint-Etienne, préfacier du rapport, la corrélation en matière de surperformance de ce type d'entreprises s'explique par le fait qu'elles utilisent davantage Internet parce qu'elles sont plus dynamiques et plus orientées vers la croissance.

Ces acteurs de l'économie traditionnelle, dont les modèles économiques sont fondés sur des bases classiques, doivent s'adapter aux nouvelles règles du jeu qu'impose le digital. La jeunesse de ces nouvelles règles et la rapidité des changements déstabilisent les entreprises qui font appel à un personnel souvent né avant l'émergence du numérique, tandis qu'aucun guide n'est aujourd'hui disponible pour aider les managers dans leur mission de digitalisation. Les managers ont besoin d'un cadre leur permettant de bien comprendre dans quelle mesure l'entreprise est adaptée au monde digital. Cela est d'autant plus crucial que dans le monde concurrentiel dans lequel nous évoluons, la coopétition*, l'innovation, la présence numérique et l'intelligence économique deviennent incontournables du fait du vecteur de transformation qu'est Internet. Ce cadre leur permettra de structurer leur réflexion et les guider dans les actions qu'ils mènent pour que leur entreprise tire profit du digital comme relais de croissance. En outre, et alors même qu'il existe des outils de gouvernance dans le monde informatique et du système d'information (ITIL, CobiT, CMMI, etc.), rien n'est disponible à ce jour en matière de numérique. Cela aiderait pourtant les acteurs dans leur démarche d'évaluation du niveau de maturité de leur organisation d'une part, et leur permettrait d'instaurer une démarche d'amélioration permanente d'autre part. Ce processus de perfectionnement en continu est représenté par la roue de Deming qui illustre la méthode de gestion de la qualité dite PDCA (*Plan/Do/Check/Act*).

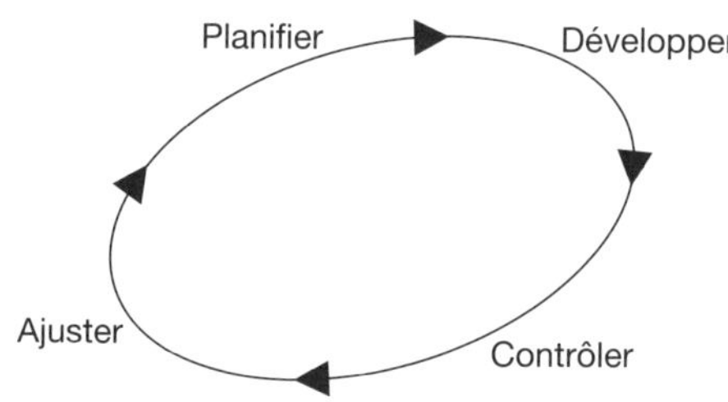

Figure I.2 La roue de Deming

Les outils existants en matière de gouvernance du système d'information ne sont pas remis en cause. Il s'agit de construire un nouvel outil pour un champ non encore couvert, car jusqu'alors non stabilisé, mais stratégique pour le développement et la survie de toute organisation. Certains dirigeants ne perçoivent le numérique que comme une simple fonction support parmi d'autres. Il est par ailleurs important de pouvoir se situer par rapport à ses concurrents et mesurer ses forces et faiblesses en matière de numérique. Tel est l'objectif de ce livre, qui propose une méthodologie concrète, adaptative, évolutive et opérationnelle – un site en ligne l'accompagne pour la rendre collaborative et lui permettre d'évoluer. Cette méthodologie a vocation à embrasser l'ensemble du périmètre du digital, tout en tenant compte d'une réalité : le digital se construit au jour le jour grâce aux innovateurs et continuera d'évoluer dans les années à venir. Un modèle figé serait par ailleurs assuré d'une obsolescence rapide, compte tenu de la vitesse d'évolution du digital. Aussi le modèle que nous proposons, et qui fera gagner du temps aux décideurs, est un réceptacle des bonnes pratiques mises en œuvre sur le terrain, dans un cadre défini, d'où son caractère collaboratif pour recueillir des suggestions d'améliorations et de mises à jour.

Chapitre 1

Le numérique change la donne pour les organisations

Notre analyse s'est appuyée sur cinq axes (ou leviers). Ceux-ci structurent toute organisation comme un organisme vivant au sens de Michel Crozier[1], que ce soit une entreprise, une administration ou une association : sa structure, les technologies et les innovations mises en œuvre, ses personnes, ses produits et services et son environnement.

La bascule vers le monde numérique

Deux phénomènes sont observables depuis le milieu des années 1990, date du décollage d'Internet dans les pays occidentaux grâce entre autres à la généralisation des navigateurs fournis avec les PC (Internet Explorer en particulier, livré avec Windows de Microsoft, avant que les autres éditeurs de navigateurs, notamment Netscape, ne se plaignent de cet avantage concurrentiel) : d'une part, les entreprises traditionnelles se mettent progressivement au numérique ; d'autre part, l'appa-

1. Michel Crozier, *L'Acteur et le Système*, Seuil, 1977.

rition d'acteurs positionnés exclusivement sur le secteur du numérique, appelés *pure players* et qui, pour certains, se positionnent sur les créneaux traditionnels.

Les entreprises traditionnelles se lancent progressivement dans une stratégie multicanal avec une interaction avec le client en face à face, par téléphone, par correspondance, par SMS, par Internet (site, mél, réseaux sociaux). En matière de VPC, La Redoute a lancé son site laredoute.fr qui, du fait de la notoriété de la marque, s'est vite imposé. Certains se voient contraints d'évoluer et de changer leur modèle. Le groupe 3 Suisses a, pour sa part, annoncé l'abandon de son catalogue papier en avril 2014, alors que celui-ci générait encore 20 % des ventes totales, car cette activité était devenue non profitable. Souvent, c'est paradoxalement dans une situation de crise que l'entreprise innove et de façon frugale pour les premières étapes des projets. Ainsi La Poste, qui connaît une décroissance structurelle de son activité courrier du fait de la dématérialisation du courrier de gestion, a lancé le projet Facteo qui consiste à doter d'ici fin 2015 l'ensemble des facteurs et des managers d'un *smartphone* avec trois applications principales : Mon Téléphone, Ma Poste, Ma Tournée. Le projet comprend de nouveaux services, créateurs de valeur – et le rôle de facteur est appelé à évoluer. Il ne sera plus simplement dans un rôle de distribution (courrier, colis), mais aussi dans celui de collecte de données parfois couplée à un horodatage et une géolocalisation (informations remontées dans les bases de données tels les changements d'indications routières, les dégâts des eaux des particuliers, etc.) qui ont une valeur profitable pour des partenaires (Google Maps ou Mappy pour le premier exemple, des assureurs dans le second).

Un challenge important que les entreprises traditionnelles ont à résoudre est celui du patrimoine que représentent leurs applications et leurs données avec la possibilité de faire évoluer facilement leur système d'information et de le rendre interopérable avec leur écosystème (clients, partenaires, fournisseurs). La question est de savoir où les données, qui représentent une valeur considérable, seront stockées : dans des serveurs internes, chez des partenaires, dans le *cloud* ? Il en va de même pour les processus métiers bousculés par le numérique, le partage des savoirs où le rôle du manager doit être repensé et doit évoluer vers le coaching des talents avec un rôle également de connecteur entre les experts au sein de l'organisation.

Pour autant, cette bascule vers le numérique ne s'inscrit pas dans un processus suffisamment pensé, méthodique et cohérent, avec l'implication du personnel et compte tenu de l'organisation, des choix techniques qui peuvent être opérés, de son histoire, son patrimoine, ses forces et faiblesses et le contexte.

A contrario, nous avons assisté depuis la première vague internet en 1994-1995 (Yahoo!, Amazon, eBay) à l'éclosion d'une série de nouveaux acteurs avec, il est vrai, un processus d'écrémage et de concentration lié à la capacité de croître rapidement et de devenir l'acteur de référence dans le domaine. Puis à l'apparition de Google en 1998, suivie par celles de Facebook en 2004 et Twitter en 2006 pour ne citer que quelques entreprises emblématiques. D'autres en France, comme Boursorama, initialement site d'information financière gratuite en 1998, qui s'est imposé comme la première banque en ligne (avec comme actionnaire majoritaire la Société Générale).

Plus globalement, les frontières entre entreprises issues du web et entreprises traditionnelles s'estompent. Ainsi, d'aucuns croient que le site Aquarelle, spécialiste de la livraison de fleurs à domicile, est un *pure player*. Il n'en est rien. L'entreprise a été créée en 1987 avec l'ouverture d'un premier magasin à Paris, et a lancé son offre sur Internet en 1997, ce qui lui a valu notoriété et développement de son chiffre d'affaires. Et chaque entreprise a besoin, dans une logique de complémentarité, d'être présente tant physiquement que virtuellement, mais aussi selon une stratégie de prédation[2] qui consiste à élargir son domaine d'activité stratégique initial.

Physique *vs* virtuel

On oppose monde physique (IRL*) et monde virtuel (sur le web) plutôt que réel et virtuel. En effet, le monde virtuel est bien réel. Et le monde physique est lié aux biens matériels. Les deux mondes, loin d'être cloisonnés, sont complémentaires et s'alimentent mutuellement. Il en est ainsi de la réalité augmentée.

Amazon poursuit son expansion jusqu'à devenir un supermarché planétaire et a su développer la plateforme Amazon Web Services qui héberge des applications et des usages qui leur sont liés. À terme, Amazon concurrencera Walmart (chaîne de supermarchés aux États-Unis) qui emploie plus de 2 millions de personnes, car sa maîtrise de la chaîne logistique, sa volonté d'être présent sur l'ensemble de l'offre des produits et services lui permettront de livrer des produits frais ou fragiles que les internautes se procurent actuellement en magasin ou *via* des livraisons de courses à domicile des enseignes ou filiales de la grande distribution. Mais Amazon phagocytera aussi des opérateurs postaux pour les livraisons si des synergies ne sont pas développées avec ceux-ci et aussi dans une logique de dévulnérabilisation face aux conflits sociaux comme ce fut le cas en France[3] et d'intégration verticale. Google est l'ogre mondial avec une politique de croissance externe tous azimuts qui lui permet, au-delà de son positionnement initial de leader des moteurs de recherche sur Internet, d'investir les secteurs du transport, de l'énergie et des services.

---

2. Michel Volle, *Prédation et prédateurs*, Economica, 2008.
3. Développement de Distrihome (filiale d'Yves Rocher) devenu Adrexo Colis, Mondial Relay par les vépécistes, puis de Kiala qui concurrencent la distribution des colis par La Poste.

Des entreprises plutôt inadaptées

À de rares exceptions près, les entreprises ne tirent pas pleinement profit du numérique dans leur développement, même s'il faut nuancer ce jugement.

Ainsi, des disparités existent dans les usages et selon la taille des entreprises. Par exemple, globalement une TPE sur deux en France dispose d'un site[4] Internet et 5 % d'un site marchand ! La présence sur les réseaux sociaux progresse (23 %) mais reste timide, son utilité (développer son image et communiquer, vendre, recruter à moindre coût, cocréer des produits et services, acheter à plusieurs) n'étant souvent pas perçue. Dans le même temps, 92 % des TPE françaises sont équipées d'un ordinateur (fixe ou portable) et 89 % disposent d'une connexion Internet. La priorité est portée sur l'équipement plutôt que sur son usage. En outre, au sein même des organisations, le niveau de connaissance et d'usage du numérique du personnel est très variable. Et c'est souvent la génération Y, qui a plus d'appétence pour le numérique, avec un usage massif des médias sociaux, qui fait bouger les lignes. Dans les grosses structures, le niveau d'usage du numérique diffère selon les directions, avec une utilisation plus importante dans la direction du système d'information, du marketing et de la communication et un plus grand conservatisme dans les directions opérationnelles et celles des ressources humaines, dont peu prévoient une gestion prévisionnelle de l'emploi et des compétences (GPEC*) pour répondre aux mutations présentes et à venir des métiers dues à la généralisation du numérique.

L'inadaptation de bon nombre d'entreprises vient également de décisions de dirigeants qui, loin de voir le numérique comme une opportunité, le perçoivent d'abord comme une menace pour leur pouvoir ou pour la productivité même de

4. zdnet.fr/actualites/les-pme-francaises-s-interrogent-encore-sur-les-benefices-du-numerique-39798090.htm

leur entreprise. Les réticences à l'égard de l'introduction des réseaux sociaux dans l'entreprise sont, à ce titre, révélatrices. Alors que ces derniers annoncent la troisième révolution des télécoms dans l'entreprise[5], les dirigeants estiment que leur usage sera source de perte de productivité et de distraction. Les arguments avancés sont les mêmes que ceux formulés à l'encontre du téléphone, puis de la messagerie électronique. Et le réflexe naturel est de brider les accès plutôt que de prendre conscience que la porosité des frontières entre la vie professionnelle et la vie personnelle devient la règle, et le fonctionnement des structures avec le principe des trois huit (8 h de travail, 8 h de sommeil, 8 h de loisirs et autres), qui remonte à l'après-guerre, l'exception. Cela entraîne un fossé grandissant entre la « culture 0.0 », encore présente dans notre société (« le parapheur et le fax », les dirigeants qui se font imprimer leurs méls et qui griffonnent les réponses que leur assistante devra ressaisir, générant des pertes de temps et de réactivité) et les générations Y et Z qui, avec le bridage de certaines applications ou sites, vont utiliser leur propre *smartphone* ou tablette pour rester en contact avec leur communauté au sein de l'entreprise.

En outre, peu de structures perçoivent encore les enjeux de la multitude : l'innovation, la création de valeur ne s'effectuent plus exclusivement dans l'entreprise ou l'organisation mais en dehors de celle-ci. Le recours au *crowdsourcing** peut être perçu comme une menace par les partenaires sociaux, celui du *crowdfunding** comme un ovni. Tant le *big data* que l'*open data* sont des leviers de croissance stratégiques pour permettre à un écosystème d'éclore autour d'une organisation, mais aussi donnent le moyen à des TPE de se créer en développant un nouveau service/usage grâce à l'apport des données de l'organisme rendues publiques.

---

5. Christine Balagué et David Fayon, *Facebook, Twitter et les autres…*, Pearson, 2e éd., 2012.

Les limites posées par les modèles actuels face au numérique

On constate l'existence d'études et quelquefois d'outils qui ne s'adressent qu'à une partie du champ couvert par le numérique. Par exemple, Altimeter[6] a conduit une étude au quatrième trimestre 2012 portant sur 700 professionnels qui a été publiée en mars 2013. Elle porte sur le niveau de maturité d'intégration des médias sociaux dans une organisation : l'alignement sur la stratégie de l'organisation et le soutien opérationnel qui permet la mise en œuvre de cette stratégie sont les deux axes retenus. Six niveaux de maturité croissants sont définis pour atteindre le stade d'entreprise sociale : l'apprentissage, le faire-valoir, l'approfondissement, la formalisation, l'entreprise sociale en devenir, l'entreprise sociale.

AT Internet[7] a, pour sa part, établi un modèle de maturité marketing des médias sociaux. Il modélise quatre phases de maturité en se calquant sur l'anthropologie sociale. Il est illustré par la découverte de nouveaux territoires en quatre phases :

- l'exploration : repérage des ressources naturelles, des voies d'accès, etc. ;
- la colonisation : occupation « par opportunité » des territoires vierges ;
- l'urbanisation : regroupement des colons en villages, premières structures ;
- la civilisation : gestion globale, harmonisation, infrastructures et buts communs.

---

6. Charlene Li et Brian Solis (avec Alan Webber et Jaimy Szymanski), *The Evolution of Social Business: Six Stages of Social Business Transformation*, altimetergroup.com/research/reports/evolution-social-business.
7. atinternet.com.

Ces quatre phases sont transposées à un modèle de maturité avec les stades croissants :

- débutant : observation de l'environnement ;
- junior : premières démarches réactives pour améliorer sa place dans l'environnement ;
- senior : action, démarche proactive pour adapter l'environnement ;
- expert : leadership, statut d'influenceur pour faire évoluer l'environnement.

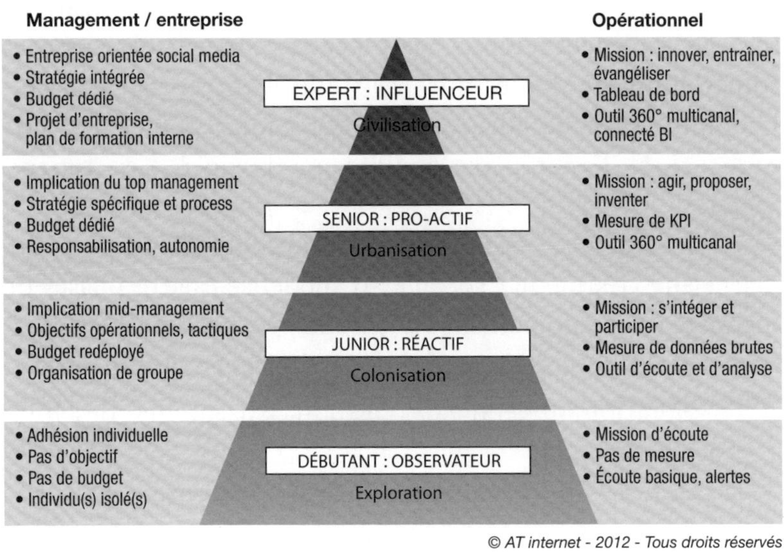

Figure 1.1 Modèle de maturité marketing des médias sociaux (AT Internet, 2012)

Cap Gemini a de son côté effectué un constat sur la maturité des entreprises en matière de digital[8] où un diagramme positionne les quatre types de maturité digitale.

8. *The Digital Advantage: How digital leaders outperform their peers in every industry*, Étude de Cap Gemini, 2012.

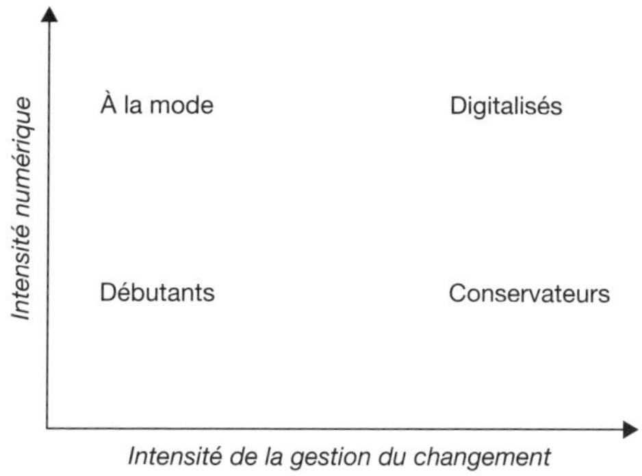

Figure 1.2 Quatre types de maturité digitale (Cap Gemini)

L'intérêt de cette étude est de positionner les secteurs d'activité sur les axes selon le degré de maturité moyen de chacun d'eux. Il est à noter que les entreprises les plus profitables sont celles de type « digitalisées » (banques, high-tech, revente au détail). L'initiative est intéressante, mais il ne s'agit que de premiers pas dans l'établissement d'un état de l'art et aucun outil pratique associé n'a été développé.

Dans un autre registre, IDC a mené une enquête pour mesurer la maturité numérique des dirigeants français. Cette étude quantitative[9] concernant les choix en matière de stratégie numérique permet de mesurer l'évolution des décideurs d'une année sur l'autre. Il est en effet pertinent de mesurer la maturité numérique non seulement sur l'axe des outils ou de l'organisation, mais aussi sur l'axe des personnes.

Il devient nécessaire d'avoir un outil générique pour appréhender la maturité numérique et ce, pour toute organisation !

Hormis quelques initiatives ponctuelles, nous déplorons, pour l'heure, l'existence d'un outil permettant d'appréhender l'ensemble de la problématique des organisations face au

9. *La maturité numérique des dirigeants français*, IDC, 2e éd., octobre 2013.

numérique pour disposer d'une vision globale. Nous regrettons également l'absence de modèles de maturité de certains sujets (communication digitale, gouvernance digitale, RH digitales, etc.).

Il devient donc nécessaire de bâtir un outil générique et évolutif qui constituera une aide précieuse pour tout dirigeant dans sa stratégie numérique. Nous partons du principe que les modèles de maturité permettent à la fois de dresser un bilan de la situation d'une organisation, de l'évaluer sur l'échelle de maturité (notamment par rapport à ses concurrents) et de la projeter vers un plan d'amélioration.

Face à l'absence de modèle permettant d'appréhender la maturité numérique sur le plan du marketing numérique ou d'une équipe digitale (de la même manière qu'il existe des outils comme ITIL, CMMI ou CobiT pour le système d'information), nous avons choisi d'innover. Les modèles de gouvernance existants ne sont pas remis en cause, et notre propos n'est pas de les remplacer, mais de bâtir un outil complémentaire et propre au numérique.

Nous nous sommes inspirés d'outils existants comme le Web Index[10] qui permet de déterminer le niveau web d'un pays et qui nous a aidés à transposer certains concepts pertinents dans le cadre de la construction de notre modèle de maturité numérique d'une organisation.

Web Index retient quatre indicateurs, eux-mêmes décomposés en sous-indicateurs :

- accès universel : communication et infrastructure, formation et conscience, accès et accessibilité ;
- liberté et ouverture ;
- pertinence du contenu : utilisation du web, création de contenu ;
- autonomisation : impacts politique, social et économique.

10. http://thewebindex.org/data/all/scores/

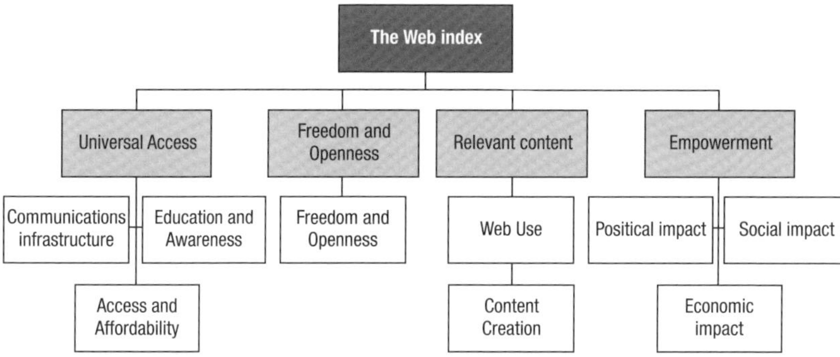

Figure 1.3 Web Index

Nous nous sommes également basés sur l'index d'e-friction du BCG[11] qui classe 65 pays[12] en fonction de quatre types de contraintes qui constituent des freins à leur développement : contraintes liées à l'infrastructure, aux entreprises et aux citoyens (limitant leurs transactions en ligne), à la disponibilité des données, à l'accès au contenu en ligne.

L'idée est de voir comment ces indicateurs sur le niveau web d'un pays pourraient être transposés au niveau de maturité numérique d'une entreprise et comment une correspondance par rapport aux leviers identifiés dans notre modèle pourrait être établie :

- organisation,
- technologie et innovation,
- personnel,
- produits et services,
- environnement.

L'objectif de l'outil générique que nous développons est de permettre à toute organisation d'avoir des clés pour une stra-

---

11. *Greasing the Wheels of the Internet Economy (e-Friction Index)*, BCG, bcgperspectives.com/content/articles/digital_economy_telecommunications_greasing_wheels_internet_economy
12. *e-Intensity Index*, BCG, bcgperspectives.com/content/interactive/telecommunications_media_entertainment_bcg_e_intensity_index

tégie de développement de son chiffre d'affaires, de sa visibilité et de sa notoriété, mais aussi de recruter plus efficacement et de former ses collaborateurs ainsi que d'innover grâce au numérique.

POINTS CLÉS

- Engagez la transformation digitale de votre entreprise en impliquant le personnel et en tenant compte de son histoire, de son organisation, de ses choix techniques, de ses forces et faiblesses et du contexte.
- Prenez conscience de la porosité des frontières entre la vie personnelle et la vie professionnelle et intégrez ce changement dans les tâches de vos collaborateurs.
- Voyez le numérique comme une opportunité plutôt qu'une menace.
- Ayez conscience que la création de valeur s'effectue aussi, et de plus en plus, en dehors de l'entreprise grâce à Internet.
- Disposez d'un outil générique pour mesurer la maturité numérique de votre entreprise dans tous les domaines : organisation, technologie et innovation, personnel, produits et services, environnement.

Chapitre 2

Approches possibles de la numérisation et conséquences

Au commencement était la dématérialisation

Avant de digitaliser leur marketing, leur vente, leur relation client, leur recrutement, leur ingénierie, etc., les entreprises dématérialisent leurs processus. En s'affranchissant de la contrainte physique, elles libèrent ainsi la circulation de l'information. La capacité de réutilisation de l'information étant infinie, la dématérialisation s'accompagne de sa transformation permanente. Le traitement mécanique, manuel, laborieux, laisse la place à un traitement automatique, reconfigurable à loisir. S'affranchir du matériel, c'est se donner une plus grande liberté de reconfiguration, d'adaptation au changement. C'est un facteur clé de réussite dans un monde en mutation profonde, sous l'influence notamment de la mondialisation, de l'aspiration des peuples à une meilleure qualité de vie dans un environnement aux ressources physiques limitées – alors que les ressources numériques sont quasi infinies.

Les entreprises dématérialisent leurs catalogues produits, les bons de commande des clients, les bordereaux de livraison des chaînes logistiques, le paiement en point de vente, les feuilles de paie des salariés, les publicités, les processus opérationnels propres à leur métier, etc. Elles s'appuient pour cela sur des systèmes d'information de plus en plus complexes, sur des matériels qu'elles mettent à la disposition de leurs collaborateurs, sur des interfaces d'échanges automatisés avec leurs partenaires industriels. Elles intègrent des dispositifs techniques proposés par des acteurs promettant de libérer la contrainte d'un monde physique vers un monde que certains qualifient de virtuel, dans le *cloud*.

Une entreprise aux processus dématérialisés est-elle pour autant une entreprise digitale ? Prenons l'exemple du secteur bancaire. Fini le temps du coffre-fort contenant les espèces sonnantes et trébuchantes des riches propriétaires des environs. L'argent est plus liquide que jamais, dans une économie mondialisée. Les transactions bancaires sont totalement dématérialisées. Les clients des banques utilisent massivement les sites web et les applications transactionnelles qu'elles éditent pour passer leurs ordres, gérer leurs comptes. Il n'est plus indispensable désormais de passer au guichet d'une banque aux horaires d'ouverture pour remplir et signer un bordereau de virement bancaire. Il suffit de lancer une application sur son *smartphone*, d'indiquer le montant du virement, le numéro de compte destinataire et de valider l'ordre. Le processus du virement bancaire est totalement dématérialisé.

La banque digitale a non seulement dématérialisé ses processus, mais elle valorise aussi les gisements de données qu'elle consolide au fil du temps. Sa valeur n'est plus seulement dans sa capacité à gérer les fonds de ses clients. Elle provient aussi de sa capacité à valoriser l'information qu'elle collecte et transforme. Elle s'accompagne d'une posture nouvelle, plus transparente, plus intime avec ses clients. Elle revisite la mission d'origine et noble de la banque, à savoir de permettre de financer les projets des uns avec les fonds des autres. Elle favorise le développement d'une relation sincère entre ses employés et ses clients, non plus seulement au travers des ouvertures de compte ou de création de dossiers de crédit, comme le fait par exemple la Banque royale du Canada à Dieppe (Nouveau-Brunswick)[1]. Elle remet de l'humain dans un monde dématérialisé, aseptisé, fait de chiffres froids qui défilent sans chaleur sur des écrans. Elle dialogue, innove pour et avec ses clients et favorise le développement d'acteurs tiers qui créent pour ses clients des services à valeur ajoutée. Elle élimine les frictions qui ralentissent la réalisation des projets de ses clients. On est bien loin de l'image d'une banque froide, dont les cadres soucieux de leur carrière se cachent derrière les tours en verre de leurs sièges sociaux. La banque digitale déverrouille et ne se contente pas d'automatiser, d'informatiser, de dématérialiser dans son seul intérêt, dans une logique de réduction des coûts.

Cette illustration avec le domaine bancaire est transposable à d'autres industries, et bien sûr aussi au secteur public, avec l'e-administration notamment. Dématérialiser pour améliorer les performances de processus existants conduit à une amélioration des performances des processus existants[2] : moins de papier, moins de déplacements, moins de contraintes horaires, moins d'opérations coûteuses car manuelles, moins d'erreurs. La digitalisation va au-delà, dans la recherche de l'augmentation de la valeur : plus de clients, plus de produits vendus, plus de territoires, plus de partenaires développant leurs produits et services, plus de plaisir dans les relations humaines entre les parties prenantes. Pour une entreprise ou une administration, choisir la voie de la digitalisation, c'est donc entamer un cercle vertueux créateur de service et de valeur.

1. RBC investit à Dieppe en ouvrant une nouvelle boutique de services financiers, la première au Nouveau-Brunswick, newswire.ca/en/story/1196691/rbc-investit-a-dieppe-en-ouvrant-une-nouvelle-boutique-de-services-financiers-la-premiere-au-nouveau-brunswick.

2. La répétition est volontaire (note de l'auteur).

De la dématérialisation à la digitalisation

Les entreprises optent pour des stratégies de digitalisation de diverses natures. Nous proposons de les regrouper de manière arbitraire (et donc forcément discutable) en cinq grandes catégories, en fonction de leur degré d'engagement dans la digitalisation :

- les attentistes,
- les impressionnistes,
- les externalisateurs,
- les intégrateurs,
- les transformateurs.

Les attentistes

Les attentistes de la digitalisation pensent encore que le digital est un effet de mode. Leurs cadres dirigeants ont beau voir le monde changer autour d'eux, ils restent persuadés que les fondamentaux de leurs entreprises sont bons. Pourquoi changer, puisque nous continuons de vendre et d'attirer des talents ? La question suivante étant : pour combien de temps encore ? Car le principal problème que rencontrent les attentistes est d'être confrontés à une rapidité d'action à laquelle ils ne sont pas habitués, dès l'instant qu'ils prennent conscience que l'environnement dans lequel ils opèrent a déjà changé en profondeur. La bascule est si rapide, et leur capacité d'action si lente, qu'une réaction trop tardive conduit au mieux à de grandes difficultés, au pire à l'échec et donc au dépôt de bilan. C'est ainsi qu'en France, une grande entreprise comme La Redoute, bien installée sur son marché, jouissant d'une belle image et dont le légendaire catalogue rythmait la vie de nos campagnes, se retrouve en quelques années la proie d'Amazon qui opère pourtant bien loin de l'Hexagone. Le champion de la vente à distance est mis en grande difficulté par un autre champion qui agit de plus loin encore – et paradoxalement avec une plus grande proximité avec le consommateur. Les syndicats ont beau se battre pour conserver l'emploi, rien n'y fait. En d'autres termes, face au digital, les attentistes sont voués à disparaître, ce n'est qu'une question de temps.

PSA a, par exemple, choisi de renouveler sa flotte de 10 000 BlackBerry[3]. Ce choix paraît étonnant, alors que ce type de smartphone est en perte de vitesse face à l'iPhone et aux modèles équipés d'Android voire de Windows Mobile. Cette décision illustre le choix des gestionnaires qui ont simplement renouvelé un contrat, alors qu'il aurait mieux valu que la direction se projette sur l'évolution du marché en adoptant une situation en rupture créatrice de valeur et répondant aux usages à venir des collaborateurs, notamment le ByOD*.

Les impressionnistes

Les impressionnistes de la digitalisation procèdent par petites touches. Ici et là, ils créent un site corporate, lancent une boutique en ligne en catimini de leur réseau de distribution, développent une application iPhone pour « faire moderne », créent un espace sur un *job board* pour diffuser leurs offres d'emploi, etc. L'ensemble manque de cohérence, les départements de l'entreprise responsables de ces présences en ligne agissent sans coordination. Et pour cause : aucune stratégie de digitalisation n'a été rédigée et encore moins expliquée aux collaborateurs, à commencer par les cadres dirigeants. Pourtant, certains impressionnistes de la digitalisation peuvent faire illusion, gagner des parts de marché, remporter des trophées et des prix remis par des cabinets de conseil ou des agences digitales. Sur le long terme, ces approches s'avèrent fragiles. Elles résistent difficilement à une concurrence bien décidée à conquérir et fidéliser les consommateurs et l'en-

3. zdnet.fr/actualites/blackberry-10-000-collaborateurs-de-psa-equipes-de-z10-et-bes10-en-renfort-39796437.htm.

semble des parties prenantes de l'entreprise au travers des canaux numériques. Leurs cadres dirigeants campent chacun sur leurs positions, fiers des menus espaces conquis en ligne. Pire, le comité de direction est souvent aveuglé par quelques belles réalisations qui peuvent impressionner, mais restent isolées. Pourtant, ces belles réalisations sont autant de pépites à partir desquelles il est possible de capitaliser. Loin d'un pointillage abstrait, une démarche réfléchie offre de réelles opportunités de développement. À condition bien sûr, d'identifier et reconnaître ces pépites, de formaliser la vision de l'entreprise digitalisée et de donner aux pépites un cadre leur assurant un développement au service des intérêts de l'entreprise.

Par exemple, s'agissant du traitement de la marque employeur, Axa[4] innove en faisant de ses collaborateurs des ambassadeurs de la marque (chaque salarié possédant sa page sur les médias sociaux), mais sans pour autant définir de véritable mesure tant qualitative que quantitative. Cette expérimentation louable au service de la communication ne paraît cependant pas s'intégrer dans une stratégie digitale globale.

Les externalisateurs

Les externalisateurs de la digitalisation renoncent *a priori* à une transformation en profondeur. Face à une culture d'entreprise résolument orthogonale à la culture digitale, le comité de direction opte pour la création d'une filiale dédiée aux activités en ligne.

Le cas le plus célèbre en France est celui de Voyages-sncf.com. L'activité ainsi filialisée dispose d'un compte de résultat en propre, des accords lui permettent de distribuer les produits de l'entreprise à des tarifs préférentiels, elle peut gérer

---

4. petitweb.fr/actualites/nicolas-moreau-pdg-daxa-france-tous-nos-agents-auront-leur-propre-page-sur-les-reseaux-sociaux.

ses ressources humaines avec plus de souplesse que la maison mère. Tôt ou tard, la question de la greffe se pose. Les consommateurs, clients de la marque au travers de ses canaux traditionnels et de ses canaux digitaux, réclament une continuité de service. Après tout, pour eux, il s'agit de la même entreprise. Les équipes de la filiale digitale réclament plus de réactivité de la maison mère. Des tensions apparaissent au sein des équipes de la maison mère, qui peuvent percevoir les équipes de l'activité digitale comme arrogantes. Le comité de direction, qui aura pu un temps céder aux sirènes du digital, voyant se développer son activité en ligne, se retrouve contraint de choisir entre la séparation des activités et la transformation en profondeur de ses activités traditionnelles. À condition d'avoir maintenu de bonnes relations entre les équipes sœurs, l'activité externalisée peut être un modèle, une source d'inspiration, à qui la mission peut être confiée d'insuffler les bonnes pratiques qu'elle aura mises en œuvre. En revanche, si les liens sont rompus, les réunions de famille s'annoncent houleuses et la séparation inéluctable, à moins qu'un concurrent finisse par s'accaparer les parts de marché si durement acquises.

Les intégrateurs

Les intégrateurs de la digitalisation font leur marché en faisant l'acquisition de *pure players* avant qu'ils ne coûtent trop cher. Constatant leur incapacité à développer des activités digitales par leurs propres moyens, les intégrateurs font l'acquisition d'un savoir-faire dont ils ne connaissent pas grand-chose. La greffe peut prendre, ou pas. La société achetée, jusqu'ici autonome, se retrouve contrainte d'opérer dans un monde qu'elle perçoit comme rigide. Les dirigeants enchaînent les comités de direction, les séminaires, les revues trimestrielles et s'éloignent de leur cœur de métier. Intégrer un *pure player* sur un seul plan capitalistique apporte un faible intérêt industriel.

Aucune bonne pratique propre au digital ne se retrouve transférée à l'entreprise acquéreur. Le directeur financier devient le seul juge de la pertinence de l'opération. En revanche, en aménageant des passerelles entre les équipes de l'entreprise acquéreur et les équipes du *pure player*, en identifiant les bonnes pratiques digitales réutilisables au sein de l'entreprise acquéreur, la transformation digitale peut s'opérer progressivement, par capillarité.

En France, Cdiscount est un *pure player* créé en 1998 par trois frères. Le groupe Casino en a fait l'acquisition en février 2000 en augmentant progressivement sa participation pour en détenir 99,6 % depuis janvier 2011. La filiale e-commerce a poursuivi ses activités notamment à l'international, en s'appuyant par exemple sur l'enseigne de sa maison mère pour distribuer ses produits dans des points de distribution adossés au réseau de magasins. Cependant, le groupe Casino semble n'avoir réalisé qu'une opération capitalistique dans cette affaire. On aurait pu s'attendre à une digitalisation de l'enseigne, bénéficiant du savoir-faire de e-commerçant de sa filiale. Pourtant, elle ne se différencie pas de ses concurrents en matière de digital : les services en ligne proposés au consommateur (vente, *drive**) ou dans le magasin (*self scan*) le sont également par les grands distributeurs concurrents. Des services plus innovants (paiement sans contact, préparation de commande en mobilité, géolocalisation dans le magasin, « social commerce », marketing prédictif, etc.) auraient pu bénéficier de l'expertise du e-commerçant, ce qui ne semble pas être le cas.

Les transformateurs

Les transformateurs de la digitalisation ont compris qu'il fallait changer, et qu'ils ne pouvaient changer qu'avec ceux qui sont aux commandes, au sein de l'entreprise. Au plus haut niveau, une vision claire de l'entreprise opérant dans un monde digital est formalisée. Il ne s'agit pas simplement de discours, mais bien d'un document, d'une vidéo pourquoi pas, qui donne aux collaborateurs à percevoir ce que le futur de l'entreprise sera. Dans tous les départements de l'entreprise, les processus opérationnels sont revisités et rendus progressivement plus efficaces et plus efficients avec le digital. La barrière technologique d'accès au digital est progressivement levée, rendant les collaborateurs acteurs de la transformation. Une nouvelle culture véritablement orientée clients, une culture de la transparence dans laquelle transmettre l'information devient plus important que de la garder pour soi, une culture favorisant une plus grande porosité entre les départements de l'entreprise pour toujours plus d'efficacité percole en profondeur. Les capacités d'innovation sont démultipliées, valorisant les idées des collaborateurs, mais aussi des partenaires et des consommateurs eux-mêmes. L'entreprise devient une plateforme à la croisée des initiatives. Peu d'entreprises se sont engagées dans cette voie qui constitue le stade ultime de la digitalisation vers lequel il conviendrait de tendre, passant d'un modèle d'organisation traditionnel adapté à un monde lent et opaque, à un modèle d'organisation s'inspirant des *pure players*. L'exemple type de l'entreprise 2.0 dont il conviendrait de s'inspirer est celui de Google ou de Facebook.

Passage de l'entreprise 1.0 (taylorisme, fordisme, puis toyotisme avec la qualité) à l'entreprise 2.0 (googlisme)

- Nécessaire course permanente à l'innovation pour ne pas être dépassé et rachat de start-up innovantes.
- Écosystème autour des applications qui s'empilent tel un couteau suisse (APIs ouvertes) et version bêta permanente.
- Buzz sur le web qui assure la réputation de l'entreprise.
- Recrutement des meilleurs après une âpre sélection pour attirer les talents.
- Petites équipes avec suppression des hiérarchies intermédiaires.
- Plannings pour les idées directrices du travail collectif et utilisation d'outils collaboratifs (wikis internes).

- Cadre de travail motivant avec utilisation gratuite d'installations de divertissement et de bien-être (salles de repos, de sport, de massage).
- Politique du 80-20 : 20 % du temps des salariés (non administratifs) consacré à des créations personnelles (qui peuvent bénéficier à l'entreprise).
- Évaluation et réputation faite par ses collègues et jugement des idées industrialisables par ses pairs : évaluation à 360° comme on le trouve sur les profils LinkedIn.
- Plateau projet pour faire travailler des profils différents (concepteurs/développeurs, designers, marketeurs) sur un même lieu et faire émerger des idées de façon transverse et avec un enrichissement mutuel fonction de la diversité des cultures.

Ces transformateurs sont pourtant connus, ils font l'objet d'articles dans les magazines de management. C'est l'exemple d'Apple, fabricant d'ordinateurs qui réalise aujourd'hui la majorité de son chiffre d'affaires dans la vente d'applications ou de contenus développés par d'autres et non dans la seule vente d'ordinateurs et de terminaux. Le modèle économique des applications retenues dans l'AppStore est basé sur la triple dime. Le chiffre d'affaires généré est ainsi ponctionné à hauteur de 30 % par la firme de Cupertino. Les 800 millions de comptes iTunes par exemple génèrent de précieux revenus.

L'entreprise digitale face à son destin

Quelle que soit la stratégie de digitalisation retenue, l'entreprise opérant dans un monde dans lequel le digital est devenu omniprésent doit maîtriser son destin. Bien sûr, le digital ne bouleverse pas de la même manière les entreprises selon les secteurs d'activité. L'industrie du disque, sous l'impulsion, certes illégale, des plateformes de téléchargement, a ainsi dû profondément se refondre. Il ne suffit plus de proposer dans les bacs un artiste, puis de distiller ses titres au compte-gouttes pour soutenir artificiellement les ventes de galettes de toutes formes (45 tours, 33 tours, CD, singles, EP, albums, versions studio, versions concert, etc.). Il n'est plus possible de distribuer localement un produit rendu immédiatement disponible dans le monde entier grâce à Internet. Il n'est plus non plus possible d'entretenir la pénurie de disques qui ne sont plus réédités. Désormais, la musique se loue, en masse et à l'unité. Hormis quelques exceptions (par exemple disques vinyles dans un esprit de collection), la possession de disques à la maison n'a plus de sens. Il a bien fallu que les grands labels s'adaptent. Plus généralement, nous passons de la société de détention d'un bien à celle d'usage. Cela explique le succès des locations de produits utilisés épisodiquement (perceuse, vélo, voire auto – où l'attachement et la personnalisation sont plus forts, ce qui rend l'opération plus délicate, comme le montre le succès très relatif de l'Autolib' à Paris).

Comme dans l'industrie du disque, d'autres industries commencent à ressentir les effets du digital. Le secteur de la santé, au sens large, voit apparaître de nouvelles méthodes thérapeutiques qui bouleversent les chaînes de valeur. Pour un laboratoire pharmaceutique par exemple, la chaîne de valeur simplifiée pouvait jusqu'ici se réduire à un enchaînement de trois grandes opérations : la conception de molécules, l'obtention d'une autorisation de mise sur le marché auprès de l'autorité compétente, une prospection active auprès des professionnels de santé chargés de prescrire lesdites molécules. Passons sous silence les actions de lobbying qui permettent de conserver pendant de longues années les avantages compétitifs acquis grâce à l'innovation. Que devient cette chaîne de valeur dans un monde où l'explosion des frais de santé conduit à un déremboursement des médicaments et à un recours aux génériques ? Pire, que devient cette chaîne de valeur quand le modèle concepteur qui la sous-tend n'a plus lieu d'être ? En effet, que se passera-t-il lorsque le digital permettra d'apporter aux patients une offre de santé hautement personnalisée, tenant compte de leurs caractéristiques propres, et qu'ils pourront eux-mêmes appréhender et dont ils pourront partager les données avec tout professionnel de santé et avec d'autres patients (notamment en cas de maladies rares) pour bénéficier de soutien et de compassion, que leurs interlocuteurs soient proches ou à des milliers de kilomètres ? Pour le laboratoire pharmaceutique, le digital représente à la fois une menace et des opportunités. Une menace en détruisant les marges rendues possibles par la vente de grandes quantités de médicaments, dont beaucoup s'avèrent inadaptés aux patients qui les consomment. Une opportunité de développement d'une nouvelle offre de services faisant du laboratoire pharmaceutique non plus seulement un industriel vendant des boîtes en masse, mais une plateforme réunissant les professionnels de santé.

Comment l'entreprise peut-elle donc maîtriser son destin face au digital ? Tout d'abord en prenant conscience, au plus haut niveau de l'organisation, que le monde a changé. Les dirigeants qui ont mené de brillantes carrières et font aujourd'hui imprimer leurs méls par leur assistante peuvent-ils comprendre que le monde a changé ? Oui, à condition de garder leur esprit d'entrepreneur, de rester éveillés et à l'écoute de leurs plus proches collaborateurs, et plus généralement de toutes les personnes avec lesquelles ils interagissent. À condition aussi que ces collaborateurs sachent adapter leur discours à ces cadres dirigeants qui peuvent parfois sembler perdre du pouvoir ou leurs repères face à un monde qui se dérobe sous eux. L'acculturation au digital du top management des entreprises est nécessaire, sans pour autant être suffisante. Elle est nécessaire, car seul un sponsoring fort peut imposer un changement, en allouant les budgets nécessaires, en mobilisant les forces, en assouplissant les contradictions, en jouant des politiques internes à l'entreprise, en mettant un coup de projecteur sur des initiatives d'avenir et en soutenant la transformation dans la durée. Une acculturation au digital n'est cependant pas suffisante si elle ne se nourrit pas des transformations qui s'opèrent sur le terrain, si elle ne s'accompagne pas d'une ouverture d'esprit, d'une écoute des initiatives menées dans d'autres industries, dans d'autres pays, d'une veille active sur les nouvelles méthodes de travail, l'évolution des lois, les nouveaux comportements de consommateurs et de collaborateurs. Plus qu'une acculturation, c'est un changement profond de posture du top management que le digital impose. Un changement de posture reconnaissant que le top management ne sait pas tout, et surtout que le digital va beaucoup trop vite, même pour des esprits brillants.

Le top management bouleversé par le digital

Comment le top management de l'entreprise peut-il donc prendre conscience que le monde a changé ? Certaines entreprises choisissent d'emmener leurs cadres dirigeants dans des tournées mondiales, pour leur faire rencontrer des entreprises innovantes (par exemple, une semaine d'immersion dans la Silicon Valley). Lors de ces *learning expeditions*, les cadres dirigeants voient de leurs yeux des bureaux où il semble que les collaborateurs s'amusent au lieu de travailler, voient des produits qui leur rappellent *Star Wars* ou *Star Trek* qui les émerveillaient tant lorsqu'ils étaient jeunes gens, rencontrent des dirigeants d'à peine 30 ans en jeans/baskets qui pèsent déjà des fortunes, etc. Ils reviennent au pays galvanisés, comme touchés par la grâce. Jusqu'à ce qu'ils atteignent leur bureau, son mobilier d'un autre âge, les papiers qui s'entassent, les réunions qui se succèdent, etc. Pour que l'expédition au pays du digital porte ses fruits, elle doit être conçue pour s'ancrer dans la réalité de l'entreprise, et non comme un simple voyage d'agrément. Il ne suffira pas au cadre dirigeant de raconter son voyage pour donner envie à ses collaborateurs de digitaliser l'entreprise. Au mieux, il leur donnera envie de voyager au pays du digital, alors qu'il faudrait leur donner envie de faire voyager le digital dans l'entreprise.

Le directeur général peut décréter le digital comme objectif prioritaire du comité de direction. À chaque comité, il demandera au directeur marketing, au directeur commercial, au directeur des ressources humaines, au directeur des systèmes d'information, bref, à chacun de ses collaborateurs directs, de faire un point sur l'avancée du sujet : « Où en êtes-vous dans la digitalisation de vos équipes ? » La question, bien que légitime, n'a pas grand sens. Car au fond, pourquoi digitaliser ? C'est en répondant en conscience à cette question que les cadres dirigeants peuvent ensuite se demander comment digitaliser ? Car la digitalisation est un processus de transformation long, profond, permanent, qui touche tous les métiers, tous les processus. Les résistances doivent être traquées, comprises et accompagnées. Un cap doit être indiqué à tous, et il ne suffit pas de décréter que l'entreprise doit travailler comme Google ou Zappos.

L'émergence du directeur du digital (CDO)

Alors, s'il ne suffit pas de faire le point en comité de direction, que faut-il faire ? Aux États-Unis, on a vu apparaître le poste de *chief digital officer* (CDO), mal traduit en français par « directeur du digital ». Aux côtés des directeurs des fonctions traditionnelles de l'entreprise (marketing, commercial, relation clients, ressources humaines, système d'information, finance, juridique, communication, distribution, etc.), le CDO formalise la vision de l'entreprise opérant dans un monde digital, conduit les opérations menées en ligne, et mène la transformation de l'entreprise en profondeur. L'avantage de ce choix d'organisation ? Une personne concentre le digital au plus haut niveau de l'organisation. L'inconvénient réside dans le fait que cette personne doit se faire une place et peut être perçue comme un concurrent sérieux pour les dirigeants en place. Concurrent sérieux et qu'il est facile de dénigrer, dans la mesure où le digital n'en est qu'à ses débuts, et qu'il n'est pas en soi apporteur de valeur à l'entreprise. Pourtant, ce catalyseur de la digitalisation est bien utile pour accélérer la transformation et surtout lui donner de la cohérence au-delà des silos organisationnels de l'entreprise.

Deux grands types de profils professionnels exercent ce métier : des cadres ayant exercé un haut niveau de responsabilité chez des *pure players*, des agences digitales ou des cabinets de conseil ayant une spécialité dans la transformation digitale, ou bien des cadres connaissant bien l'entreprise, sa culture, ses métiers, son organisation, et ayant une appétence pour le digital. Le premier type de profil est légitime sur le domaine du digital et devra s'approprier les codes de l'entreprise avant de la transformer, en s'appuyant bien sûr sur les équipes en place. Le second type de profil connaît très peu de chose dans le digital et s'appuiera pour cela sur des expertises le plus souvent externes, mais il dispose d'une forte légitimité interne à l'entreprise. Quel que soit le profil retenu, le CDO a la lourde tâche d'incarner la transformation digitale, de la rendre tangible, d'expliquer vers quoi l'entreprise se dirige, de rassurer et de montrer le bénéfice des transformations déjà engagées avec succès.

Confier la direction digitale à une personne qui siège au comité de direction est un facteur d'accélération et de cohérence, pourtant insuffisant. Les actions de transformation menées dans tous les départements de l'entreprise, ne peuvent être décidées qu'au regard d'une démarche de progression et d'une mesure des progrès. À cet égard, la transformation digitale présente une particularité inhabituelle par rapport aux transformations traditionnelles : les règles du jeu du digital changent en permanence. Définir une cible à cinq ans est impossible dans la pratique. Plus exactement, il est impossible d'anticiper tous les changements à venir sur un horizon de temps aussi long – ce qui n'interdit nullement de définir les grandes lignes d'une cible à atteindre, tout en acceptant de réviser cette cible régulièrement, *a minima* une fois par an.

Le DSI et le directeur marketing candidats au poste de directeur du digital

Recruter un CDO, nous l'aurons compris, est un acte managérial audacieux. Il peut être perçu par les dirigeants en place comme un aveu d'incompétence. Qui plus est, deux dirigeants peuvent se positionner en chantres de la digitalisation : le directeur des systèmes d'information et le directeur marketing. Chacun n'a plus à douter de sa légitimité aux yeux du directeur général. Est-il en effet envisageable qu'une entreprise fonctionne sans système d'information ou sans marketing ? L'informatique est désormais partout, même les téléphones sont devenus des outils informatiques, les collaborateurs sont même souvent mieux équipés chez eux qu'au sein de l'entreprise comme on le voit avec le phénomène du ByOD. Le marketing est envahi de données, de supports digitaux pour capter l'attention du consommateur et mettre en avant les produits de l'entreprise. Selon le cabinet IDC[5], fin 2013, deux tiers des dépenses technologiques sont même déjà imputées aux budgets du département marketing !

Le directeur informatique tient de son socle technologique sa légitimité en tant que directeur du digital. Le digital s'appuyant en effet sur des outils informatiques (ordinateurs, tablettes, *smartphones*, serveurs, routeurs, réseaux, *datacenters*, etc.), il semble naturel de lui confier la digitalisation de l'entreprise qui maîtrise ces outils. C'est pourtant rarement le cas. Le cabinet Ernst & Young encourage les DSI dans cette voie[6], en mettant en avant toutes leurs qualités pour briguer le

---

5. Paul Rubens (adapt. Jean Elyan), « Les DSI bientôt sous l'autorité des directeurs marketing ? », *Le Monde Informatique*, 8 octobre 2013, lemondeinformatique.fr/actualites/lire-les-dsi-bientot-sous-l-autorite-des-directeurs-marketing-55278.html.

6. Ernst & Young, *Born to be digital, How leading CIOs are preparing for a digital transformation*, ey.com/Publication/vwLUAssets/EY_CIO_-_Born_to_be_digital/$FILE/EY-CIOs-Born-to-be-digital.pdf

poste. Ils les mettent aussi en garde contre l'arrivée d'un directeur du digital, s'ils n'adoptent pas une attitude résolument business, et pas seulement de technicien de l'informatique.

La gouvernance du digital en question

Au-delà des découpages de périmètres entre le directeur des systèmes d'information, le directeur marketing et le directeur du digital, la profondeur et l'amplitude de la transformation digitale posent un épineux problème de gouvernance. L'absence de gouvernance claire conduit immanquablement à des prises de risques inutiles, des arbitrages soumis au plus haut niveau sans raison valable et surtout un retard préjudiciable impactant directement les résultats de l'entreprise.

La gouvernance du digital est d'autant plus importante dans les entreprises de taille mondiale, opérant sur plusieurs marchés au travers de plusieurs marques. Sans gouvernance, les initiatives locales peuvent en effet entrer en compétition entre elles, ne serait-ce par exemple que par le jeu du référencement naturel ou de l'architecture des médias sociaux. Sans gouvernance, les agences digitales (création de contenus, réalisation de sites ou d'applications, conduite d'opérations de marketing digital, etc.), les plateformes (médias et réseaux sociaux, places de marché, agrégateurs de contenus, etc.) et les éditeurs (CRM, *social CRM*, *data analytics*, *content publishing*, etc.) peuvent facturer leurs services à plusieurs entités de l'entreprise.

La gouvernance du digital apporte donc la centralisation nécessaire à l'efficacité, sans toutefois opposer une rigidité préjudiciable à la prise de décision rapide, facteur déterminant dans ce domaine. Elle offre à l'entreprise des moyens d'action et de négociation consolidés ayant beaucoup plus d'impact auprès de ses partenaires (agences digitales, plateformes, éditeurs). Elle met en valeur les initiatives locales en favorisant leur généralisation à l'ensemble de l'entreprise. Elle favorise l'attractivité de l'entreprise auprès des talents du digital.

Le conseil d'administration se digitalise

Quelles que soient l'approche managériale et la gouvernance retenues, le conseil d'administration des plus grandes entreprises est également impacté par l'émergence du digital. Comprendre au plus haut niveau, dans l'intérêt des actionnaires et de l'avenir de l'entreprise, comment les décisions prises par le pouvoir exécutif de l'entreprise impactent à long terme son développement dans un monde digital, nécessite que le conseil d'administration s'adapte.

Des entreprises ont déjà montré la voie, en recrutant en leur sein des administrateurs d'un genre nouveau. Souvent plus jeunes que leurs alter ego, ils ont fait leurs armes chez des *pure players* devenus de grandes marques (Yahoo!, Google, Amazon, etc.), et continuent d'être très impliqués dans le développement d'entreprises innovantes (*cloud computing*, *quantified self*, *big data*, robotique et objets connectés, etc.). Leur regard critique sur les initiatives menées par l'entreprise pour la rendre soluble dans le monde digital permet de dynamiser la transformation, de l'orienter, de lui donner l'écoute nécessaire à la préparation du futur de l'entreprise, et contribue donc à la valorisation des investissements des actionnaires.

Ces administrateurs « digitaux » restent cependant encore rares, comme le montre l'étude réalisée par Russel Reynolds Associates sur les conseils d'administration de 300 entreprises aux États-Unis, en Europe et en Asie[7]. Six pour cent des conseils d'administration observés pouvaient être considérés comme d'un haut niveau de digitalisation avec trois administrateurs issus du monde digital, tandis que 23 % des conseils d'administration observés comportaient un unique administrateur digital.

Certes, recruter un administrateur issu du monde digital n'est pas nécessairement une obligation pour permettre au

7. Russel Reynolds Associates, *Digital Economy, Analog Boards: The 2013 Study of Digital Directors*, 2013, russellreynolds.com/content/digital-economy-analog-boards-2013-study-digital-directors.

conseil d'administration de conseiller et challenger l'entreprise dans sa digitalisation. C'est ainsi que l'Institut français des administrateurs et le Cigref attirent l'attention des conseils d'administration sur les opportunités et les risques liés au digital.[8] Le rapport invite les administrateurs issus de l'économie traditionnelle à prendre conscience des spécificités du digital. Ce rapport permet au conseil d'administration de poser la question des compétences en son sein pour exercer sereinement son mandat en tenant compte des enjeux nouveaux liés au digital.

La recherche d'un guide pour la transformation digitale

Les comités de direction de nos entreprises modernes sont dans la même situation que les grands explorateurs du XVe siècle. Certains passent pour des illuminés, convaincus que l'homme peut aller au-delà des limites connues. Les plus courageux passent pour des téméraires, prêts à braver les océans qu'on dit peuplés de créatures étranges. Loin d'être des irréfléchis, ces explorateurs préparent minutieusement leurs expéditions. Ils créent de nouvelles embarcations, emportent avec eux des écosystèmes leur permettant de maintenir leur équipage en vie bien au-delà des habitudes issues du cabotage, inventent de nouveaux outils de navigation, convainquent les puissants de financer leurs projets. En ce début de XXIe siècle, les entrepreneurs du digital ont déjà montré la voie. Des modèles économiques ont été expérimentés, certains ont échoué, d'autres sont de tels succès que leur capitalisation boursière dépasse celle des entreprises « en dur »[9], disposant d'usines, de réseaux de distribution, de points de vente bien

8. *Le conseil d'administration et la transition numérique de l'entreprise*, IFA-Cigref, septembre 2013, http://images.cigref.fr/Publication/2013-IFA-CIGREF-Conseil-d-Administration-et-Transition-Numerique-d-Entreprise.pdf.
9. On pourrait également mentionner le rachat de WhatsApp par Facebook en février 2014 pour 19 milliards de dollars (4 comptants, 12 en actions Facebook et 3 prévus pour les dirigeants et salariés de 2015 à 2018).

visibles. Des organisations nouvelles ont été mises en place, qu'on qualifie d'*agiles*, aux circuits de décision plus courts. Des technologies ont été créées pour brasser toujours plus vite des quantités phénoménales de données transportées à des vitesses vertigineuses d'un bout à l'autre de la planète. Des métiers nouveaux ont émergé, sans que des formations préalables existent. Des produits physiques ont été réinventés, personnalisés à outrance et assortis de services parfois opérés par d'autres entreprises. De nouvelles réglementations ont dû être écrites, partagées et souvent contournées par des innovateurs qui bousculent les codes.

Cependant, bien que les innovations de modèles économiques, d'organisations, de technologies, de savoir-faire, de produits, de services ou encore de réglementation, soient désormais connues, la grande majorité des entreprises peine à les appliquer à grande échelle. Celles-ci cherchent un guide qui leur permettra d'orienter leurs efforts. Certaines doutent encore de la réalité de l'impact du digital sur leur métier. Ce guide leur permettrait de prendre conscience des atouts du digital dans tous les compartiments du jeu. D'autres pensent avoir déjà fait ce qu'il faut (« on a un site web et une page Facebook ! »). Ce guide leur permettrait de percevoir à quel point elles sont effectivement à l'état de l'art à un instant donné.

Comment mesurer les progrès de l'entreprise dans son effort de digitalisation, alors que précisément ce qui est vrai aujourd'hui dans le digital ne le sera plus (ou plus de la même manière) dans un an ? Pour résoudre ce dilemme, nous proposons un modèle de maturité digitale évolutif, dont l'architecture s'appuie sur cinq leviers (ou axes) fondamentaux :

- organisation,
- technologie et innovation,
- personnel,
- produits et services,
- environnement.

Les cinq chapitres qui suivent sont dédiés à la description de ce modèle, avec pour chaque levier :

- la présentation générale du levier ;
- les critères caractéristiques du levier et pour chaque critère : le périmètre qu'il couvre, ce qui est caractéristique d'une entreprise digitalisée au regard de ce critère, ce que le critère ne couvre pas ou n'impose pas ;
- les sous-critères, découpages fins des critères ;
- les indicateurs des sous-critères, permettant de mesurer la maturité digitale selon cinq niveaux, du moins mature (1) au plus mature (5).
- les leviers (O : Organisation, TI : Technologie et Innovation, P : Personnel, PS : Produits et Services, E : Environnement), critères, sous-critères et indicateurs sont codifiés de façon à faciliter le repérage et l'utilisation opérationnelle. Par exemple P 3.2.1 désigne l'indicateur numéro 1 du sous-critère numéro 2 du critère numéro 3 du levier Personnel.

Des témoignages de femmes et d'hommes de l'art, praticiens de la transformation digitale, au sein d'entreprises de secteurs variés (tourisme, banque, *retail*, santé, industrie) ou experts (agences digitales, éditeurs de solutions digitales, sociologues, avocats), viennent illustrer le modèle, en donnant un écho opérationnel et de nombreux exemples de mises en pratique. Enfin, le lecteur trouvera en annexe une description des principes structurels du modèle.

POINTS CLÉS

- Effectuez bien la différence entre dématérialisation et digitalisation.
- Comprenez comment vous digitalisez déjà votre entreprise : êtes-vous attentiste, impressionniste, externalisateur, intégrateur ou transformateur ?
- Prenez conscience du profond changement que connaît le monde du fait de l'omniprésence du digital.

- Sensibilisez le top management et formez l'ensemble des collaborateurs au digital.
- Adoptez une gouvernance du digital animée par un directeur du digital chargé de définir la vision, conduire les opérations en ligne et transformer l'entreprise.

Chapitre 3

Levier : organisation

Présentation

Comme nous l'avons expliqué précédemment, les structures organisationnelles classiques, adaptées à un monde évoluant lentement et peu personnalisées, ne sont pas adaptées au monde digital : elles créent des frictions et une rigidité empêchant l'entreprise d'évoluer au rythme du digital. La capacité d'une entreprise à opérer dans un monde digital suppose donc l'adoption de structures organisationnelles spécifiques, plus « agiles » et surtout beaucoup plus réactives. Ces structures nouvelles ont été largement expérimentées par les *pure players*. Elles ont fait leurs preuves, tant pour des start-up de quelques salariés que pour des multinationales de plusieurs milliers de collaborateurs. Elles ont permis à ces entreprises d'investir des marchés existants (par exemple, la vente à distance), de créer de nouveaux marchés (la location d'hébergement privé *via* des réseaux sociaux de niche), de conquérir des territoires (le couponing social, créé aux États-Unis et aujourd'hui largement répandu en Europe). Elles ont démontré leur efficacité pour faire prospérer une entreprise dans un monde en changement permanent et extrêmement rapide (l'adoption massive du *smartphone* en quelques années).

Quelles sont les caractéristiques structurelles de ces nouveaux modèles organisationnels ? Tout d'abord, ils sont conçus pour permettre à l'entreprise d'agir au travers des canaux digitaux : concevoir, vendre et distribuer ses produits et services, supporter ses clients, recruter ses collaborateurs, interagir avec l'ensemble des parties prenantes de manière extrêmement réactive. Il en découle une stratégie de développement de l'entreprise fondamentalement différente des stratégies classiques, valorisant des structures de revenus et de coûts permises par les infrastructures numériques. La vision à long terme de l'entreprise est revisitée fréquemment, dans la mesure où, dans un monde digital, sur le long terme (c'est-à-dire cinq ans et au-delà), trop de changements profonds et imprévisibles peuvent se produire (nouvelle technologie en rupture, nouveaux usages, nouveaux comportements, nouvelle réglementation fiscale, etc.).

L'entreprise traditionnelle souhaitant développer son activité en ligne doit donc adapter son organisation en s'inspirant de ces nouveaux modèles. Sa gouvernance doit être adaptée pour tirer pleinement profit du digital. Ses activités digitales doivent agir à leur rythme et en cohérence avec ses activités traditionnelles. Les processus de gestion des ressources humaines et les modalités de management doivent être adaptés.

En élaborant le modèle de maturité numérique que nous proposons, nous avons recherché la littérature traitant des modèles d'organisation des entreprises digitalisées. Il existe de nombreux articles qui traitent d'une partie du sujet, sans embrasser l'ensemble du périmètre. Quelques études donnent un éclairage, par exemple sur la performance économique des entreprises faisant un usage intensif du digital[1], sans pour autant expliciter les structures organisationnelles de ces

1. Voir, par exemple The Digital Advantage: How digital leaders outperform their peers in every industry, Cap Gemini, 2012.

entreprises qui les rendent plus efficaces. Des livres blancs mettent l'accent sur les spécificités du digital, par exemple pour aider les conseils d'administration à intégrer le digital dans leurs travaux[2], sans pour autant proposer de modèle permettant d'évaluer la maturité d'un conseil d'administration à appréhender les activités digitales d'une entreprise.

Nos recherches bibliographiques n'ayant pas permis de trouver de modèle de maturité traitant de tout ou partie du périmètre couvert par le levier organisation, nous avons été amenés à proposer un grand nombre d'indicateurs pour ce levier, beaucoup plus que pour les autres. Les indicateurs que nous proposons s'inspirent de notre expérience de la transformation digitale des entreprises dans lesquelles nous avons travaillé ou que nous avons conseillées, et aussi du BCG e-Friction Index. Cet index, construit pour évaluer les frictions qui empêchent un pays de développer ses activités numériques, est transposable à une entreprise ou tout type d'organisation, moyennant bien sûr quelques adaptations.

« Nous comptons aujourd'hui 400 collaborateurs sur Twitter se revendiquant de Pierre & Vacances Center Parcs »

Interview de Françoise Gri, directrice générale, Pierre & Vacances Center Parcs

Le secteur du tourisme est particulièrement touché par l'émergence d'acteurs issus du monde digital (plateformes de réservation, plateformes d'avis d'utilisateurs, location d'hébergement chez le particulier, etc.). Comment un acteur traditionnel peut-il riposter ?

Avant tout, le secteur du tourisme est touché par ce que le digital change dans la relation client. Le monde du tourisme est un *early adopter* du digital. La première vague, au cours des années 1995-2000,

2. Voir, par exemple, *Le conseil d'administration et la transition numérique de l'entreprise*, IFA-CIGREF, septembre 2013, http://images.cigref.fr/Publication/2013-IFA-CIGREF-Conseil-d-Administration-et-Transition-Numerique-d-Entreprise.pdf.

est celle de la mise en ligne des offres, ce qui a permis à de nombreux acteurs d'être visibles du monde entier. La conséquence de cette première vague est une modification totale des acteurs de la distribution et l'émergence d'acteurs qui se sont posés en tant qu'intermédiaires. Ainsi, les acteurs de distribution internet, qui n'existaient pas en 1990, représentent aujourd'hui un poids significatif et croissant de la capitalisation boursière du secteur du tourisme et du *travel*. Les opérateurs du transport et les intermédiaires traditionnels ont, en quelque sorte, payé la facture de l'implantation de ces nouveaux acteurs.

Ces grands intermédiaires de la distribution captent aujourd'hui une partie de la valeur ajoutée créée. Pour un opérateur hébergeur qui se serait confié à ces acteurs, c'est ainsi 15 % à 20 % de la valeur cédée pour payer sa place chez Booking.com ou autres. On réalise aujourd'hui la ponction et la dépendance vis-à-vis de ces acteurs, ce qui provoque actuellement un débat sur les conditions contractuelles qu'ils offrent.

Une deuxième vague concerne l'offre elle-même, avec des acteurs comme Airbnb qui n'existaient pas en 2006, un des exemples phare de ce en quoi le digital peut changer l'offre, en la combinant au coopératif. Un acteur du tourisme est donc aujourd'hui confronté à cette nouvelle donne, et pour cela doit comprendre en particulier les mécanismes en œuvre. Comprendre par exemple comment fonctionne Google, comment il change les règles régulièrement, fait monter les prix sur les AdWords et transforme totalement l'accès au marché sur Internet. Comprendre les clauses contractuelles et du jeu d'un certain nombre de distributeurs. La compréhension de ce monde, de la rapidité à laquelle il change est un enjeu majeur pour les acteurs du tourisme. Ce qui est vrai aujourd'hui avec Google ne l'était pas il y a deux ans, il y a de nouveaux acteurs, les réseaux sociaux, etc., beaucoup de choses qui bougent, et vite, qu'il faut absolument comprendre.

Une fois qu'on a compris les règles du monde digital, il faut travailler sur les fondamentaux. Une particularité du monde Internet est de rendre l'offre transparente. Si on n'a pas une qualité et une pertinence de service totales sur le web, on n'a pas capacité à opérer dans ce monde, ni du point de vue de la réputation de la marque, ni du point de vue de la bataille pour l'accès au client. Travailler les fondamentaux, c'est donc travailler la relation client, être visible là où il regarde et le fidéliser.

Comment mesurer l'attractivité d'un acteur traditionnel du tourisme pour des profils de collaborateurs attirés par des carrières chez des pure players ?

L'offre est un très beau sujet. Des collaborateurs venant de *pure players* sont attirés par la relation avec les clients, par ces moments de vie partagés. Pour un acteur traditionnel du tourisme, la bataille avec le digital est aussi compliquée, peut-être plus que pour un distributeur internet, l'aspect technique existe largement et la dimension réelle de l'offre attire les talents.
Les batailles sur l'acquisition client au travers de canaux directs, sur un stock fini, sont de beaux défis à relever pour les talents du digital. Et comme ils sont moins nombreux chez les acteurs traditionnels, ils sont plus choyés !

Vous transformez actuellement un acteur traditionnel du tourisme. Comment mesurez-vous le progrès de sa digitalisation ?

Nous avons construit une *roadmap* technique portant sur le système d'information, mais aussi sur les équipes en distribution et en marketing. Elle s'accompagne d'indicateurs opérationnels, par exemple sur la notoriété de marque ou l'évolution des taux de transformation et de trafic.
Il y a une autre dimension plus subtile, sur le niveau de familiarité de l'ensemble des collaborateurs avec le monde digital : niveau de curiosité pour regarder ce qui se passe sur les réseaux sociaux ou proposer des idées. Sans disposer de baromètres pour mesurer cette curiosité, nous comptons par exemple aujourd'hui 400 collaborateurs sur Twitter (sur 8 000 équivalents temps plein et 15 000 personnes) se revendiquant de Pierre & Vacances Center Parcs et qui sont prêts à engager la conversation. On établit la somme des *followers* de ces collaborateurs, ce qui donne un indicateur quantitatif. Sur le plan qualitatif, comme j'en suis moi-même un certain nombre, j'ai aussi à mon niveau une perception de leur engagement. De la même manière qu'en visitant les sites sur le terrain, on peut percevoir si une équipe est motivée, a les yeux qui brillent. Il ne s'agit pas d'être totalement factuel, mais d'avoir déjà une bonne impression de l'engagement des collaborateurs.
Enfin, avec le projet Planet Pierre & Vacances, une application mobile qui permettra de valoriser l'offre de partenaires locaux, nous sommes au début de l'ouverture du groupe avec des acteurs tiers au travers du digital.

À quels grands enjeux préparer un acteur traditionnel du tourisme face au changement de comportement des consommateurs, à la fiscalité ou encore aux innovations technologiques ?

La question ne porte pas tant sur le rapport entre tourisme et digital que sur des enjeux traités à un niveau qu'il est difficile de retranscrire concrètement sur notre industrie. Ainsi, quand il y a débat au niveau de la Commission européenne pour savoir si Google est en position dominante, la traduction dans le monde du tourisme est d'une complexité diabolique.

Cependant, le secteur du tourisme en France est composé de petites et moyennes entreprises, ne disposant pas de personnel pouvant regarder ce qui se passe partout dans le monde alors que de nombreux sujets réglementaires touchent notre activité, dans le domaine du digital pour l'accès au client, ou encore dans le domaine des droits du consommateur.

Fidélité du client et qualité de service posent la question de l'expérience qu'on veut offrir au client. Pour nous différencier et attirer son attention, nous nous posons donc la question des services à apporter à des moments de vie particuliers du client. Bien sûr, tout ne passe pas par la technologie, mais en équipant nos collaborateurs pour mieux connaître celui qui passe la porte, ils seront mieux armés. Il y a une vraie question sur la façon de capter et comprendre le client. Capter des usages qui ne sont pas si simples ou si logiques est la clé de l'innovation en matière de service. Questionner les clients à ce sujet apporte des réponses décevantes, dans la mesure où ils répondent à propos de ce qu'ils connaissent. En revanche, mettre en place un climat permettant à ceux (collaborateurs et clients) qui peuvent ou veulent innover de le faire est essentiel, et nous y venons. Une capacité d'innovation qui relève de la culture d'entreprise, ce qui prend donc du temps et ne passera pas par un lab, mais plutôt par quelque chose de beaucoup plus persuasif.

Vous êtes une des rares dirigeantes à utiliser activement Twitter. Pour vous, l'engagement personnel des dirigeants sur le digital est-il un prérequis à l'entreprise digitale ?

L'avantage des réseaux sociaux est de nous mettre en contact direct avec la communauté de nos clients pour capter des idées, dialoguer. C'est aussi un formidable outil de contact avec la communauté des

collaborateurs, un peu comme si on les croisait dans les couloirs de l'entreprise.
Les leaders modernes ne peuvent pas ne pas être engagés personnellement, se contenter de prendre des décisions de façon froide à partir de business plans. Twitter est à ce titre un formidable outil, en particulier dans des périodes de transformation. La façon dont le dirigeant se comporte, s'exprime, donne une référence, un modèle, invite à la conversation. Lorsqu'on veut qu'une entreprise aille plus vite, que l'on veut casser les silos dans une organisation ou expliquer que le management n'est pas inaccessible, la manière de communiquer est essentielle. Si je réponds à un client dans les 10 minutes sur Twitter, c'est que la maison doit répondre en 10 minutes.
Au-delà de Twitter, les réseaux sociaux s'accompagnent d'une transparence qui peut être difficile à vivre par les collaborateurs. Les réseaux sociaux sont un extraordinaire argument d'engagement sur la qualité de service et la satisfaction. Dans le même temps, il s'agit d'une mesure injuste, qui met au premier plan quelques clients mécontents et laisse dans l'ombre des milliers de clients satisfaits de leur séjour. Le client peut paraître parfois peu humain, ce qui peut être vécu comme injuste par les collaborateurs. La transparence de la relation avec le client, rendue visible au monde entier, pose question.

Critères

Nous proposons de caractériser l'organisation d'une entreprise engagée sur le digital suivant cinq critères répondant aux questions structurelles de ce type d'entreprises :

- Stratégie numérique : comment l'entreprise envisage-t-elle de créer de la valeur, de développer de nouvelles sources de revenus ou d'adapter son modèle économique, de réduire ses coûts opérationnels grâce au digital ?
- Gouvernance : quelles instances animent et pilotent les activités digitales ? Comment les rôles et responsabilités sont-ils distribués dans l'organisation pour opérer les activités digitales ? Quelle politique est mise en œuvre pour

favoriser le développement d'une culture digitale dans l'entreprise ? Comment l'entreprise innove-t-elle dans son financement en tirant profit du digital ? Comme protège-t-elle ses actifs numériques sur le plan juridique ?

- Implantation des activités numériques : comment les activités digitales sont-elles physiquement incarnées au cœur même de l'entreprise et en périphérie ? Comment l'entreprise se positionne-t-elle au sein d'un écosystème innervé au travers d'infrastructures numériques ?
- Ressources humaines : comment l'entreprise gère-t-elle la carrière de ses salariés du numérique ? Comment mobilise-t-elle ses collaborateurs sur l'innovation ?
- Management : comment l'entreprise insuffle-t-elle une culture managériale valorisant le partage d'information, la veille permanente ? Comment l'entreprise intègre-t-elle les savoir-faire numériques devenus stratégiques ?

01 Stratégie numérique

Ce critère vise à apprécier l'engagement de l'entreprise pour développer ses activités digitales : les capitaux qu'elle mobilise, les revenus qu'elle en dégage, la contribution à la réduction des coûts opérationnels qu'elle en tire, le plan de progrès qu'elle se donne pour devenir une entreprise digitale.

Ces aspects nous semblent en effet les plus révélateurs de l'engagement d'une entreprise dans le développement du digital. Les moyens qu'elle y consacre révèlent la volonté managériale. Les bénéfices (revenus, réductions de coûts) qu'elle en tire montrent l'impact du digital sur son modèle d'entreprise. Enfin, le plan de progrès qu'elle se fixe illustre la prise de conscience au plus haut niveau de la nécessité d'être en permanence en mouvement lorsqu'on souhaite développer ses activités en ligne.

En revanche, ce critère n'a pas vocation à apprécier la stratégie digitale mise en œuvre à proprement parler. Cette stratégie, en soutien de la stratégie de l'entreprise, est en effet trop spécifique en fonction du secteur d'activité et de la taille de l'entreprise pour qu'on puisse en évaluer la maturité.

O2 Gouvernance

Ce critère a vocation à considérer les moyens que l'entreprise a mis en place de manière pérenne pour arbitrer, animer et piloter ses activités digitales.

Les lieux de décision impactant les activités digitales, les comités et leur composition, l'implication réelle et sincère des participants officiellement déclarés, leur rôle et pouvoir hiérarchique, sont autant de révélateurs de la volonté de l'entreprise de pérenniser ses activités digitales. Sa capacité à faire apparaître dans les reportings les résultats de ses activités digitales, à se remettre en question régulièrement, à internaliser les ressources numériques devenues stratégiques est également essentielle, montrant comment le digital percole au sein de l'organisation.

A contrario, ce critère ne propose pas d'évaluer la gouvernance digitale en figeant un modèle de gouvernance générique. Nous reconnaissons ainsi l'importance de la culture managériale de l'entreprise, et proposons de porter l'attention sur les aspects les plus discriminants d'une gouvernance digitale.

O3 Implantation des activités numériques

Ce critère porte l'attention sur l'implantation physique des activités digitales, ce qui peut sembler paradoxal de prime abord. L'expérience montre en effet que les actifs digitaux étant par nature intangibles, il est indispensable que les hommes, les femmes et les infrastructures matérielles qui les supportent soient clairement identifiables par l'ensemble des collaborateurs de l'entreprise. Cela donne ainsi une réalité concrète aux activités digitales, loin du monstre froid de l'imaginaire collectif, proche des activités traditionnelles (plateau de relation client, réseau de points de vente, entrepôts, départements administratifs, etc.).

La concrétisation et la sanctuarisation des lieux du numérique montrent la volonté d'intégrer le digital à l'ADN de l'entreprise. Il ne s'agit plus seulement de dire qu'on fait du digital parce qu'on a un site de e-commerce, qu'on est présent sur Facebook, que les collaborateurs sont tous sur le réseau social de l'entreprise ou qu'on a doté les vendeurs d'applications sur tablettes. Il s'agit de mettre en avant le cœur du réacteur digital en montrant à toute l'entreprise que ce qui peut sembler virtuel est bien réel. Vis-à-vis de l'extérieur de l'entreprise, au-delà des discours ou des postures de communication, l'implication dans l'innovation collaborative ou dans les travaux de normalisation collective d'Internet révèle la réalité de l'ouverture de l'entreprise, aspect consubstantiel au digital.

Ce critère ne s'intéresse bien sûr pas au lieu où se trouvent les activités numériques, ni à l'espace qui leur est alloué, ou encore au marketing interne dont elle bénéficie.

04 Ressources humaines

Ce critère porte l'attention sur la manière dont l'entreprise considère les salariés du numérique, à la fois pour attirer mais aussi pour fidéliser les talents du numérique qui lui permettront de développer et d'opérer ses activités digitales de manière pérenne.

Les professionnels du numérique, issus de formations diverses et récentes, souvent auto-formés par passion, contraignent les RH à revisiter leurs outils. Les descriptifs de postes, les évaluations conditionnant primes, augmentations et promotions, les filières métiers débordant sur les filières traditionnelles, les programmes de formation doivent intégrer ces nouveaux métiers aux titres souvent anglo-saxons et aux périmètres de responsabilité parfois difficiles à comprendre pour le néophyte. L'implication des collaborateurs dans les processus d'innovation de l'entreprise s'avère également un atout majeur des entreprises digitalisées, dans lesquelles la porosité de l'organisation est de rigueur.

En revanche, ce critère ne vise pas à évaluer ce qui relève de l'expertise RH à proprement parler telle que l'utilisation d'un SIRH, d'outils de e-learning, de feuilles de paie dématérialisées, de processus d'évaluation des collaborateurs, de marque employeur, etc. Ces éléments ne sont en effet pas spécifiques à la gestion des compétences digitales.

05 Management

Ce critère permet d'évaluer la culture managériale de l'entreprise.

L'entreprise digitalisée adopte une culture de la transparence, de la responsabilisation, de l'accessibilité de tous, mettant en œuvre des structures hiérarchiques « plates ». La veille est assurée par l'ensemble des collaborateurs, à l'affût des nouveautés qui peuvent être appliquées à l'entreprise. La curiosité et la mise à disposition du savoir dans l'intérêt collectif sont valorisées. Les compétences nouvelles sont expérimentées, et le management sait identifier les compétences critiques dont l'entreprise doit se doter en propre pour ne pas rester dépendante d'acteurs extérieurs (agences digitales, cabinets de conseil, sociétés de services, experts, éditeurs, etc.).

Ce critère ne s'intéresse pas au profil des managers, leur parcours de carrière, les responsabilités qui leur sont confiées. Ces points sont compatibles avec une culture managériale adaptée à un monde digital et sont déjà pris en compte par les modèles d'évaluation des organisations utilisés par les RH.

« Le digital et l'apparition des nouvelles technologies sont de fabuleux alliés pour les magasins physiques »

Interview de Laurence Paganini, directrice générale, Kaporal

Le secteur du retail *que vous connaissez bien est profondément impacté par les nouveaux modèles de distribution mis en place par des pure players du digital (notamment Amazon). Comment marques et enseignes peuvent-elles faire face ?*

Cette question mériterait un livre à part entière tant les contributions foisonnent ! Ce que je retiendrai : le *retail* a été profondément bouleversé par deux facteurs majeurs :

- Le e-commerce développé par les *pure players* a été le premier facteur de déstabilisation du commerce physique, car il a engendré des prises de parts de marché, un ancrage dans les habitudes des consommateurs, des réponses à des attentes nouvelles : temps, disponibilité et transparence.
- L'arrivée de la mobilité (téléphone mobile et tablettes) qui a secoué le *retail* : le « *showrooming* » annonçant alors la disparition des magasins...

Internet et e-commerce ont alors été perçus par certains comme les ennemis des points de vente physiques, qui ont été contraints de renouveler leur business model pour faire face et survivre !
Mais aujourd'hui, une majorité de dirigeants du *retail* ont compris que le digital et l'apparition des nouvelles technologies sont de fabuleux alliés pour les magasins physiques et constituent une mine d'opportunités pour renforcer la relation avec leurs clients !
En effet, habitués au e-commerce qui fait partie intégrante de leur vie, les consommateurs souhaitent bénéficier des avantages du e-shopping dans leurs magasins : ils veulent plus de choix et d'information, ils veulent s'exprimer, participer et partager avec leurs amis et ils veulent plus que jamais de l'humain, de l'accueil et de la reconnaissance pour ne pas se déplacer pour rien !
Les magasins, de ce fait, constituent une véritable force par rapport aux *pure players*, car la présence physique permet d'être plus proche du client : en combinant *off* et *on line*, les *retailers* ont changé le terrain de jeu... en leur faveur !
Et pour répondre aux enjeux de la fusion entre virtuel et réel, les enseignes se digitalisent et les marques développent de nouveaux outils sur tout le parcours d'achat : préparation, acte d'achat, paiement, après-vente...

Ainsi les magasins deviennent « connectés » afin d'enrichir leurs offres et l'expérience de leurs clients. De multiples outils de digitalisation font leur apparition chaque jour et constituent autant de réponses face aux nouveaux enjeux, parmi lesquels une liste « à la Prévert » et des exemples d'enseignes, dont voici une liste... :

- *Géofencing/store locators* (Starbucks, Monoprix).
- Vitrines digitales interactives (Gap, Repetto).
- Murs de shopping virtuel.
- Bornes tactiles pour se renseigner en temps réel sur l'état des stocks, les dates de livraison, les avis des autres clients, les prochaines collections (Adidas, But, Tesco).
- Tablettes pour les vendeurs permettant d'apporter un conseil plus personnalisé en retrouvant les informations sur les clients (Nespresso, Sephora).
- Cabines d'essayage virtuelles (Top Shop, Uniqlo).
- *Check & reserve* (Lacoste, Toys 'r us) et *click & collect.*
- Chariots connectés (Hellmann's), lunettes connectées (Intermarché).
- Paiement mobile, caisses automatiques RFID.
- *Feed-back* clients, posts de photos.

Et demain d'autres facteurs vont bouleverser le commerce : le développement dans notre vie quotidienne des objets connectés et des imprimantes 3D.
Ce ne sont là que les signes extérieurs et visibles de la transformation digitale, car faire face à cette révolution suppose avant tout d'avoir des équipes prêtes à opérer dans un monde nouveau !

Comment mesurer la capacité de vos équipes, de la structure organisationnelle de votre entreprise, de la ligne managériale en place, à opérer dans un monde digital ?

J'ai réfléchi à cette question de longue date et notamment lors de l'écriture du livre blanc « En route vers le Commerce 3.0 » avec Eurogroup Consulting en septembre 2013. Les travaux effectués à cette époque ont permis de relever un certain nombre d'éléments.
L'arrivée du digital est un véritable « tsunami invisible », qui constitue la préoccupation majeure des dirigeants du *retail* dont dépend la survie de leur entreprise :

- niveaux d'investissements massifs (Tesco annonce y consacrer 750 M£) ;

- niveau d'incertitude inhabituel lié à la remise en question de l'ensemble des modèles sans réels points de stabilité ;
- transformation culturelle majeure à opérer.

Cette transformation culturelle implique :

- la remise en question des positions acquises : l'évolution des organisations et des interactions entre les services ;
- le passage d'une culture du hiérarchique à celle du collaboratif : émergence d'une nouvelle culture managériale ;
- l'arrivée de nouvelles compétences et la mise à niveau des collaborateurs historiques.

Les quelques questions suivantes peuvent servir à mesurer la capacité des équipes à opérer dans un monde digital mais ce n'est pas exhaustif, il y en a beaucoup d'autres :

- Mes collaborateurs sont-ils eux-mêmes utilisateurs habitués des réseaux sociaux – à commencer par le comité de direction ? Comment en effet prôner la transformation digitale si soi-même on ne donne pas l'exemple ?
- Existe-t-il une *roadmap* de la transformation digitale dans l'entreprise ? Existe-t-il des expériences ou des tests pilotes en cours ?
- Quelle est la part de mon chiffre d'affaires généré par le digital ?
- La stratégie marketing digitale est-elle cohérente entre tous les canaux de distribution ? La relation clients est-elle « sans couture » ?
- La base clients est-elle segmentée ? Existe-t-il un CRM pertinent et ciblé ?
- La marque est-elle présente sur le mobile ? A-t-elle un plan spécifique lié aux usages du mobile ?
- Comment l'entreprise gère-t-elle la relation clients à travers les réseaux sociaux ? Quel est le délai de réponse aux méls et aux questions posées sur les réseaux ?
- Mon équipe a-t-elle les compétences liées au digital (marketing, SI, web, vente) ? Ai-je suffisamment de ressources en qualité et en quantité pour répondre aux enjeux ?
- L'ensemble des salariés sont-ils et se sentent-ils concernés par les nouveaux modes de travail (collaboratif, social learning) ?
- Quelle est la capacité de l'entreprise à réagir face à l'accélération du rythme ?

- Les indicateurs de performance ont-ils changé ? Les tableaux de bord de l'entreprise tiennent-ils compte de ces nouvelles données ?
- Les règles de rémunération de la force de vente ont-elles évolué ? Le parcours clients est en effet morcelé et il devient de plus en plus difficile de relier la performance du vendeur à l'acte.

Vous avez transformé les 3 Suisses en profondeur, quels freins à la digitalisation avez-vous rencontrés ?

J'ai été CEO des 3 Suisses de 2009 à 2012, et j'y ai mené le chantier suivant : comment passer d'une entreprise fortement ancrée dans la vente par correspondance en 2009 (seulement 20 % de son chiffre d'affaires sur Internet) à une entreprise n° 2 du e-commerce français en mode et décoration en 2012 (70 % de son chiffre d'affaires sur Internet) ? Dans ce contexte, les freins à la digitalisation étaient plus que de « simples » frictions !

Prendre conscience de l'urgence et décider !

Sur le marché de la mode et de la décoration, la concurrence est multiple : les grandes chaînes de magasins, celles d'entre elles qui se développent aussi dans le e-commerce, et les *pure players* qui, pour certains, réinvestissent le terrain des magasins physiques ou des catalogues dans le but d'enrichir la palette de contacts à disposition des clients. Tous constituent de redoutables concurrents.

Quand j'ai pris la tête des 3 Suisses en 2009, le « Chouchou » subissait de plein fouet l'attaque des *pure players* et des grandes chaînes : le chiffre d'affaires était en chute libre. La réalité ne laissait pas place aux hésitations : il fallait se transformer ou mourir.

La décision peut paraître évidente avec le recul mais il faut se replacer dans le contexte de l'époque : le métier premier des 3 Suisses était la création de collections deux fois par an et la vente par catalogue papier, bien loin de la distribution sur Internet.

Pourtant la décision a été prise : les 3 Suisses allaient résolument devenir une société de e-commerce. C'était une nouvelle vision stratégique : devenir un acteur majeur du e-commerce en mode et déco et voir le web comme la clef de voûte de l'entreprise et non comme un canal supplémentaire de vente !

Il fallait repartir de son ADN et de ses atouts maîtres.

Comment recréer de la préférence de marque face à des concurrents clairement meilleurs e-commerçants ? En revenant aux racines de l'entreprise !

Nous nous sommes interrogés sur le savoir-faire des 3 Suisses et avons décortiqué la chaîne de valeur pour déterminer surtout ce que nous savions mieux faire que nos concurrents. Une des réponses était notre savoir-faire en relation clients à distance et en particulier, tout ce qu'il y avait d'humain dans cette relation et que ne pouvaient répliquer ni les *pure players* ni les chaînes qui voulaient se développer *on line*. Comment humaniser la relation clients ? Par exemple, en décidant de conserver un centre d'appels fort ou en affichant les vraies photos des équipes sur le site internet.

Comment rajeunir et adapter la proposition de valeur ? Toujours en repartant des fondamentaux de la marque : les femmes, la mode et le Chouchou.

La traduction : 500 nouvelles marques rentrées en catalogue en trois ans, collaboration avec Maria Luisa, fournisseuse de nouveaux génies et femme de mode, et appel à des créateurs tels que Manish Arora, Alexandre Vauthier, Maxime Simoëns, Karl Lagerfeld ; lancement de nouveaux services innovants qui, aujourd'hui, sont monnaie courante sur les sites marchands mais qui voilà quatre ans étaient des vraies ruptures : concours de looks sur le web, lancement de 3 Suisses couture (customisation et personnalisation des produits), élargissement des plages horaires de livraison, espace de dialogue...

Cibler les internautes en priorité.

En 2009 le cœur de cible des 3 Suisses était très « accro » au catalogue, majoritairement des femmes de plus de 50 ans, naviguant peu sur le web. Nous avons décidé d'aller à la conquête des jeunes mères de famille utilisatrices du web. Cela supposait de mieux appréhender l'écosystème digital et de retravailler les moyens de recrutement. Par exemple, en cessant la conquête par courrier papier et en se donnant des objectifs quantitatifs forts tels que « 100 % des nouveaux recrutés doivent être des clients web ». Bien entendu, nous avons continué à travailler en parallèle sur le socle de fidèles. Nous avons ainsi fait significativement évoluer la cible et créer des ponts entre catalogues et Internet : 75 % du fichier clients ont été enrichis avec les adresses mêls et nous avons démarré une vraie stratégie de e-mailing ciblé...

Résultats : en 2011, ce sont près de 40 % des internautes français qui réalisent leurs achats d'habillement en ligne sur 3suisses.fr[a] !

Adapter les ressources, changer les KPI (key performance indicator**), recruter des experts du web et adapter le modèle économique.**

Digitaliser un métier, c'est faire prendre conscience à chacun de l'importance du digital pour chacun ! Quelques exemples :
L'ancienne version des 3 Suisses proposait un catalogue de deux collections par an, avec des prix figés... Comment conserver ce modèle quand, *on line*, les prix sont immédiatement visibles par tous et susceptibles d'évoluer au quotidien ? Toute la politique de prix a été revue pour devenir plus vivante, avec des collections bien plus changeantes, renouvelées tous les quinze jours.
Début 2009, le e-commerce était encore un business model à part, tout fonctionnait en silo : la base de données clients et produits était distincte de celle du catalogue, le *community manager** n'avait aucune communication avec le centre de relation clients ! J'ai alors décidé de créer un poste spécifique pour la personne qui serait en charge de conduire la transformation digitale (l'équivalent des actuels *chief digital officers*). Son équipe s'est constituée de « talents du web » et a été ensuite dispersée à tous les niveaux de l'entreprise pour diffuser la « culture web ».
Cette stratégie omnicanal nous a donc amenés à adapter notre modèle économique, à réinventer un modèle commercial, relationnel et culturel, dans lequel le web occupe une place centrale tant pour le lien avec les clients que pour la vente.
Nous avons transformé nos organisations, simplifié nos processus et renforcé nos compétences en investissant de nouveaux territoires, en formant nos collaborateurs et en intégrant de nouveaux métiers.
Ainsi en trois ans, 100 % des métiers et des process de l'entreprise ont changé. Depuis l'acheteur au logisticien. Par exemple, pour le centre de préparation de commandes, le personnel est passé du 1 × 8 aux 2 × 8, le samedi devenant un jour travaillé.
Tous les KPI ont bougé : le délai de réponse aux méls est passé de plusieurs jours à 24 heures, le nombre de nouveaux clients web a fait son entrée dans les *reportings* et le délai de livraison des produits a été nettement raccourci.

Les clients veulent tout, tout de suite et n'importe où. L'ubiquité est devenue la nouvelle frontière...

Pour passer d'une entreprise de vente à distance à un groupe de « commerce sans distance », les 3 Suisses ont dû totalement se réinventer et acquérir un extraordinaire savoir-faire *on line*. À tel point que le groupe 3SI a filialisé ses métiers et est devenu fournisseur de services pour plus de 2 500 commerçants du web, y compris parmi les concurrents des 3 Suisses !

Le secteur de la distribution spécialisée vous semble-t-il prêt à faire face aux changements induits par le digital ?

Une course à la transformation semble bien engagée parmi les acteurs de la distribution car la prise de conscience a eu lieu : il y a maintenant un consensus autour de l'idée que le magasin tend à devenir le point de convergence de la stratégie digitale. Mais le plus dur reste à venir, car l'humain est au cœur de cette transformation.

Mes convictions pour une transformation digitale réussie de la distribution spécialisée :

- Le changement ne se décrète pas, il se vit. Cela suppose que tout le management, à commencer par le comité de direction, ait une vision partagée et soit totalement aligné sur la vision et l'objectif. Il faut comprendre qu'il s'agit avant tout d'une vraie révolution culturelle au sein de l'entreprise et que 100 % des postes seront impactés : c'est d'abord un changement d'état d'esprit avant même une modification des processus et de l'organisation.
- Rester humble et savoir se remettre en question : porter son costume d'entrepreneur pour se réinventer au-delà des certitudes et des habitudes. Et se préparer à courir un marathon, pas un sprint !
- Accepter des investissements très importants. Le groupe 3SI a confirmé avoir investi pas moins de 200 millions d'euros en systèmes d'information et logistique (pour un chiffre d'affaires de 1,9 milliard d'euros en 2011) et plus de 100 000 jours de formation sur trois ans pour les 7 000 salariés du groupe.

Les fondamentaux de l'entreprise doivent rester clés : l'excellence opérationnelle, le client au cœur, la qualité des assortiments, le positionnement prix et la qualité de service.

Pour engager et animer leur transformation digitale, certaines entreprises recrutent un chief digital officer (CDO). Dans quelles conditions cela vous semble-t-il approprié ?

Il est indéniable qu'un gros effort de transformation est à fournir !

Le *chief digital officer* est un nouveau profil à la mode, apparu pour piloter cette transformation à marche forcée, chargé de conduire les enseignes et les marques vers leur avenir digital.

C'est un enjeu de taille, puisque selon une étude menée par le MIT et Capgemini, « les entreprises les plus mûres sur le digital sont plus performantes (de 26 %) que la moyenne de leur industrie en Bourse ! » La fonction a vu le jour il y a moins de cinq ans, d'abord dans les entreprises de média puis dans la grande distribution, surtout aux États-Unis. Dans ces secteurs, il est apparu nécessaire de recruter de nouveaux profils, souvent venus de start-up. Les questions à se poser :

- L'entreprise a-t-elle besoin d'une direction de plus ?
- Les fonctions de CDO peuvent-elles naturellement être prises en charge par le PDG, le DSI, la direction marketing, etc. ?

D'après moi, la création d'un poste de CDO est appropriée dans les conditions suivantes :

- Dans les entreprises à forte identité culturelle, où il existe des freins importants à la transformation liés à sa taille, à son histoire, à son ADN. L'erreur serait de penser que l'expertise numérique dans l'entreprise est la compétence exclusive de la direction informatique, car aujourd'hui, l'informatique comme outil importe moins que le numérique comme source de création de nouveaux modèles ou de conversion d'activités existantes.
- Quand les différents services de l'entreprise mènent des actions dispersées, mal coordonnées, peu optimisées, au risque souvent de l'incohérence.
- Quand la maturité digitale est faible (*roadmap* digitale inexistante ou conduite du changement non adressée)

Et les conditions de sa réussite sont :

1. Définir clairement la portée de sa mission : accompagner l'entreprise dans sa mutation digitale. Cela veut dire aussi que lorsque la transformation est terminée, le poste est appelé à disparaître, après quelques années. Cela peut paraître paradoxal… Sauf que l'innovation ne s'arrête jamais : par exemple, le CDO pourrait bien avoir aussi comme mission de préparer l'entreprise au prochain virage, celui de l'internet des objets.

Mais attention, je ne crois pas que le CDO doive être en charge de toute la stratégie digitale de l'entreprise : le digital doit être aujourd'hui l'affaire de tous dans l'entreprise, de la DSI, bien entendu, qui conserve un rôle important à jouer, de la direction générale qui doit insuffler et encourager la transformation, et des différentes directions métiers et fonctionnelles.

Le CDO est «seulement» le catalyseur de cette transformation. Ses principaux objectifs :

- évaluer la maturité digitale de l'organisation d'un point de vue process, RH et business ;
- tracer la feuille de route pour les services ;
- conseiller le top management, les managers et les équipes ;
- définir des indicateurs clés de performance et mettre en œuvre un plan de mesure ;
- développer les bonnes pratiques et veiller, créer.

2. Faire partie du comité de direction : le CDO a besoin pour accomplir sa mission de disposer de ressources propres et de l'autorité nécessaire. Et il doit être rattaché directement au DG.

3. Ses qualités : visionnaire et rassembleur, il doit aussi être capable de faire arriver des projets technologiques de grande envergure : un champion du digital à la croisée du marketing et de la technologie ! Mais il doit aussi être patient et montrer une intelligence émotionnelle forte pour mener la transformation avec humilité. Et sa patience sera payante. Je suis persuadée qu'il s'agit d'un bon tremplin pour devenir CEO !

(a) Source : Fevad-Médiamétrie, juin 2011.

Sous-critères

O1.1 Création de valeur

Ce sous-critère vise à apprécier l'effort de l'organisation sur le numérique : le postulat est de considérer que plus elle consacre une part importante de ses investissements au numérique, plus sa stratégie d'entreprise repose sur le numérique. L'hypothèse sous-jacente est que la volonté stratégique de reposer sur le numérique suppose d'y consacrer une part importante des investissements. Il s'agit bien d'une appréciation relative à l'entreprise, et non d'un volume d'investissements sur les canaux numériques, qui serait par définition trop sensible à la taille de l'entreprise, rendant les entreprises incomparables entre elles suivant ce sous-critère.

O1.2 Revenus et coûts

Ce sous-critère permet d'apprécier l'impact des investissements digitaux, à la fois sur le chiffre d'affaires et aussi sur la structure de coûts de l'entreprise. L'hypothèse sous-jacente est qu'une entreprise digitale réalise une part plus importante de ses ventes au travers des canaux numériques et qu'elle consacre une part importante de ses coûts opérationnels au numérique. En vue d'apprécier la capacité d'innovation de l'entreprise sur le plan financier, ce sous-critère porte également l'attention sur les revenus issus de paiement en monnaie virtuelle et au travers de solutions de paiement numériques.

O1.3 Trajectoire

Ce sous-critère apprécie la documentation des jalons que l'organisation se donne pour ses activités numériques. Plusieurs dimensions sont prises en compte :

- La « boussole » que l'organisation se donne pour guider ses activités numériques.
- Les projets qu'elle choisit de lancer et le rythme de lancement, les projets contribuant à l'atteinte des objectifs mesurés par des indicateurs clés de performance numérique.

O2.1 Instances

Ce sous-critère apprécie les moyens que l'organisation met en place pour décider et animer sa stratégie numérique. Il peut s'agir de comités, d'instances, de respect des règles de fonctionnement du numérique. La composition des comités, la réalité de leur pouvoir de décision, le suivi des actions révèlent en effet la volonté de transparence de l'entreprise sur le numérique.

O2.2 Animation

Au-delà des instances, ce sous-critère en mesure le caractère vivant. L'hypothèse retenue pour ce sous-critère étant que dans une entreprise digitalisée, les instances de gouvernance se réunissent fréquemment et publient immédiatement leurs décisions à l'attention des collaborateurs. Les décisions sont ainsi prises et communiquées rapidement, donnant à l'entreprise digitale la capacité de réaction dont elle a besoin pour évoluer dans un monde digital en évolution permanente.

O2.3 Pilotage

Ce sous-critère apprécie les outils de pilotage dont l'organisation se dote pour mesurer les résultats de son activité numérique au regard des objectifs qu'elle s'est fixés, et le rythme de sa transformation digitale. Il apprécie à la fois la performance des canaux numériques au regard de l'ensemble de l'activité de l'entreprise et le compte de résultat des activités digitales.

*O2.4 Organigramme et RACI**

La lisibilité de l'organigramme et des rôles des collaborateurs impliqués au quotidien dans la conception, la réalisation et l'exploitation des actifs numériques de l'entreprise, permet d'avoir une bonne idée des ressources humaines pérennes engagées par l'entreprise sur le sujet. Un regard sur le recours à la sous-traitance est également utile, une entreprise fortement mature dans le digital faisant en sorte d'internaliser les ressources chargées d'opérer ses activités en ligne.

O2.5 Politique

La politique interne de l'entreprise au regard du numérique vise à favoriser l'implication des collaborateurs, leur appropriation des outils mis à leur disposition. Pour une entreprise mature sur le digital, l'utilisation quotidienne des outils de partage d'information, et l'engagement des collaborateurs dans la relation avec les clients de l'entreprise, sont la norme. Une politique d'ouverture, de transparence, favorisant l'engagement des collaborateurs, est essentielle pour l'entreprise digitale. Son application l'est encore plus.

O2.6 Finance

Le développement des actifs digitaux peut s'appuyer sur des solutions financières innovantes pour une entreprise traditionnelle ayant recours à l'emprunt bancaire, à sa trésorerie ou à l'augmentation de capital, parfois au travers de la Bourse. D'autres solutions, souvent privilégiées par les entreprises numériques, sont disponibles. Leur adoption par une entreprise traditionnelle montre sa capacité à s'ouvrir à une ingénierie financière plus souple, adaptée au numérique, tel le *crowdfunding*.

O2.7 Juridique

Les actifs numériques reposent sur des marques (déclinées en autant de noms de domaines), des contenus, des applications (et donc du code informatique) ou encore sur des brevets. La protection juridique de ces actifs, au même titre que les actifs du monde physique, préserve l'entreprise de nouvelles formes d'attaques (*cybersquatting*, usurpation d'identité des collaborateurs, *phishing**, etc.). Une entreprise mature sur le digital protège ses actifs numériques comme ses autres actifs.

O3.1 Au sein de l'organisation

Les activités numériques sont réalisées au sein d'équipes le plus souvent éclatées et coordonnées entre plusieurs directions opérationnelles de l'entreprise. On observe que les entreprises les plus avancées sacralisent les lieux d'innovation, de conception, de production et d'exploitation numériques, mais aussi les espaces de formation des collaborateurs au numérique, ou encore de collecte d'idées (innovation collaborative interne). Dans les très grandes entreprises, un réseau de collaborateurs champions du numérique, clairement identifiés, est également un atout favorisant la percolation du digital au cœur même de l'organisation.

O3.2 Avec des entités extérieures

L'entreprise numérique est une entreprise tournée vers l'extérieur, se concevant comme une plateforme. À ce titre, elle favorise l'émergence d'un écosystème de partenaires, dans une logique de co-innovation, en particulier au travers d'APIs. Elle s'implique également dans l'évolution des normes et standards du numérique. Cette posture fait de l'entreprise digitale un acteur impliqué dans l'élaboration des structures de base du numérique (protocoles, formats de données, codages, etc.).

O4.1 Métiers du numérique

Dans les premiers temps du développement des activités digitales d'une entreprise, le recours à des expertises extérieures peut être utile. À long terme, à mesure que le digital devient stratégique, le recrutement de compétences est indispensable. Parmi ces compétences, les scientifiques de haut niveau sont des personnes clés pour concevoir des produits innovants.

O4.2 Filière métier

Les métiers du numérique sont nouveaux. L'entreprise qui souhaite développer ses activités digitales de manière pérenne doit réfléchir au projet de carrière qu'elle peut proposer aux profils numériques qu'elle recrute. Qui plus est, les compétences numériques évoluant rapidement, la contribution de la direction des ressources humaines aux instances et cercles de réflexion autour des métiers du numérique est révélatrice d'une volonté de l'entreprise d'apporter son expérience pour proposer aux personnels du numérique des parcours professionnels intéressants et motivants.

04.3 GPEC du numérique et recrutement

L'entreprise digitale sait planifier ses besoins en profils numériques, lui permettant de réaliser les ambitions décrites dans sa stratégie digitale. Cette planification offre des perspectives aux ressources internes, et guide les efforts de recrutement et de formation.

04.4 Innovation

L'implication des collaborateurs dans l'innovation est caractéristique de l'entreprise digitale. Cependant, il ne suffit pas de monter une plateforme collaborative interne. Au-delà de l'outil, l'implication du plus grand nombre de collaborateurs et le temps qu'ils consacrent à l'innovation sont majeurs. Le modèle le plus abouti étant celui de Google et de son programme permettant aux collaborateurs de consacrer 20 % de leur temps de travail à des projets personnels, suscitant du même coup l'innovation.

05.1 Style de management

L'entreprise digitale met en œuvre un management différent de l'entreprise traditionnelle. Plus collaboratif, il prône l'évaluation par les pairs (à la Google), laisse une grande autonomie au collaborateur dans une logique de résultat plus que de moyens, incite le collaborateur à être force de proposition plutôt qu'à se contenter d'appliquer les ordres, fait des managers des développeurs de talents plutôt que des contrôleurs de travaux finis.

05.2 Veille, intelligence économique et partage

L'univers digital évolue trop vite et le foisonnement des nouveautés est trop intense pour que les innovations utiles à l'entreprise puissent être appréhendées par un département de veille de quelques personnes. La capacité de l'entreprise à développer la curiosité de ses collaborateurs et leur enthousiasme à partager leurs découvertes en vue d'améliorer l'efficacité opérationnelle de chacun est indispensable. L'entreprise digitale favorise en effet l'émergence d'une culture du changement permanent, d'ouverture, de curiosité, d'échange au sein de l'organisation. Cette culture permet l'identification rapide de nouveaux savoir-faire, de dispositifs (communication, marketing, produits, etc.) mis en œuvre par les concurrents, de solutions proposées par de futurs partenaires potentiels – autant d'atouts favorisant l'agilité de l'entreprise.

05.3 Compétences innovantes ou non récurrentes

Les technologies et usages digitaux évoluant en permanence, des compétences et des savoir-faire émergent, le plus souvent par des mises en pratique exploratoires. Dans un passé récent, on a ainsi vu émerger des expertises sur le e-commerce, l'acquisition de trafic ou encore la gestion de communautés. Recourir à ces expertises nouvelles offre à l'entreprise un facteur différenciant, par exemple un site de e-commerce avec de meilleurs taux de transformation, un trafic mieux qualifié sur ses sites web et mobiles, ou encore une communauté de clients plus active et engagée au service de la marque. Cependant, l'entreprise doit rester vigilante quant à sa dépendance à ces compétences externes. En pilotant finement sa consommation d'expertises pointues, elle peut ainsi identifier ses besoins récurrents et ainsi alimenter ses plans de recrutement et de formation de ses collaborateurs, en vue d'internaliser ces compétences nouvelles.

« La question n'est pas pour une entreprise de gérer ses activités digitales, mais de se repenser à l'ère du digital »

Interview de Georges-Edouard Dias, Chief Strategy Officer, QuantStreams

Comment reconnaissez-vous qu'une entreprise est apte à gérer ses activités digitales et à les faire évoluer ?

La question n'est pas pour une entreprise de gérer ses activités digitales, mais de se repenser à l'ère du digital en digitalisant l'ensemble de ses activités : qu'il s'agisse des ventes, du marketing, mais aussi des ressources humaines, de la recherche, de la finance... Cela parait évident, mais il n'y a pas de Chief Digital Officer chez Apple ou chez Google, et pour autant, ces deux joueurs prétendent révolutionner l'industrie de l'automobile comme ils ont bouleversé l'industrie de la musique, du cinéma, de la photo, des télécommunications... Dans un monde où le digital a profondément changé l'ensemble des comportements, donc des modes de consommation, il n'y a pas de place à long terme pour ce qui ne respire pas le digital. Plus nos entreprises du CAC 40 chercheront à mettre en exergue la performance de leurs activités digitales, plus elles se mettront en fragilité par rapport à leurs nouveaux concurrents : pendant que Renault se mesure à ses pairs sur sa capacité digitale, Google et Apple prennent des positions sur le marché de l'automobile. La meilleure manière de montrer qu'on est apte à gérer son entreprise dans ce nouveau monde, c'est de cesser de parler du digital pour le vivre à plein. Dans ce domaine, le groupe Axa, prenant conscience de l'enjeu du « big data » dans la transformation de son activité a décidé d'investir de gros moyens d'abord en encourageant l'innovation par l'interne, un important facteur d'adhésion au projet de mutation vers une entreprise digitale.

Vous avez évolué dans de grands groupes souhaitant digitaliser leurs activités. Comment mesuriez-vous les progrès réalisés ?

La plupart des grands groupes ont fait d'énormes progrès : cependant, ils sont toujours à l'ère où le digital reste une compétence « à part », proche du marketing, mais encore loin des ventes, de la recherche, et que dire de la finance. L'arrivée d'Internet pour le grand public à la fin des années 1990 a permis de commencer à recentrer l'activité du service des produits au service des consommateurs qui sont, dans un système digital, les véritables «actionnaires» de l'entreprise. Dans ce sens, l'approche de la direction générale de L'Oréal faisant évoluer son engagement stratégique de celui d'une croissance des profits à deux chiffres à celle du recrutement d'un prochain milliard de consommateurs est extrêmement significative : elle parie sur une croissance qui vient du client et de sa valeur à long terme, plutôt que sur une fuite en avant qui compte sur le lancement de «toujours nouveaux» produits. De même l'arrivée d'une véritable «direction clients» dans un groupe comme Renault porte la même vision. Et dans ce cas, avec des clients qui ne sont plus les «concessionnaires» mais bien les «consommateurs»... Dans l'automobile, comme dans l'assurance, ce n'est plus le «réseau» qui fait la différence, c'est le «consommateur». Qui de lui-même s'est mis «en réseau» autour de ses marques de préférence. Merci Internet.

Quels points de vigilance donneriez-vous à un comité de direction d'une entreprise souhaitant faire du digital un axe de développement stratégique ?

La première chose que je dirais au Comité de Direction, c'est de recruter son prochain CFO chez Google ou chez Facebook par exemple. La transformation de l'entreprise pour s'adapter au monde digital commence par une évolution radicale de son modèle économique : si vous continuez à ne compter que le nombre de produits vendus, vous risquez de passer à côté de ce qui construit aujourd'hui la valeur de votre entreprise à long terme : le revenu par client (ce que les opérateurs de télécommunication appellent l'ARPU*). Le modèle orienté produit pouvait convenir dans un monde purement industriel : lorsqu'à la production de masse on pouvait associer la «grande distribution», et le «tapis de bombes publicitaires» ; au contraire, dans un monde digital, il faut penser création de contenus originaux, distribution de proximité et personnalisation de l'offre : autant dire qu'il faut changer le compte d'exploitation et mettre les moyens promotionnels au service des consommateurs les plus rentables, et non plus seulement des produits. Pas facile pour le CFO qui doit continuer à délivrer des résultats chaque trimestre à la communauté financière, et qui préfère s'en remettre à la puissance d'un bon lancement produit. Tant que cela marche...

Pour résoudre cette équation complexe qui oblige à continuer à délivrer des résultats dans l'ancienne économie alors que le monde – et donc le business – est en train de basculer dans la nouvelle, chaque grande entreprise devrait revoir sa stratégie d'acquisition et arrêter d'acheter de la part de marché supplémentaire (donc ses concurrents) pour se concentrer sur des acquisitions qui font grandir le marché : par exemple dans le marché de la mobilité individuelle (feu le marché de l'automobile), Mercedes aurait dû prendre des participations dans Uber. Pas Google.

Quelles entreprises traditionnelles vous semblent avoir réussi leur transformation digitale ?

Comme le digital est un risque pour les résultats à court terme pour l'entreprise, seules les entreprises qui ont encore un actionnariat familial puissant (comme le Groupe Mulliez), ou celles qui se rapprochent du gouffre et finissent par en prendre conscience (comme La Poste) peuvent réussir facilement leur transformation digitale. Les autres essayent de se donner un peu de temps, en créant - qui des structures de réflexion, nouvelle manne de tous les cabinets de conseil : les équipes de consultants en mission dans les grandes entreprises ne se comptent plus... - qui des structures *ad hoc* avec des responsables digitaux dotés de moyens souvent insuffisants pour espérer le moindre impact sur l'organisation.
On va assister dans les années à venir à une disparition accélérée des entreprises traditionnelles du Fortune 500, et à la montée d'un nouveau capitalisme entrepreneurial sur le modèle allemand, moins soumis aux injonctions des milieux financiers : ceux-là sauront prendre les bonnes orientations. Regardez le dynamisme du groupe de presse Suisse Ringier (Le Temps, Blick, l'Hebdo....) qui vient d'investir un milliard d'euros dans le numérique. À l'époque où tout le monde se concentre sur la Silicon Valley et son eldorado de croissance digitale, Michael Ringier, le Président du groupe, a décidé d'investir en priorité sur l'Afrique : « Il y a peu de télévision, très peu de print. Il faut développer le marché avec Internet sur mobile car on denombre beaucoup de lecteurs de plus en plus équipés »

En quoi le financement des activités digitales, la gouvernance de ces activités, l'implantation des équipes digitales, les politiques RH de ces équipes et leur management, vous semblent-elles spécifiques ?

Le digital est une invitation à voir et à penser autrement le monde. Tous les consommateurs l'ont compris. La chose la plus étonnante est qu'une fois passée la porte de l'entreprise, ces mêmes consommateurs deviennent totalement imperméables à cette idée de transformation qu'ils ont si facilement adoptée pour leur vie personnelle. C'est là où le rôle des Ressources Humaines devient essentiel : permettre à l'individu de garder au sein de l'entreprise ses réflexes « vitaux » de consommateur. Avant d'exiger de la formation, cela nécessite d'exorciser les vieux tabous, et notamment de casser les silos d'organisation pour faciliter les connections, les échanges. Jouer le groupe plutôt que l'individu. Récompenser la prise de risque réfléchie. Bref, donner à l'entreprise un esprit start-up. Repenser les synapses pour réveiller les neurones de l'entreprise, telle est la mission essentielle des Ressources Humaines à l'heure du digital.

Une fois cette mission accomplie, on ne se posera plus la question de la spécificité des activités digitales... on regardera juste l'entreprise autrement.

Indicateurs

O1.1.1 Ratio des capitaux investis dans le numérique par rapport à l'ensemble des investissements

Cet indicateur dépend fortement du secteur industriel de l'entreprise. Pour chaque secteur d'activité, les seuils à atteindre révélant un niveau de maturité digitale ne peuvent pas être définis de manière absolue. Nous proposons donc une définition empirique des seuils et invitons la communauté de nos lecteurs à indiquer dans leur entreprise, en précisant son secteur, le ratio des capitaux investis dans le numérique par rapport à l'ensemble des investissements.

Pour une entreprise donnée, présente dans plusieurs secteurs d'activité, cet indicateur sera évalué au prorata du chiffre d'affaires réalisé dans chaque secteur.

Exemple empirique : pour un *retailer*, 7 % des investissements dédiés au numérique pourra être considéré comme très élevé (niveau 5), alors que pour un *pure player*, le ratio de 60 % pourra être considéré comme très élevé.

O1.2.1 Pourcentage de chiffre d'affaires réalisé au travers des canaux numériques (part de marché du numérique)

Comme pour l'indicateur précédent, cet indicateur dépend fortement du secteur industriel de l'entreprise. On comprend cependant qu'une entreprise peu mature dans le digital réalise 0 % de ses ventes au travers des canaux numériques. Les seuils de maturité pour chaque secteur d'activité seront définis dynamiquement, au fur et à mesure de l'alimentation du référentiel d'indicateurs renseignés par la communauté. En outre, du fait de la numérisation croissante des organisations, le tableau proposé évolue chaque année. Ainsi une entreprise qui ne voit pas sa part de chiffre d'affaires réalisé au travers des canaux numériques progresser peut reculer en maturité relative par rapport à ses concurrents.

O1.2.2 Pourcentage du chiffre d'affaires réalisé avec de la monnaie virtuelle

Cet indicateur vise à évaluer la capacité des entreprises à générer un chiffre d'affaires sur les mondes parallèles (par exemple, Bitcoin). Nous avons l'intuition qu'il serait utile de mesurer cette capacité à l'avenir, sans pour autant être convaincus du caractère primordial de ce critère. Nous laissons à nos lecteurs le soin de nous indiquer si cet indicateur doit être conservé dans le modèle – ou du moins, pour une certaine catégorie d'entreprises.

O1.2.3 Pourcentage des dépenses opérationnelles allouées au numérique

Cet indicateur mesure le poids que représentent les dépenses d'exploitation du numérique par rapport à l'ensemble des dépenses d'exploitation de l'entreprise. L'hypothèse est qu'une entreprise fortement digitalisée consacre une part importante de ses dépenses d'exploitation au numérique. Ces dépenses couvrent le marketing, les ventes, la relation clients (après-vente). Elles peuvent contribuer à l'apport de clientèle sur les canaux traditionnels.

Comme ils dépendent fortement du secteur d'activité de l'entreprise, les seuils seront définis dynamiquement, au fur et à mesure de l'alimentation du référentiel d'indicateurs renseignés par la communauté.

O1.2.4 Ratio du coût de distribution sur le chiffre d'affaires

Le coût de distribution *via* le numérique est par hypothèse inférieur à celui du coût de distribution *via* le canal physique (exemple du livre ou de la presse, d'un produit imprimé *via* imprimante 3D comparativement au transport d'un produit équivalent fabriqué en usine). On raisonne sur l'ensemble des coûts pour l'ensemble des produits et services *via* le canal numérique comparativement au canal physique. Cet indicateur intègre le coût de la transaction (utilisation des moyens de paiement numériques) pour raisonner sur un coût complet et comparable de transaction.

Une entreprise ayant fortement digitalisé sa distribution a, par hypothèse, un moindre coût de distribution rapporté à son chiffre d'affaires. Cet indicateur est fortement dépendant du secteur industriel et de la nature des produits (certains étant déjà dématérialisés). Les seuils seront définis dynamiquement, au fur et à mesure de l'alimentation du référentiel d'indicateurs renseigné par la communauté.

O1.2.5 Ratio des paiements numériques

Cet indicateur mesure l'utilisation de solutions de paiement numériques par les clients de l'entreprise. Nous proposons de le mesurer en pourcentage du chiffre d'affaires. L'hypothèse étant que plus une entreprise est mature sur le digital, plus elle sera encline à favoriser le paiement électronique (Paypal, Quad, Buyster, Bitcoin).

Comme il n'existe à notre connaissance aujourd'hui aucun benchmark de cet indicateur, nous proposons d'en définir les seuils ultérieurement, au regard des valeurs fournies par la communauté.

O1.3.1 Plan stratégique numérique

Cet indicateur mesure la qualité de la documentation existante dans l'entreprise pour guider ses activités numériques. Les seuils sont définis en s'inspirant du processus CobiT du domaine planifier et organiser « Définir un plan informatique stratégique » :

- 1 : Connaissance du besoin de stratégie digitale par le management, activités digitales tactiques, le plus souvent en réponse à la concurrence.
- 2 : Stratégie digitale à trois ans (cible, budgets, *roadmap*, organisation, etc.) définie et partagée avec l'ensemble des directions fonctionnelles, respect du cadre défini dans les décisions de lancement de projets digitaux.
- 3 : Stratégie digitale à trois ans connue par l'ensemble du personnel, discutée en comité de direction de l'entreprise pour ajustement tous les trois mois.
- 4 : Management capable de surveiller le processus d'élaboration de la stratégie digitale à trois ans et de prendre des décisions se basant sur lui.
- 5 : Stratégie digitale à trois ans définie de manière collaborative avec les collaborateurs et les partenaires extérieurs.

O2.1.1 Instances dédiées au numérique

La cohérence des instances de gouvernance dédiées au numérique, leur pouvoir, leur lisibilité pour l'ensemble des collaborateurs sont autant de facteurs assurant la cohésion des équipes et donc l'efficacité des activités digitales :

- 1 : Existence de comités de projets digitaux.
- 2 : Existence d'un comité de pilotage des activités digitales réunissant toutes les directions fonctionnelles.
- 3 : Toutes les décisions structurantes touchant les actifs digitaux sont validées dans des instances de gouvernance (niveaux stratégique, tactique, opérationnel).
- 4 : Les participants aux instances de gouvernance du digital ont un réel pouvoir de décision, leur implication dans les réunions (physiques ou à distance) est visible de tous les collaborateurs.
- 5 : Planning de réunion des instances disponible sur l'intranet, publication sur l'intranet des décisions sous 24 heures, propagation des décisions au travers d'un réseau social d'entreprise permettant de mesurer leur bonne prise en compte par les collaborateurs concernés.

O2.1.2 Taux de cadres dirigeants impliqués dans les instances numériques

L'entreprise digitale implique l'ensemble de ses forces dans ses activités en ligne. Dans une entreprise traditionnelle, l'implication des cadres dirigeants dans les instances de gouvernance du digital reste limitée à leur domaine de responsabilité (par exemple, marketing, commercial, recrutement, etc.). Dans l'entreprise digitale, les frontières organisationnelles et fonctionnelles classiques sont estompées, conduisant chaque cadre dirigeant à être impliqué dans au moins une instance de gouvernance du digital :

- 1 : [5-10 %[
- 2 : [10-25 %[
- 3 : [25-50 %[
- 4 : [50-80 %]
- 5 : Plus de 80 %

O2.1.3 Taux de participation aux instances numériques

L'affichage de la composition des instances de gouvernance des activités digitales est une chose, la participation active à ces instances des dirigeants et collaborateurs en est une autre, primordiale. Plus l'entreprise est digitalisée, plus elle reconnaît l'importance de participer activement aux instances de gouvernance du digital qu'elle a créées :

- 1 : [5-10 %[
- 2 : [10-25 %[
- 3 : [25-50 %[
- 4 : [50-80 %]
- 5 : Plus de 80 %

O2.1.4 Taux de suivi des décisions prises

Les décisions prises dans les instances de gouvernance du digital doivent être suivi d'effets. Dans l'entreprise digitalisée, toutes les décisions prises par les instances de gouvernance des activités digitales sont suivies :

- 1 : [5-10 %[
- 2 : [10-25 %[
- 3 : [25-50 %[
- 4 : [50-80 %]
- 5 : Plus de 80 %

O2.2.1 Fréquence de tenue des instances

Plus l'entreprise est digitalisée, plus sa prise de conscience du rythme du digital est profonde, plus les instances de gouvernance des activités digitales se réunissent fréquemment :

- 1 : Réunions épisodiques du comité stratégique digital (instance de gouvernance la plus élevée), réunions des instances tactiques calées sur le rythme du comité stratégique digital.

- 2 : Réunions annuelles du comité stratégique, réunions semestrielles des instances tactiques.
- 3 : Réunions semestrielles du comité stratégique, réunions trimestrielles des instances tactiques.
- 4 : Réunions trimestrielles du comité stratégique, réunions mensuelles des instances tactiques et grande réactivité (moins de 72 heures) pour organiser une réunion du comité stratégique exceptionnelle (par exemple, rachat d'une entreprise, cession, facteur extérieur nécessitant de modifier rapidement la stratégie, etc.).
- 5 : Réunions mensuelles du comité stratégique, suivi quotidien des *reportings*, réunions hebdomadaires des instances tactiques et très grande réactivité (moins de 24 heures) pour organiser une réunion du comité stratégique exceptionnelle (par exemple, rachat d'une entreprise, cession, facteur extérieur nécessitant de modifier rapidement la stratégie, etc.).

O2.2.2 Délai de publication des décisions

Au sein de l'entreprise digitalisée, l'information circule immédiatement. Non seulement elle est mise à disposition des collaborateurs dès qu'elle est disponible, mais en plus elle est portée à la connaissance de chacun de manière personnalisée en vue de réduire le risque d'infobésité* et d'augmenter la capacité collective de prise de connaissance des informations utiles à chacun :

- 1 : Une semaine.
- 2 : 3 jours.
- 3 : 48 heures.
- 4 : 24 heures.
- 5 : Instantanée.

O2.2.3 Taux de lecture des comptes rendus par le public visé

L'entreprise digitalisée met à disposition de ses collaborateurs la bonne information au bon moment et sur le bon support, par analogie avec ce qui est mis en place pour toucher le client au travers du marketing digital. L'application en interne de cette approche augmente la prise de conscience collective d'une information et rend l'organisation plus synchrone :

- 1 : Document envoyé.
- 2 : Mél envoyé + accusé de réception automatique.
- 3 : Mél envoyé (ou messagerie interne, par exemple *via* un réseau social d'entreprise) + accusé de réception manuel + plus de 50 % de lecture en 24 heures.
- 4 : Document disponible + notification automatique + statistiques de mesure + 80 % de lecture en 24 heures.
- 5 : Document disponible + notification automatique sur meilleur support + contrôle de prise de connaissance + statistiques de mesure + 100 % de lecture en 24 heures

O2.3.1 Part de marché des canaux numériques (part de chiffre d'affaires, part de commandes en volume et en valeur, part d'actes de gestion de relation clients)

Cet indicateur mesure l'activité de vente et de relation clients réalisée au travers des canaux digitaux. Dans les industries fortement dématérialisées (par exemple, musique, secteur bancaire), les entreprises digitalisées réalisent la majeure partie de leur activité au travers des canaux digitaux. Dans les industries dont l'activité cœur de métier est par nature non dématérialisable (par exemple, restauration, hôtellerie), la digitalisation des ventes et de la relation clients atteint plus rapidement son maximum.

Dans un souci de simplification du modèle, nous proposons de calculer la moyenne arithmétique de quatre sous-indicateurs primaires pour déterminer la part de marché des canaux numériques :

- part de chiffre d'affaires (valeur des ventes réalisées au travers des canaux numériques rapportée à l'ensemble du chiffre d'affaires de l'entreprise) ;

- part de commandes en volume (nombre de commandes réalisées au travers des canaux numériques rapporté au nombre total de commandes reçues par l'entreprise) ;
- part de commandes en valeur (valeur des commandes réalisées au travers des canaux numériques rapportée à la valeur totale des commandes reçues par l'entreprise) ;
- part d'actes de gestion de la relation clients (nombre d'actes réalisés au travers des canaux numériques rapporté au nombre total d'actes de relation clients).

Comme ils dépendent fortement du secteur d'activité de l'entreprise, les seuils seront définis dynamiquement, au fur et à mesure de l'alimentation du référentiel d'indicateurs renseignés par la communauté.

O2.3.2 Compte de résultat numérique : budget et dépenses marketing, technologiques, RH

La lisibilité des revenus issus des canaux digitaux et des dépenses réalisées pour les mettre en place et les faire tourner au quotidien est indispensable pour que le management perçoive le retour sur investissement des activités digitales et surtout éviter qu'elles soient noyées dans un ensemble hétérogène :

- 1 : Existence de livres de comptes partiels des activités digitales dans chaque département de l'entreprise (marketing, communication, vente, après-vente, ressources humaines, IT, etc.).
- 2 : Existence de livres de comptes complets des activités digitales dans certains départements de l'entreprise.
- 3 : Existence de livres de comptes complets des activités digitales dans tous les départements de l'entreprise, sans consolidation.
- 4 : Existence de livres de comptes complets des activités digitales dans tous les départements de l'entreprise, consolidés chaque trimestre.
- 5 : Existence d'un compte de résultat numérique couvrant l'ensemble des activités digitales.

O2.3.3 Positionnement concurrentiel

Cet indicateur permet de comparer la maturité relative de l'entreprise en matière de pilotage de ses activités digitales par rapport à des entreprises équivalentes du même secteur (par exemple, est-ce que Carrefour est plus mature dans son pilotage digital qu'Auchan ?).

Il s'agit d'une consolidation des indicateurs O2.3.x avec une approche sectorielle. Le calcul de l'indicateur est à définir avec la communauté.

O2.3.4 Prix du haut débit fixe

Cet indicateur mesure la capacité de l'entreprise à négocier avec ses fournisseurs d'accès à Internet fixe. À niveau de performance égal et à volume égal (attractivité de l'entreprise pour les FAI), un prix bas permet de dégager des Opex.

Cet indicateur vaut plutôt pour les grosses organisations et n'est pas applicable aux TPE et PME dont la marge de négociation avec les FAI est trop faible. La notion de haut débit est générique pour évoluer à terme vers le très haut débit.

Le World Economic Forum fournit un prix du haut débit fixe par pays[3], sans indiquer le prix négocié par les entreprises. Comme il n'existe à notre connaissance aujourd'hui aucun benchmark de cet indicateur, nous proposons d'en définir les seuils ultérieurement, au regard des valeurs fournies par la communauté.

O2.3.5 Prix du haut débit mobile

Cet indicateur mesure la capacité de l'entreprise à négocier avec ses fournisseurs de téléphonie mobile. À niveau de performance égal et à volume égal (attractivité de l'entreprise

3. World Economic Forum, « Fixed broadband Internet tariffs », www3.weforum.org/docs/GITR/2013/GITR_DataTable4_2013.pdf

pour les opérateurs télécom), un prix bas permet de dégager des Opex.

Cet indicateur vaut plutôt pour les grosses organisations et n'est pas applicable aux TPE et PME dont la marge de négociation avec les opérateurs télécom est trop faible. La notion de haut débit est générique pour évoluer à terme vers le très haut débit.

Le World Economic Forum fournit un prix du haut débit fixe par pays[4], sans indiquer le prix négocié par les entreprises. Comme il n'existe à notre connaissance aujourd'hui aucun benchmark de cet indicateur, nous proposons d'en définir les seuils ultérieurement, au regard des valeurs fournies par la communauté.

O2.3.6 Fréquence des audits des actifs numériques

Cet indicateur mesure la propension de l'organisation à mesurer régulièrement ses capacités à opérer sur le numérique, en se comparant à l'état de l'art.

Des audits peuvent être programmés et d'autres réalisés par surprise pour maintenir l'organisation et ses salariés sous tension :

- 1 : Dernier audit partiel réalisé il y a plus de trois ans, certains actifs jamais audités.
- 2 : Dernier audit partiel réalisé il y a plus de trois ans, tous les actifs audités au moins une fois depuis leur lancement.
- 3 : Dernier audit complet réalisé il y a plus de trois ans.
- 4 : Dernier audit complet réalisé entre un et trois ans.
- 5 : Dernier audit complet réalisé il y a moins d'un an.

4. World Economic Forum, « Mobile cellular Internet tariffs », http://www3.weforum.org/docs/GITR/2013/GITR_DataTable4_2013.pdf

O2.4.1 Existence d'un RACI des activités numériques

La description des rôles et responsabilité des acteurs du numérique, qu'ils soient collaborateurs ou externes à l'entreprise, est essentielle. Elle permet d'avoir une vision claire des responsabilités opérationnelles de chacun à un instant donné. Lors du départ d'un collaborateur, son remplacement est ainsi facilité. L'identification du recours systématique à des expertises extérieures est facilitée. Les entreprises les plus avancées sur le plan digital mettent à jour leur RACI de manière collaborative, au fil de l'eau :

- 1 : Existence d'un RACI sur quelques activités du digital (par exemple, un processus de mise en ligne d'une offre, un processus de gestion d'incidents), mis à jour de manière épisodique.
- 2 : Existence d'un RACI couvrant les activités critiques du digital.
- 3 : Existence d'un RACI couvrant toutes les activités du digital, mis à jour chaque année.
- 4 : Existence d'un RACI couvrant toutes les activités du digital, mis à jour au plus tard dans le mois qui suit les changements.
- 5 : Existence d'un RACI couvrant toutes les activités du digital, maintenu de manière collaborative par l'ensemble des parties prenantes.

O2.4.2 Existence d'un processus de revue régulière du RACI

Face à l'évolution rapide des technologies et techniques du digital, un RACI risque une obsolescence prématurée. Il doit donc être revu fréquemment, pour s'assurer que ce qui est documenté reflète bien la réalité opérationnelle des équipes :

- 1 : Existence d'un processus de revue du RACI digital, lancé de manière épisodique (par exemple, sur demande inopinée du comité de direction).

- 2 : Processus de revue lancé chaque année.
- 3 : Processus de revue lancé chaque trimestre, écarts avec la réalité notifiés mais non intégrés.
- 4 : Mise à jour du RACI dans la semaine qui suit la revue trimestrielle.
- 5 : Revue trimestrielle du RACI et remontée des changements au fil de l'eau. À ce niveau, le RACI est pratiquement synchrone avec la réalité opérationnelle, au bémol près des temps de propagation des mises à jour.

O2.4.3 Taux de sous-traitance

Le recours à la sous-traitance est naturel dans le digital, tant les expertises se font et se défont rapidement. En revanche, afin de garantir la pérennité des investissements, le contrôle fin du recours à la sous-traitance est nécessaire. L'objectif étant de sensibiliser la DRH à la nécessité de former et recruter des profils spécifiques dont le recours devient récurrent. Le taux de sous-traitance est déterminé en rapportant le nombre d'ETP (équivalent temps plein) de sous-traitants sur l'année écoulée, au nombre d'ETP total des activités digitales :

- 1 : Plus de 50 %
- 2 : [30-50 %]
- 3 : [20-30 %[
- 4 : [10-20 %[
- 5 : [3-10 %[

O2.5.1 Existence d'une charte d'usage du numérique

Une charte des usages du numérique interne à l'organisation aide les collaborateurs à utiliser le numérique, au profit de la marque :

- 1 : Existence d'une charte numérique, communiquée aux collaborateurs lors de sa publication.

- 2 : Communication systématique de la charte numérique lors de l'embauche de tout nouveau collaborateur.
- 3 : Existence d'un processus de contrôle de l'application de la charte numérique, lancé de manière épisodique, par exemple sur demande inopinée du membre responsable au sein du comité de direction.
- 4 : Existence d'un dispositif de détection de non-respect de la charte numérique et d'accompagnement des managers de proximité pour la faire respecter.
- 5 : Rédaction collaborative de la charte numérique associant l'ensemble des collaborateurs et partage de celle-ci sur les outils collaboratifs de l'organisation.

O2.5.2 Taux d'appropriation de la charte d'usage par les collaborateurs

Qu'une charte du numérique existe est une chose. Qu'elle soit maîtrisée par l'ensemble des collaborateurs en est une autre. C'est un vecteur de promotion de la culture digitale.

Le taux d'appropriation de la charte mesure le nombre de collaborateurs répondant correctement à toutes les questions sur la charte, rapporté au nombre total de collaborateurs :

- 1 : [3-10 %[
- 2 : [10-25 %[
- 3 : [25-50 %[
- 4 : [50-80 %]
- 5 : Plus de 80 %

O2.5.3 Taux d'utilisation des outils numériques

Les outils numériques font partie du quotidien de l'entreprise digitale. Il convient de s'assurer que l'ensemble des collaborateurs les maîtrisent et surtout de détecter les personnes en marge qui risquent de se retrouver exclues de la vie de l'entreprise alors que l'information circule exclusivement au travers du numérique.

Le taux d'utilisation des outils numériques pourrait se définir comme le rapport entre le temps de travail avec les outils numériques et le temps ouvré. Cette définition rendant le taux dépendant de l'activité industrielle de l'entreprise, et donc difficilement comparable d'une entreprise à l'autre. Par ailleurs, il semble plus important de considérer le recours aux outils numériques mis à disposition par l'entreprise pour réaliser les tâches opérationnelles. Ainsi, nous proposons une définition du taux d'utilisation des outils numériques comme le rapport entre le nombre de tâches réalisées au travers de ces outils et le nombre total de tâches réalisables au travers de ces outils, sur une semaine. Avec cette définition, l'entreprise déployant de nombreux outils numériques qui resteraient peu utilisés sera de faible maturité digitale. L'entreprise déployant peu d'outils numériques (alors qu'il en existe) serait également considérée comme peu mature sur le plan digital, même si ces outils sont utilisés quotidiennement par ses collaborateurs :

- 1 : [3-10 %[
- 2 : [10-25 %[
- 3 : [25-50 %[
- 4 : [50-80 %]
- 5 : Plus de 80 %

O2.5.4 Taux de collaborateurs connectés aux médias sociaux

Les médias sociaux, qu'il s'agisse de médias internes (par exemple, un réseau social d'entreprise) ou de médias externes (LinkedIn, Facebook, Twitter, Viadeo, etc.) sont de puissants leviers de propagation de l'information. L'entreprise digitale, soucieuse de diffuser rapidement l'information à l'ensemble des collaborateurs qui en ont le besoin, favorise naturellement l'usage des médias sociaux.

Le taux de collaborateurs connectés aux médias sociaux se définit comme le rapport du nombre de collaborateurs disposant d'au moins un compte de média social sur lequel ils ont publié dans la semaine écoulée au nombre total de collaborateurs :

- 1 : [3-10 %[
- 2 : [10-25 %[
- 3 : [25-50 %[
- 4 : [50-80 %]
- 5 : Plus de 80 %

O2.6.1 Taux de projets financés par des solutions innovantes

Cet indicateur mesure la capacité de l'entreprise à innover dans son ingénierie financière en faisant par exemple appel au *crowdfunding*, ou en mettant en place des logiques d'achat à la performance, ou en gagnant des fonds étatiques ou communautaires (par exemple, Investissements d'avenir, Horizon 2020) en réponse à appel à projets.

Il se définit comme le rapport entre les fonds innovants collectés pour financer les projets d'une année et l'ensemble des investissements dans les projets digitaux.

En l'absence de référence sur ce type d'indicateurs, les seuils seront définis dynamiquement, au fur et à mesure de l'alimentation du référentiel d'indicateurs renseigné par la communauté.

O2.6.2 Taux de financement par le capital-risque

Les start-up du monde digital recourent souvent au capital-risque pour financer leur croissance. Nous nous interrogeons sur l'opportunité de considérer ce recours comme un indicateur de maturité digitale de l'entreprise. Nous invitons nos lecteurs à nous faire part de leurs commentaires sur l'intérêt d'ajouter cet indicateur au modèle de maturité digitale.

O2.7.1 Force de protection de la propriété intellectuelle

La protection juridique des actifs digitaux repose sur des preuves détenues par l'entreprise : dépôt de brevets, déclaration à l'Inpi, classification secret défense, sensibilisation à la sécurité de l'information, etc. Plus une entreprise dispose de preuves de ce type, meilleure est sa maturité sur le sujet.

Nous proposons à la communauté de nos lecteurs de définir la liste exhaustive des pièces juridiques à apporter :

- 1 : [3 à 20 %[des preuves sont apportées.
- 2 : [20-40 %[des preuves sont apportées.
- 3 : [40-60 %[des preuves sont apportées.
- 4 : [60-100 %[des preuves sont apportées.
- 5 : 100 % des preuves sont apportées

O3.1.1 Existence d'une digital factory

L'entreprise digitale réunit les effectifs dédiés au numérique sur un campus numérique (de type *fab lab*, centre d'innovation ou de R&D, plateau projet dédié). Les entreprises les plus matures mettent en place une *digital factory* prenant en charge tous les projets digitaux de l'organisation :

- 1 : Existence d'un département digital dans chaque silo organisationnel de l'entreprise, sans mutualisation de moyens.
- 2 : Existence d'un département digital mutualisant une partie des moyens en support des départements digitaux des silos organisationnels.
- 3 : Existence d'une *digital factory* responsable du développement des nouveaux projets, mais n'ayant pas la responsabilité opérationnelle des dispositifs existant avant sa création.
- 4 : Existence d'une *digital factory* par unité d'affaire (par exemple, par pays ou par branche d'activité dans les grands groupes).

- 5 : Existence d'une *digital factory* unique pour toute l'entreprise, ayant la responsabilité de fabriquer les actifs digitaux et d'en mutualiser au maximum la gestion opérationnelle.

O3.1.2 *Existence d'une* digital university

L'entreprise digitale forme ses collaborateurs en permanence. La formation peut être décidée par l'entreprise dans le cadre d'un plan. L'entreprise peut aussi favoriser l'auto-apprentissage. Une *digital university* interne à l'entreprise est un lieu (physique et en ligne) central d'apprentissage du digital, offrant aux collaborateurs tous les cours utiles à leur métier et à l'amélioration de leur employabilité :

- 1 : Existence d'un catalogue de formation au digital couvrant une partie des besoins.
- 2 : Existence d'un catalogue de formation au digital couvrant tous les besoins et mis à jour chaque année.
- 3 : Existence d'une *digital university* disposant d'un espace en ligne clairement identifié par les collaborateurs et d'un catalogue de formation couvrant l'ensemble des besoins de formation, pouvant être enrichi par les collaborateurs.
- 4 : Existence d'une *digital university* disposant d'un lieu (physique et en ligne) unique, d'un réseau de formateurs relais au sein de l'entreprise et d'une communauté d'apprenants active.
- 5 : Existence d'une *digital university* proposant un catalogue couvrant l'ensemble des besoins de formation au digital des collaborateurs, et disposant d'une force de frappe pour distribuer cette formation, notamment au travers du e-learning et ayant déjà formé tous les collaborateurs sur au moins une formation.

O3.1.3 Existence d'une entité dédiée à l'innovation numérique

Cet indicateur vise à évaluer l'effort dédié par l'organisation à l'innovation numérique, en allouant une équipe, des matériels, des logiciels et tous les moyens nécessaires à l'expérimentation de nouveautés au profit de l'entreprise. L'intérêt de ce type de dispositif est surtout de pouvoir expérimenter le futur de l'entreprise, d'imaginer comment de nouvelles technologies et usages peuvent impacter jusqu'à son modèle économique :

- 1 : Existence d'une équipe dédiée à l'innovation numérique, chargée de centraliser les initiatives menées dans les différents départements de l'entreprise.
- 2 : Existence d'un embryon d'entité dédiée à l'innovation numérique, produisant des POC (*proof of concept*) ou des maquettes ou des vidéos de démonstration sur des sujets transverses par nature (par exemple, réseau social d'entreprise).
- 3 : Existence de plusieurs entités dédiées à l'innovation numérique, produisant des POC utiles ou des maquettes ou des vidéos de démonstration pour chaque silo organisationnel, pouvant être en compétition.
- 4 : Existence d'une unique entité dédiée à l'innovation numérique, produisant des POC ou des maquettes ou des vidéos de démonstration pour toute fonction de l'entreprise, disposant d'un lieu d'exposition et d'une communication externe.
- 5 : Existence d'une entité dédiée à l'innovation numérique, produisant des POC ou des maquettes ou des vidéos de démonstration, publiant des articles scientifiques, soumettant les brevets publiés par l'organisation, portant sur des produits numériques.

O3.1.4 Existence d'un dispositif de collecte des idées d'innovation proposées par les collaborateurs

Cet indicateur apprécie l'innovation collaborative mise en place par l'organisation. Le postulat étant qu'une organisation digitale valorise la capacité d'innovation de ses collaborateurs :

- 1 : Des idées d'innovations existent, mais ne sont pas collectées.

- 2 : Des campagnes de collectes d'idées innovantes sont organisées ponctuellement.
- 3 : Une plateforme d'innovation collaborative est mise en place pour collecter les idées d'innovation en permanence.
- 4 : Des concours internes sont organisés et des budgets alloués pour réaliser quelques idées innovantes proposées par les collaborateurs.
- 5 : Les idées sont collectées, valorisées, certaines font l'objet de prototypes.

O3.1.5 Existence d'un réseau de responsables du digital dans chaque département

L'entreprise en cours de transformation digitale met en place des relais locaux permanents de la digitalisation dans chaque département. Ces relais dédient tout ou partie de leur temps de travail à l'implantation locale des outils et pratiques numériques dans leurs départements respectifs, remontant les observations réalisées sur le terrain pour mesurer l'appropriation des outils et pratiques numériques et proposant des innovations adaptées à leur métier :

- 1 : Des champions du numérique sont connus localement (« le geek du service »).
- 2 : Le management intermédiaire reconnaît l'utilité des champions locaux du numérique et les encourage.
- 3 : Des collaborateurs sont missionnés pour dédier une partie de leur temps de travail à l'effort de digitalisation de l'entreprise.
- 4 : Les relais de la digitalisation sont référencés et se connaissent mutuellement, ils se rencontrent au moins une fois par an.
- 5 : Les relais de la digitalisation sont réunis au sein d'une communauté autogérée.

O3.2.1 Taux de services réalisés en partenariat avec des acteurs tiers, au travers d'APIs fournis par l'organisation

L'entreprise digitale favorise le développement d'APIs permettant à des développeurs tiers de créer des produits et services s'appuyant sur ces APIs.

Nous soumettons à la communauté de nos lecteurs le soin de définir cet indicateur. L'objectif étant de mesurer le degré d'ouverture de l'entreprise au travers d'APIs (nombre, interopérabilité, capacité à attirer des développeurs tiers pour proposer de nouveaux produits/services) qu'elle fournit et donc de l'écosystème qu'elle développe autour d'elle.

O3.2.2 Nombre de collaborateurs impliqués dans les instances de normalisation et de gouvernance du numérique

Le digital est encore trop jeune pour être figé. L'entreprise digitale ne se contente pas d'utiliser les dernières technologies, elle est actrice de leur normalisation :

- 1 : Des collaborateurs suivent les publications des organismes de normalisation (par exemple : W3C, ISO).
- 2 : La veille sur les publications des organismes de publication est industrialisée (systématique et partagée au sein de l'entreprise).
- 3 : Des collaborateurs contribuent sur leur temps libre aux travaux d'organismes de normalisation.
- 4 : Des collaborateurs sont missionnés pour contribuer aux normes les plus critiques pour le développement des activités digitales de l'entreprise.
- 5 : La contribution de l'entreprise aux normes est affichée dans les documents produits par les organismes de normalisation.

O3.2.3 Rayonnement de l'organisation dans les instances de normalisation

Le postulat sous-jacent à cet indicateur est qu'une organisation digitale doit contribuer à la normalisation des technologies numériques. Une organisation dépendant d'une norme technologique doit maîtriser son destin en étant acteur de la norme :

- 1 : Des collaborateurs de l'entreprise ont commenté à titre personnel des publications d'organismes de normalisation, au nom de l'entreprise.
- 2 : Des collaborateurs de l'entreprise ont contribué à des normes à titre personnel, mais au nom de l'entreprise.
- 3 : L'entreprise est reconnue par au moins un organisme de normalisation comme contributeur d'une norme majeure en rapport avec le numérique.
- 4 : Des collaborateurs de l'entreprise participent à des groupes de travail d'organismes de normalisation.
- 5 : L'entreprise est reconnue par le marché comme contributrice majeure d'une ou plusieurs normes majeures en rapport avec le numérique.

O4.1.1 Taux de personnes ayant une activité numérique pour l'organisation

Cet indicateur définit la force de frappe numérique de l'entreprise, que ses ressources soient internes ou externes. Il se définit comme le rapport entre l'ETP des ressources numériques (internes et externes) et l'ETP total de l'entreprise (internes et externes).

Les effectifs internes incluent les apprentis et stagiaires.

Le secteur industriel et la nature des produits (certains étant déjà dématérialisés) rendent cet indicateur fortement dépendant du secteur industriel. Les seuils seront définis dynamiquement, au fur et à mesure de l'alimentation du référentiel d'indicateurs renseigné par la communauté.

O4.1.2 Taux de couverture des besoins en compétences

Cet indicateur mesure l'adéquation entre les ressources numériques (internes et externes) à disposition et les besoins de l'organisation. Il vise à sensibiliser le management sur le juste dimensionnement des ressources numériques et à lutter contre la surcharge d'activité commune dans ce type de métiers.

Il se calcule en faisant le rapport du nombre de compétences numériques disponibles et le nombre de compétences numériques à pourvoir :

- 1 : [3 à 20 %[des besoins sont couverts.
- 2 : [20-40 %[des besoins sont couverts.
- 3 : [40-60 %[des besoins sont couverts.
- 4 : [60-100 %[des besoins sont couverts.
- 5 : 100 % des besoins sont couverts.

O4.1.3 Taux de ressources scientifiques de haut niveau

Cet indicateur mesure la capacité de l'organisation à attirer et fidéliser les ressources scientifiques de haut niveau (par exemple, Google comprend dans ses effectifs Vinton Cerf, un des pères fondateurs d'Internet, en tant que chef évangéliste). Nous proposons cet indicateur en complément du modèle et proposons à la communauté de nos lecteurs de débattre de sa pertinence.

O4.2.1 Existence d'une filière métier

Les collaborateurs recrutés pour construire et opérer les activités digitales doivent être gérés par la DRH comme tout autre type de métiers, en tenant compte bien sûr de l'évolution rapide des compétences digitales :

- 1 : Les collaborateurs du digital sont suivis dans des grilles métiers existantes.

- 2 : Quelques métiers bien installés sont référencés (par exemple webmestre) mais souvent obsolètes.
- 3 : Les métiers les plus courants du numérique sont référencés et mis à jour.
- 4 : Les métiers du numérique sont intégrés dans le catalogue des métiers et mis à jour chaque année.
- 5 : Les métiers du numérique sont intégrés dans le catalogue des métiers. Le catalogue est mis à jour au gré de l'émergence des métiers et librement consultable par les salariés de l'entreprise.

O4.2.2 Participation des RH de l'organisation à des instances d'enrichissement du métier RH et d'évolution avec le numérique

L'entreprise digitale est ouverte sur l'extérieur et consciente du rôle actif qu'elle peut jouer dans l'amélioration de la gestion des carrières des profils digitaux. À ce titre, la DRH de l'entreprise digitale apporte sa contribution aux organismes chargés d'organiser la filière numérique :

- 1 : La DRH veille aux publications des organismes d'organisation de la filière numérique.
- 2 : Des collaborateurs de la DRH contribuent à titre personnel, mais au nom de l'entreprise à des travaux d'organisation de la filière numérique.
- 3 : L'entreprise est reconnue par au moins un organisme d'organisation de la filière numérique comme contributrice de groupes de travail.
- 4 : La DRH missionne des collaborateurs pour participer à des travaux d'organisation de la filière numérique en dehors de l'entreprise.
- 5 : La DRH de l'entreprise est reconnue par le marché comme contributrice majeure de l'organisation de la filière numérique.

O4.3.1 Existence d'une GPEC du numérique en prévision des besoins

Les besoins de ressources digitales étant connus, l'entreprise doit se donner un outil de planification des recrutements et des formations adapté à l'univers du digital :

- 1 : Les métiers du numériques sont référencés dans la GPEC de l'entreprise sans tenir compte de leur spécificité.
- 2 : Le management reconnaît l'inadaptation de la GPEC classique à certains profils du numérique.
- 3 : Des critères innovants de recrutement sont déployés (par exemple, score Klout* du candidat, recours à la vidéo).
- 4 : Des méthodes d'identification des talents (internes et externes) telles que hackathons* ou projets tutorés avec les écoles ayant des enseignements en lien avec le numérique sont mises en place.
- 5 : Tous les métiers du numérique sont couverts. Une part d'incertitude est laissée aux métiers qui n'existent pas encore. Le *sourcing* des profils s'appuie sur les outils numériques. Des méthodes de recrutement et de formation innovantes sont testées.

Q4.4.1 Taux de ressources dédiées à l'innovation

L'entreprise digitale innove en permanence. Elle dédie pour cela une part importante de ses ressources humaine à l'innovation.

Le taux de ressources dédié à l'innovation pourrait se mesurer comme le rapport entre le nombre d'ETP de ressources impliquées dans l'innovation et le nombre total d'ETP de l'entreprise. Une autre approche pourrait être de considérer un rapport, non pas d'ETP, mais de masse salariale.

Nous soumettons à la communauté de nos lecteurs le soin de définir cet indicateur. L'objectif étant de mesurer l'effort de mobilisation des ressources dédiées à l'innovation.

O5.1.1 Degré d'évolution du management par rapport aux pratiques du numérique

L'entreprise digitale repose sur un système nerveux offrant une circulation rapide et transparente de l'information. Elle offre ainsi l'opportunité de mettre en place un mode de management moins soucieux de la présence physique du collaborateur dans les locaux à des heures précises, et donnant plus d'autonomie :

- 1 : Le management reconnaît des pratiques managériales innovantes.
- 2 : L'entreprise teste de nouvelles pratiques managériales dans un département ou une unité d'affaire.
- 3 : La hiérarchie est simplifiée, le management privilégie l'attention à l'atteinte des objectifs, le télétravail est considéré comme normal.
- 4 : L'évaluation entre pairs est mise en place, orientée résultats, donnant une grande autonomie aux collaborateurs.
- 5 : Les managers sont des développeurs de talents, la hiérarchie est plate.

O5.2.1 Incitation à développer une culture collaborative au sein des équipes

L'entreprise digitale est une entreprise apprenante, l'acquisition collective du savoir étant privilégiée :

- 1 : Le département de veille de l'entreprise assure une veille centralisée sur les innovations digitales.
- 2 : Le management reconnaît qu'une veille collaborative est nécessaire.
- 3 : Un dispositif de veille collaborative interne est mis en place, chaque département nomme au moins un contributeur à ce dispositif.
- 4 : Les nouveautés identifiées par les collaborateurs sont partagées et discutées au travers du réseau social d'entreprise, au moins 40 % des collaborateurs y sont actifs.

- 5 : Au moins 60 % des collaborateurs sont actifs sur le réseau social d'entreprise pour partager et discuter des nouveautés, la curiosité devient la norme, des sessions de partage sont organisées chaque mois (*digital day*).

05.3.1 Pilotage du savoir-faire extérieur

L'entreprise digitale recourt à des savoir-faire extérieurs, puis les incorpore lorsque ces savoir-faire deviennent stratégiques :

- 1 : Les savoir-faire extérieurs à l'entreprise sont mal compris par la DRH.
- 2 : La DRH référence les savoir-faire innovants auxquels l'entreprise fait appel au travers de ses sous-traitants et partenaires.
- 3 : Les savoir-faire innovants récurrents sont identifiés pour mettre à jour la GPEC du numérique.
- 4 : La dépendance aux savoir-faire innovants extérieurs est considérée comme un risque, suivi comme tel au plus haut niveau de l'entreprise.
- 5 : Les savoir-faire innovants sont référencés et suivis, alimentant des décisions de formation et de recrutement.

Synthèse des indicateurs selon le type d'organisation

Une croix dans une case du tableau signifie que l'indicateur est applicable pour la catégorie d'organisation considérée.

Indicateur	Type d'organisation	TPE et petite PME, petite association	Grande PME et grande entreprise	Administration, grande association
01.1.1	Ratio des capitaux investis dans le numérique par rapport à l'ensemble des investissements	x	x	x
01.2.1	Pourcentage de chiffre d'affaires réalisé au travers des canaux numériques (part de marché du numérique)	x	x	

01.2.2	Pourcentage du chiffre d'affaires réalisé avec de la monnaie virtuelle		x	
01.2.3	Pourcentage des dépenses opérationnelles allouées au numérique	x	x	x
01.2.4	Ratio du coût de distribution sur chiffre d'affaires	x	x	
01.2.5	Ratio des paiements numériques	x	x	
01.3.1	Plan stratégique numérique	x	x	x
02.1.1	Instances dédiées au numérique		x	x
02.1.2	Taux de cadres dirigeants impliqués dans les instances numériques		x	x
02.1.3	Taux de participation aux instances numériques		x	x
02.1.4	Taux de suivi des décisions prises		x	x
02.2.1	Fréquence de tenue des instances		X	x
02.2.2	Délai de publication des décisions		x	x
02.2.3	Taux de lecture des comptes rendus par le public visé		x	x
02.3.1	Part de marché des canaux numériques (part de chiffre d'affaires, part de commandes en volume et en valeur, part d'actes de gestion de relation clients)	x	x	
02.3.2	Compte de résultat numérique : budget et dépenses marketing, technologiques, RH	x	x	
02.3.3	Positionnement concurrentiel	x	x	
02.3.4	Prix du haut débit fixe		x	x
02.3.5	Prix du haut débit mobile		x	x
02.3.6	Fréquence des audits des actifs numériques		x	x
02.4.1	Existence d'un RACI des activités numériques	x	x	x
02.4.2	Existence d'un processus de revue régulière du RACI		x	x
02.4.3	Taux de sous-traitance	x	x	x
02.5.1	Existence d'une charte d'usage du numérique	x	x	x
02.5.2	Taux d'appropriation de la charte d'usage par les collaborateurs	x	x	x

02.5.3	Taux d'utilisation des outils numériques	X	X	X
02.5.4	Taux de collaborateurs connectés aux médias sociaux	X	X	X
02.6.1	Taux de projets financés par des solutions innovantes		X	X
02.6.2	Taux de financement par le capital-risque		X	X
02.7.1	Force de protection de la propriété intellectuelle	X	X	
03.1.1	Existence d'une *digital factory*		X	
03.1.2	Existence d'une *digital university*		X	X
03.1.3	Existence d'une entité dédiée à l'innovation numérique		X	X
03.1.4	Existence d'un dispositif de collecte des idées d'innovation proposées par les collaborateurs	X	X	X
03.1.5	Existence d'un réseau de responsables du digital dans chaque département		X	X
03.2.1	Taux de services réalisés en partenariat avec des acteurs tiers, au travers d'APIs fournis par l'organisation	X	X	X
03.2.2	Nombre de collaborateurs impliqués dans les instances de normalisation et de gouvernance du numérique		X	
03.2.3	Rayonnement de l'organisation dans les instances de normalisation		X	
04.1.1	Taux de personnes ayant une activité numérique pour l'organisation		X	X
04.1.2	Taux de couverture des besoins en compétences	X	X	X
04.1.3	Taux de ressources scientifiques de haut niveau		X	X
04.2.1	Existence d'une filière métier		X	X
04.2.2	Participation des RH de l'organisation à des instances d'enrichissement du métier RH et d'évolution avec le numérique		X	X

04.3.1	Existence d'une GPEC du numérique en prévision des besoins		x	x
Q4.4.1	Taux de ressources dédiées à l'innovation	x	x	x
05.1.1	Degré d'évolution du management par rapport aux pratiques du numérique	x	x	x
05.2.1	Incitation à développer une culture collaborative au sein des équipes	x	x	x
05.3.1	Pilotage du savoir-faire extérieur		x	x

POINTS CLÉS

- Définissez une stratégie numérique et déclinez-la au sein de l'organisation.
- Adaptez l'organisation de votre entreprise en vous inspirant des nouveaux modèles.
- Comprenez les nouvelles règles du jeu et travaillez sur vos fondamentaux pour les adapter au digital.
- Allouez les investissements nécessaires à la transformation de votre organisation car contrairement aux idées reçues, le digital coûte cher (et rapporte beaucoup).
- Mesurez vos progrès dans la transformation digitale de votre organisation selon cinq critères : stratégie numérique, gouvernance, implantation des activités numériques, ressources humaines et management.

Chapitre 4

Levier : technologie et innovation

Présentation

L'entreprise numérique doit faire des choix en matière de solutions techniques (logiciels, matériels, applications), mais aussi de rapport aux outils (ByOD) ou au stockage des données (*cloud* ou non). Ces choix doivent lui permettre d'évoluer sans être contrainte par des solutions techniques. Il est important de mesurer son niveau d'appétence pour la technique au service de ses domaines d'activité stratégiques. Ainsi, savoir si elle maîtrise les techniques d'Internet pour être visible de ses cibles est important, notamment pour son référencement et son occupation de l'espace sur le web, en prévenant les éventuelles situations de crise et d'atteinte à l'intégrité de ses sites.

L'entreprise doit également assurer la sécurité de ses données en s'inscrivant dans une dynamique par rapport aux solutions qu'elle a préconisées.

Enfin, le niveau d'équipement de ses collaborateurs (PC, *smartphone*, tablette) et d'accès à Internet et la qualité de celui-ci lui offrent un avantage déterminant en matière de démultiplication des usages.

Dans l'état de l'art, nous n'avons pas identifié de modèle de maturité pour l'aspect technologie et innovation d'une entreprise digitale hormis quelques apports d'ITIL et la référence à ISO 27001/27002 pour la partie sécurité. Aussi, les indicateurs que nous proposons pour le levier technologie et innovation s'inspirent de notre expérience de la transformation digitale des entreprises dans lesquelles nous avons travaillé ou que nous avons conseillées. Quelques indicateurs pourront être enrichis par la communauté d'utilisateurs de la méthode.

« Le numérique n'a pas d'état d'âme, et le vrai pouvoir résidera à l'avenir dans le partage informationnel et non la rétention »

Interview de Damien Douani, expert nouveaux médias et technologies, cofondateur de l'agence FaDa social agency

Le digital repose sur des technologies et des services toujours plus nombreux. Comment ne pas s'y perdre ?

Pas évident... D'un point de vue extérieur, « utilisateur » et non technique comme la DSI, il est très difficile de se repérer. Une constante cependant depuis quelques années : alors que l'informatique s'est développée avec les entreprises – faisant la fortune d'IBM et de Microsoft –, aujourd'hui ce sont des technologies et services « grand public » qui bousculent les sociétés et les marques en arrivant en leur sein. Pourquoi ? Car le grand public a désormais économiquement accès à des machines (ordinateurs, tablettes, *smartphones*) plus puissantes et sexy que celles proposées en entreprise (pensez qu'il y a encore quelques années, les ordinateurs étaient livrés sans lecteur de CD...), et que ceux-ci sont connectés à des services puissants en ligne. Enfin, Internet a modifié la chaîne de valeur des acteurs du logiciel en permettant à des développeurs de s'affranchir de coûts liés aux réseaux en utilisant des infrastructures existantes. Résultat : pléthore de services performants, dématérialisés (Google Drive, Skype, Dropbox), offerts au plus grand nombre, venant en compétition avec des solutions professionnelles souvent plus austères et restreintes à l'entreprise. Par exemple, les réseaux sociaux sont des outils qui viennent poser énormément de questions aux entreprises tant pour leur communication externe que pour leurs modes de collaboration interne. Le *cloud* et le SaaS*, directement issus de la vague web et de la migration des services en ligne ou bien le ByOD qui correspond à une demande des salariés de vouloir apporter leurs propres outils avec eux, souvent plus simples et pratiques que ceux mis à disposition par l'entreprise. En résumé, pour ne pas s'y perdre il faut désormais commencer par adopter une vision « centrée utilisateur » et non « centrée technologie ».

Vous baignez dans l'innovation technologique depuis de nombreuses années. Quels sont les fondamentaux dont une entreprise doit disposer pour appréhender les innovations digitales et comment mesurer sa capacité à le faire ?

La question de l'état d'esprit est fondamentale. Comme dans le sport, le « mental » fait une grande partie du boulot ! Les réponses des entreprises à l'émergence de nouveaux usages ont toujours été principalement technologiques. Cela vient souvent du fait que tout ce qui est « technique » a été géré par les DSI, qui ont une vision avant tout outil (choix, déploiement, maintenance). Or, cela ne suffit plus, cette vision-là a atteint sa limite. Désormais, tous les services sont impactés et doivent apporter leur regard, car le numérique est une vague qui submerge tout et irrigue absolument tout le monde, faisant sauter les silos et les chapelles. Ce qui pose des problèmes... C'est le premier obstacle à lever. Le second obstacle est la peur et la méconnaissance des outils innovants, à l'image des réseaux sociaux internes comme Jive ou blueKiwi. Une boîte mél, tout le monde sait « en gros » la gérer. C'est l'outil de base, au même titre que le téléphone. Et cela est suffisant. Mais cette génération d'outils vieillit peu à peu et laisse la place à d'autres, plus sociaux et collaboratifs. Et là, c'est le drame ! Car il faut changer en profondeur ses habitudes de travail, de communication, sans compter que très souvent, des outils sont déployés sans soutien hiérarchique et sans moyens humains pour les accompagner. Deux solutions à cela : l'exemplarité des managers dans la démarche de transformation (à condition qu'ils s'approprient eux-mêmes les usages et les outils), et la réassurance des équipes par la formation. C'est exactement ce qu'a fait Kering (anciennement PPR) avec sa Digital Academy. Ils ont formé leurs managers au numérique en cassant les digues entre marques (Saint-Laurent, Gucci, Puma, Volcom, Boucheron...) au moyen de 80 sessions de travail sur trois continents, et avec l'appui réel et affirmé de François Pinault.

Vous avez déployé des outils et des services qui changent le quotidien de consommateurs, de spectateurs de télévision, de collaborateurs. L'adoption vous semble-t-elle plus rapide aujourd'hui ?

L'adoption peut être rapide quand on lui donne du sens, et quand l'outil est agréable. Cela peut paraître évident, idiot, mais cela ne l'est pas. Combien de fois vous a-t-on mis entre les mains un outil répondant à un processus avec une interface digne des meilleurs moments de la guerre froide ? De plus, l'environnement interne à l'entreprise n'est pas l'environnement « externe », même si peu à peu de la porosité s'installe entre ces deux sphères. Pour une raison simple : en dehors de l'entreprise, les salariés sont des consommateurs et des utilisateurs de technologies qui leur simplifient la vie ! Alors pourquoi ne pas les retrouver dans l'entreprise ? Pourquoi LinkedIn ou YouTube ne pourraient pas m'aider dans mon travail ? Quand vous savez que 36 % des employeurs bloquent activement l'accès aux réseaux sociaux[(a)], alors qu'on peut y accéder sans problème depuis son mobile, c'est qu'il y a un manque de confiance, mais aussi d'éducation (car les dérapages peuvent exister) vis-à-vis des droits, responsabilités et devoirs de chacun. Mais – et c'est à mettre au crédit des entreprises – il est toujours plus facile de remporter l'adhésion pour un service hors contexte professionnel. Les contraintes ne sont pas les mêmes. L'entreprise est un microcosme avec ses règles et ses contraintes (notamment la confidentialité de certaines données), il ne faut pas le sous-estimer. Mais ce n'est plus une raison suffisante pour ne pas prendre en compte les évolutions des usages et vouloir s'extraire de ce qui fait le quotidien de leurs collaborateurs « en dehors ».

Quels sont les technologies et usages que vous voyez émerger, auxquels les entreprises auront à faire face en masse dans les années à venir ?

À faire face ou à exploiter opportunément ? Votre formule résume bien le problème : les entreprises se disent qu'elles doivent faire « avec », or seules celles qui auront compris ce qu'elles perdent en faisant « sans » s'en sortiront. En voici quelques-unes : le *cloud*, qui pousse les entreprises à migrer leurs données (et également leurs applications) hors de leurs serveurs pour les rendre plus simples d'accès et alléger les frais de maintenance informatique. Mais avec le

« doute » qui peut s'installer quant à la protection de ces données. Le risque zéro n'existe pas, mais selon votre domaine d'activité, les données peuvent être plus ou moins sensibles. Le ByOD et le mobile en général, qui posent des questions d'interopérabilité entre réseaux fermés internes et réseaux plus ouverts et plus globalement l'accès généralisé aux données en dehors des murs de la société. Les réseaux sociaux internes doivent encore convaincre, mais sont en bonne voie, surtout s'ils aident à résoudre les problèmes de surcharge informationnelle. Le *big data* – tant pour les salariés que pour les clients – est un gisement intéressant de « fluidification » des processus, mais il reste complexe à construire (à commencer par déterminer quelles données capter et comment). Deux exemples : une compagnie aérienne telle que British Airways a agrégé plus de 20 millions de données pour créer une expérience unique pour ses clients abonnés – basée sur leurs préférences personnelles – en tout point de contact (Internet, téléphone, à bord...). En clair, avec « Know Me » vous allez vous sentir « compris » par British Airways : un puissant levier de fidélisation ! Ou bien la chaîne de distribution alimentaire Tesco qui anticipe ses stocks grâce à l'analyse des données météo et ventes : +10 °C et les ventes de viande barbecue augmentent de 300 % et de 45 % pour les salades[b] !

Quant aux objets communicants et au « sans contact », ils serviront peut-être plus à la relation client physique dans un premier temps, mais permettront de développer une relation inédite avec les consommateurs. « Le Bouton » de Darty, sorte de conciergerie premium accessible depuis un vrai bouton physique chez soi, en est une première illustration.

La dichotomie entre marketing et technologie existe-t-elle encore, ou observez-vous un rapprochement entre les équipes marketing et SI dans les entreprises que vous rencontrez ?

Par la nature des activités et par le poids de l'histoire, il y a méfiance, voire défiance entre la technique et le marketing/commercial/communication. Or, une coexistence est possible, sans que chacun ait l'impression que l'un va vouloir prendre le pas sur l'autre. Car c'est le sens de l'histoire. Le numérique n'a pas d'état d'âme, et le vrai pouvoir résidera à l'avenir dans le partage informationnel et non la rétention. Ce qui est tout le contraire de ce qui est appris en école ! Mon souhait est de voir monter dans le train un troisième larron : les RH, qui ont un rôle central dans tout ce nouveau paysage, et certains commencent à s'en rendre compte. Des marques comme Orange, avec son réseau social interne Plazza, misent là-dessus. Car – contrairement aux *a priori* et représentations que l'on peut avoir – plus que jamais, l'humain sera au cœur du numérique.

(a) Source : « Social Media in the Workplace Around the World 3.0 », Proskauer, avril 2014, proskauer.com/files/uploads/social-media-in-the-workplace-2014.pdf.

(b) Source : Stewart Baines, « utiliser le big data pour améliorer votre expérience client », Orange Business, 19 juin 2014, orange-business.com/fr/blogs/relation-client/social-crm/utiliser-le-big-data-pour-ameliorer-votre-experience-client.

Critères

Nous proposons de caractériser la technologie et l'innovation d'une entreprise engagée sur le numérique suivant six critères répondant aux questions structurelles de ce type d'entreprise :

- Architecture : comment sont effectués les choix de solutions techniques de l'entreprise ? Et sont-ils faits de façon à rendre l'entreprise réactive et évolutive par rapport à ses propres produits et services sans qu'elle soit prisonnière d'une solution technique la rendant vulnérable ?
- Exhaustivité de la présence : qu'est-ce que l'organisation met en place pour être visible de l'ensemble ses cibles au travers du digital ?
- Respect des normes et standards : l'organisation respecte-t-elle les standards du web et maîtrise-t-elle les techniques d'Internet pour être visible ?
- Continuité de service : qu'est-ce que l'organisation met en place comme dispositif technique pour que ces sites soient accessibles en permanence et lutter contre les attaques dont elle peut être l'objet (défacement* de ses sites, *malwares*, *bad buzz**, déni de service) ?
- Processus : comment le parc applicatif support aux processus opérationnels est suivi de façon à ce que l'organisation

dispose des versions les plus performantes et les moins sujettes à vulnérabilité tout en garantissant une sauvegarde des données ?

- Outils de productivité : quel est le degré d'équipement des collaborateurs d'un point de vue matériel, logiciel et quelle est sa qualité d'accès à Internet dans l'entreprise et en dehors ?

TI1 Architecture

Ce critère vise à apprécier les choix effectués en matière d'architecture technique par l'organisation. Il s'agit de savoir si les choix sont effectués de façon cohérente avec la stratégie de l'entreprise, voire de façon collaborative afin d'examiner toutes les facettes de la problématique.

Il s'agit également d'estimer les relations qui existent entre les outils numériques de l'ensemble des directions métiers utilisatrices et les utilisateurs finaux (clients, administrés, adhérents).

Le fait que l'architecture soit évolutive sans être dépendante d'une solution technique figée et pouvant fragiliser l'organisation est également un point important. Cela peut amener soit à développer les propres APIs de son système d'information, cœur de métier, soit à acquérir des briques sur le marché qui sont interchangeables. L'organisation pouvant alors se focaliser sur le développement d'une surcouche fonctionnelle et technique de produits et services technologiques sur étagères qu'elle va utiliser.

Même si l'architecture technique est complexe, l'utilisation doit être simple pour les utilisateurs (simplexité*) avec un accès facile et ergonomique, même si le degré de sécurité voulu par l'organisation est fort.

Enfin, outre les APIs mises à disposition par l'organisation pour les tiers, l'ouverture des données auprès d'une communauté extérieure est de nature à développer un écosystème de services bénéfique à l'organisation.

Ce critère ne s'attache pas à l'infrastructure réseau (routeurs, serveurs), au choix de faire du *on demand* ou *on premise*, au choix de technologies (par exemple PHP ou Java), sauf rares exceptions.

TI2 Exhaustivité de la présence

Ce critère permet de mesurer si l'organisation tire parti des outils existants pour maximiser l'atteinte de ses cibles qui peuvent utiliser différents terminaux (PC, *smartphone*, tablette, objets connectés), des navigateurs différents (Chrome, Firefox, Explorer, Safari, Opera, etc.) et des systèmes d'exploitation variés (Windows, Android, MacOS, etc.).

Cela passe par une bonne accessibilité des sites tant sur Internet qu'au sein de l'organisation (Intranet, réseaux sociaux internes) ou de l'organisation avec ses partenaires identifiés avec le respect des critères techniques d'accessibilité pour prévenir toute forme d'exclusion numérique (par exemple, personne atteinte de daltonisme ou présentant un handicap visuel). Les sites doivent être visibles de la cible. Le *responsive design** constitue par exemple une réponse pour que, quel que soit le support de connexion utilisé, l'adaptation à la cible visée se fasse.

Enfin, la présence même de l'organisation sur le web importe, *via* ses sites et les médias sociaux où elle est présente, mais également les plateformes d'affiliation, les comparateurs de prix... Des statistiques techniques (*pagerank** de ses sites et nombre de liens entrants, nombre de visiteurs, d'abonnés sur les médias sociaux, etc.) permettent de mesurer la visibilité sur le web de l'organisation dans le but de l'optimiser.

Ce critère ne s'attache pas à la finalité des choix que l'organisation fait en matière de présence.

TI3 Respect des normes et standards

Ce critère mesure la capacité à respecter les normes et les standards du web tout au long du cycle de vie des produits et services qui seront développés par l'organisation. Cela vaut en particulier pour les sites où elle sera présente, mais pour les applications où ses produits pourront être éligibles (par exemple respect du cahier des charges pour pouvoir être référencé dans l'AppStore).

Il mesure également la capacité de l'organisation à faire évoluer ses sites en fonction des modifications techniques de l'environnement. Le but est de maximiser sa présence sur Internet avec les techniques d'indexation sur les moteurs de recherche, notamment son référencement et son corollaire, sa visibilité auprès de ses cibles.

Les changements de version subis ou choisis sont pris en compte sur les produits sur étagères intégrés dans la solution globale de l'organisation par rapport à une obsolescence technique possible.

Ce critère ne s'attache pas aux normes et aux standards informatiques, mais uniquement à ceux du web.

TI4 Continuité de service

Ce critère permet de s'assurer que l'organisation a pris des mesures pour maximiser la continuité de service de ses applications vis-à-vis de ses cibles et de mesurer la continuité des services proposés par l'organisation au sens des processus « fourniture des services » et « soutien aux services » d'ITIL. Il est en effet nécessaire que les sites aient un niveau de qualité de service optimal et que les éventuels dysfonctionnements soient remontés en temps réel de façon à pouvoir rapidement les corriger. Des sondes mesurant différents paramètres de qualité de service telle que perçue par les utilisateurs peuvent être utilisées par échantillonnage.

En cas de panne, d'attaque malveillante (par exemple déni de service, défacement ou *bad buzz*), le fait d'avoir élaboré en amont un plan de gestion de crise et de le dérouler en cas de sinistre avéré est de nature à améliorer la continuité de service souhaitée et *de facto* la satisfaction des utilisateurs.

Ce critère ne vise pas à donner des chiffres précis pour la continuité de service – il existe des outils de type ITIL à cet effet.

TI5 Processus

Les processus technologiques sont importants pour une entreprise numérique. Ils favorisent son agilité, la remise en état rapide de fonctionnement après un incident, ce qui est particulièrement critique pour une organisation ouverte 7 jours sur 7, 24 heures sur 24 sur Internet.

Ce critère permet d'appréhender les processus techniques permettant d'assurer le suivi d'un fonctionnement optimal des services.

Il s'agit d'abord de suivre les versions des outils déployées et leur mise à jour de façon à ce que le parc applicatif soit le plus proche possible des dernières versions disponibles (par exemple, système d'exploitation de type Windows 8, outil de création de site de type WordPress 3.9) et des derniers correctifs par rapport à d'éventuels bugs ou *malwares*. Le fait de pouvoir déployer automatiquement ces changements et la possibilité d'opérer des retours arrière sont des signes appréciables.

Ensuite, il s'agit de définir les processus de sécurité de son organisation, avec l'évaluation des risques et des solutions de sécurité en conséquence.

Enfin, il s'attache aux opérations de sauvegardes, en particulier des données de l'organisation, qu'elles se fassent en interne, chez un infogérant ou dans le *cloud*. Un des objectifs étant, en cas de perte, de pouvoir retrouver un état stable occasionnant le moins de pertes de données.

Ce critère ne s'intéresse pas aux processus mis en place par l'organisation, mais s'attache à ce qui est réellement fait pour que l'accès aux données et aux applications soit tracé en maximisant le niveau de sécurité requis.

TI6 Outils de productivité

Les outils de productivité sont importants pour une entreprise digitale. Ils concourent à la collecte d'un maximum de données sans effort des collaborateurs, à la diminution des saisies multiples qui peuvent entraîner des erreurs et des incohérences, à la favorisation de la mobilité interne et externe aux locaux de l'entreprise, etc.

Ce critère vise à estimer le niveau de l'équipement (matériel, logiciel, téléphonie) du collaborateur de l'organisation de façon à lui donner l'infrastructure nécessaire pour qu'il travaille dans de bonnes conditions.

L'accès à Internet, qu'il soit fixe ou en mobilité, et le débit offert sont également pris en compte.

En revanche, ce critère ne s'attache pas à des outils spécifiques de productivité mis en place par l'organisation.

« La RFID est une technologie mature, à fort potentiel, que s'approprient les établissements de santé »

Interview de Jean-Michel Culioli, Directeur des systèmes d'information du Groupe Vitalia

Comment qualifiez-vous la capacité du système d'information de Vitalia à incorporer les innovations numériques ? Comment le système d'information peut-il être davantage au service de vos clients internes ?

Vitalia est un groupe jeune, constitué à partir de 2006 par l'agrégation de 45 cliniques au patrimoine technique et applicatif particulièrement divers, tant en couverture fonctionnelle qu'en éditeurs.

Un des enjeux du Schéma directeur du système d'information consiste à arbitrer entre harmonisation de ces outils et intégration des données dans des logiciels tiers de reporting et de Business Intelligence.

L'interopérabilité est au centre de notre démarche d'urbanisation, et le déploiement approprié et maîtrisé d'un logiciel d'EAI compte parmi nos travaux prioritaires en cours.

Le système d'information se porte vers le service des clients internes lorsque ces derniers prennent la main sur l'expression de leurs besoins :

le positionnement de la Direction des systèmes d'information en assistance à maîtrise d'ouvrage interne semble un pari intéressant et fécond.
Les compétences techniques et méthodologiques s'inscrivent alors dans une dynamique maïeutique d'explicitation des besoins des acteurs métiers.

Comment évaluez-vous la maturité du système d'information de Vitalia ? Avez-vous des critères et vous benchmarkez-vous par rapport à des concurrents ?

Afin de rendre les systèmes d'information hospitaliers (SIH) plus performants, en particulier en termes de qualité et de sécurité des soins, le ministère de la Santé a lancé, en novembre 2011, le Programme Hôpital numérique (www.sante.gouv.fr/le-programme-hopital-numerique.html).
La stratégie au cœur d'Hôpital numérique définit un plan de développement et de modernisation des systèmes d'information hospitaliers, dont le but est d'élever le niveau de maturité des systèmes d'information dans l'ensemble des établissements de santé vers un socle commun, de façon à améliorer significativement la qualité et la sécurité des soins.
Ce socle commun, ou palier de maturité cible de la stratégie hôpital numérique, défini en concertation avec des représentants des institutions et des opérationnels du terrain, est composé de :

- 3 domaines correspondant à des « prérequis » :
  - Identités et mouvements,
  - Fiabilité et disponibilité,
  - Confidentialité ;
- 5 domaines fonctionnels :
  - Les résultats d'imagerie, de biologie et d'anatomo-pathologie ;
  - Le dossier patient informatisé et interopérable ;
  - La prescription électronique alimentant le plan de soins ;
  - La programmation des ressources et l'agenda du patient ;
  - Le pilotage médico-économique.

L'atteinte de ces domaines se mesure par des indicateurs[a] (12 indicateurs pour les prérequis, 23 indicateurs pour les domaines fonctionnels) qui ciblent l'organisation ou l'usage:

- l'organisation, à travers l'allocation des moyens humains ou financiers à un élément de l'organisation mis en place ou à un engage-

ment de l'établissement sur la mise en œuvre d'une politique donnée, par exemple :
- l'existence d'un plan de reprise d'activité du système d'information formalisé, diffusé, connu des professionnels (prérequis)

- l'usage, à travers l'utilisation du système d'information dans les domaines fonctionnels ou les prérequis, par exemple :
  - le taux d'applications gérant des données de santé à caractère personnel intégrant un dispositif d'authentification personnelle (prérequis) ;
  - le taux de séjours disposant de prescriptions d'examens de biologie informatisées (fonctionnel).

La légitimité de ces indicateurs est renforcée par leur inclusion dans la procédure périodique et obligatoire de Certification des établissements de santé pilotée par la Haute autorité de santé (www.has-sante.fr/portail/jcms/c_1648294/fr/hopital-numerique-et-certification-v2010-rapprochement-confirme).
Ces indicateurs spécifiques des Systèmes d'information hospitaliers constituent naturellement au sein du Groupe Vitalia un outil puissant de benchmarking interne de la maturité numérique de chaque établissement, mais aussi de comparaison avec les établissements extérieurs au groupe.

Quelles recommandations pourriez-vous adresser à un DSI de PME pour prendre en compte le numérique ?

Le positionnement en assistance à maîtrise d'ouvrage à l'écoute des métiers est probablement une démarche fondatrice d'un juste équilibre entre métier et SI, au service de la stratégie de l'entreprise :

- Identifier les chaînes de valeur : quels sont les axes de création de valeur ?
- Positionner la DSI en assistance à maîtrise d'ouvrage interne : être le garant technologique et méthodologique de la transformation numérique
- Responsabiliser les métiers : légitimité des demandes des acteurs métiers qui nourrissent le potentiel de valeur
- Veiller à une gouvernance partagée du système d'information : la création attendue de valeur est définie, objectivée, quantifiée, explicitée, avant même de procéder à l'investissement massif que représentent l'acquisition et le déploiement des logiciels sélectionnés.

Ce partage d'une vision commune entre Direction générale, Métiers et DSI est le point de passage obligé d'une conduite du changement réussie, et d'une création de valeur effective.

Quelles technologies vous semblent-elles les plus prometteuses dans le domaine de la santé ?

La RFID est une technologie mature, à fort potentiel, que s'approprient les établissements de santé depuis les années 2000 pour maximiser efficacité et efficience :

- La relation dynamique qui s'établit entre le patient, les objets qui lui sont rattachés et les soignants permet de sécuriser les procédures composant le parcours de soins :
- Le suivi en temps réel des ressources en personnel, équipements et consommables permet une optimisation fine de l'allocation des ressources.

Les propositions de valeur apportées aux métiers reposent sur les services suivants :

- Identification et localisation des personnes (patients, personnel, nourrissons)
- Identification et localisation des équipements biomédicaux, des produits et des contenants
- Identification et localisation des instruments chirurgicaux (y compris des compresses)
- Gestion des échantillons de laboratoire et des poches de sang
- Gestion des tuniques / des vêtements de travail
- Gestion de la chaîne d'approvisionnement (réception, stockage, armoires, approvisionnement, sortie)

Le Centre national RFID, mis en place en 2008 par le MINEFI, recense les avancées de ces technologies dans le monde de la Santé (www.centrenational-rfid.com/docs/users/file/Brochure_web.pdf).

En quoi le métier de DSI d'une PME est-il impacté par les nouvelles technologies (par exemple cloud) et usages (par exemple quantified self ou Internet des objets) ?

La maturité de l'offre actuelle de Cloud permet d'opérer une externalisation réussie de l'hébergement des applications métiers critiques dans le secteur médical.

Les exigences de disponibilité, de sécurité et de confidentialité ont conduit les tutelles à définir un statut d'Hébergeur agréé de données de santé,

dont le niveau d'exigence ne semble accessible qu'à des industriels de l'hébergement, ou des structures de santé à forte culture technique[b].
Le recours à l'hébergeur, s'il n'exonère la DSI de son rôle de maître d'ouvrage, libère néanmoins des ressources qui enrichiront les équipes projet dédiées au déploiement des logiciels métiers : dossier patient informatisé, logiciel de bloc opératoire, etc.
La mise en réseaux des multiples équipements biomédicaux est déjà une réalité dont les enjeux de sécurité du système d'information sont importants. Le quantified self, s'il permet une forte implication du patient dans son histoire médicale, requiert la confidentialité des données : le point d'équilibre est à affiner entre partage des informations médicales et confidentialité des données poussées par le patient.

(a) Le Guide des indicateurs du programme Hôpital numérique www.sante.gouv.fr/IMG/pdf/DGOS_Guide_d_indicateurs_Programme_Hopital_Numerique_-_avril_2012-2.pdf

(b) Le référentiel de constitution des dossiers de demande d'agrément des hébergeurs de données de santé à caractère personnel : http://esante.gouv.fr/services/referentiels/securite/le-referentiel-de-constitution-des-dossiers-de-demande-d-agrement-des
La liste des 68 décisions d'agrément d'hébergeurs à la date du 20 mai 2014 : http://esante.gouv.fr/services/referentiels/securite/hebergeurs-agrees

Sous-critères

TI1.1 Schéma directeur numérique

Ce schéma s'inscrit dans le cadre du schéma directeur de l'organisation à *n* années. Il doit être aligné sur celui-ci. Les objectifs assignés au canal internet sont corrélés aux objectifs des directions métiers qui déclinent tout ou partie de leur activité en ligne (par exemple, service client *via selfcare web*, direction commerciale *via* site e-marchand, direction générale *via* rubrique corporate du site).

TI1.2 Briques logicielles et matérielles

Ce sous-critère permet de mesurer la propension de l'organisation à évoluer en utilisant des briques externes facilement interchangeables pour diminuer sa dépendance technique et à développer autour des services personnalisés et/ou des services spécifiques apportant une valeur ajoutée pour ses clients.

TI1.3 Identification client

L'entreprise peut faciliter l'identification tant de ses clients que de ses salariés de façon unique ou en évitant des confirmations de son identité et ce, sans entraver la sécurité.

TI1.4 Open data

L'organisation propose un catalogue de données originales produites et mises à disposition d'acteurs tiers. Il convient de mesurer la disponibilité du catalogue, la fraîcheur des données et son accès par la communauté des développeurs.

TI2.1 Support, matériels et logiciels

L'organisation capte l'internaute sur les différents terminaux, navigateurs, systèmes d'exploitation et matériels qu'il utilise, favorisant ainsi l'acquisition d'une large audience.

TI2.2 Accessibilité des sites

Une bonne accessibilité des sites tant sur Internet qu'au sein de l'organisation (Intranet, réseaux sociaux internes) ou de l'organisation avec ses partenaires identifiés avec le respect des critères techniques d'accessibilité permet de prévenir toute forme d'exclusion numérique (par exemple, personne atteinte de daltonisme ou présentant un handicap visuel).

TI2.3 Écosystème numérique

Présence sur le web de l'organisation (sites, médias sociaux, plateformes d'affiliation, places de marché, comparateurs de prix à l'insu de l'entreprise).

TI3.1 Conception/développement

Respect des normes de développement des sites et des applications pour suivre les recommandations édictées par les organismes de normalisation/labellisation.

TI3.2 Maintenance et évolution

Capacité à garantir et progresser dans son niveau de conformité des applications et des sites.

TI4.1 Disponibilité

Disponibilité des principaux sites de l'organisation mesurée par des sondes qui permettent aussi de connaître le parcours client et de remonter des éventuels dysfonctionnements pour décision le cas échéant.

TI4.2 Gestion de crise

Mise en place de dispositifs manuels ou automatiques de prévention et de curation des crises possibles (*bad buzz*, attaque des sites de l'organisation par défacement ou déni de service, attaque virale, etc.).

TI5.1 Suivi des versions

Mise à jour des logiciels, des applications et des systèmes d'information avec traçabilité des versions.

TI5.2 Sécurité

Niveau de sécurité globale de l'organisation exprimée par un vecteur DICI (disponibilité/intégrité/confidentialité/imputabilité), c'est-à-dire une synthèse chiffrée de ces quatre composantes de la sécurité.

TI5.3 Archivage

Saisies et informations enregistrées dans les bases de données centrales (ou le *cloud*) et sauvegardes, disques miroirs. Le temps nécessaire pour récupérer des informations archivées et compressées ou encore de remise en fonctionnement des sites en cas d'attaque par un *malware* est estimé.

TI6.1 Équipement

Nature, âge et niveau d'équipement mis à disposition du collaborateur (PC, *smartphone*, tablette, infrastructure télécom) et mise à jour du matériel et du logiciel.

TI6.2 Accès à Internet

Pourcentage de collaborateurs ayant accès à Internet dans l'entreprise et en situation de mobilité, niveau de bande passante* offerte et débit Internet proposé.

« La multiplication des capteurs devrait monter à 20 par personne : le potentiel de remontées d'information devient immense »

Interview d'Éric Horesnyi, PDG de Motwin (www.motwin.com)

Quel questionnement doit mener une entreprise pour numériser son cœur de métier ? Pour bâtir son architecture, est-il plus pertinent d'utiliser des briques matérielles et logicielles et de les interfacer ? Quid de la propension à évoluer avec le big data, le stockage des données dans le cloud, etc. ?

Sans bonne maîtrise des interfaces client numériques, une entreprise peut voir balayés ses marges, son chiffre d'affaires puis son réseau de partenaires. Dans le *retail*, les entreprises ont beaucoup souffert de l'arrivée d'Amazon et de ses copycats ; de même l'industrie du disque, des studios jusqu'aux vendeurs de CDs ont dû revoir leur cœur de métier avec le Walkman de Sony puis le coup de massue d'Apple iPod. Le numérique et la mondialisation exacerbent la concurrence : vous pouvez voir arriver sur ce que vous croyiez être votre territoire une marque moins chère, plus rapide et design en quelques mois ; mais vous pouvez aussi être présent en Chine rapidement, encore faut-il avoir le meilleur produit à un moment donné. L'attitude, lucide mais positive, consiste à considérer ce mouvement comme une opportunité stratégique mobilisant l'ensemble des métiers de l'entreprise. Une digitalisation compétitive et durable du cœur de métier représente une transformation d'entreprise.

Le système d'information doit permettre et favoriser cette évolution en proposant les outils et l'architecture rendant possible la floraison d'innovations numériques qui permettront à ces groupes de survivre et de croître avec la digitalisation. Pour juger de la maturité numérique, nous pourrions commencer sous l'angle de la collaboration humaine : peut-on vraiment construire des services à forte valeur ajoutée si les outils en restent au téléphone et au mél ? La majorité des grands groupes – BNP Paribas fut parmi les premiers – s'est désormais dotée d'outils de téléprésence immersive pour ses comités de pilotage mondiaux, ce qui lui permet d'économiser sur les coûts de voyages, de maîtriser l'impact de ces voyages sur la vie personnelle des employés, tout en économisant du CO_2 pour la planète.

En ce qui concerne la digitalisation du cœur de métier, je recommande d'appliquer à l'entreprise une analyse stratégique : quel est son cœur de métier, c'est-à-dire l'expérience, le savoir-faire et les ressources humaines qui lui permettent d'offrir au monde un service qui apporte de la valeur à ses utilisateurs. Dans ce cadre, peu d'entreprises peuvent considérer la gestion de datacenters comme un cœur de métier, en dehors des fournisseurs d'infrastructures cloud ou des fournisseurs historiques de services de confiance, c'est-à-dire les banques.

Donc l'ensemble de l'IT de la grande majorité des entreprises peut être traité dans le cloud par des sociétés tierces s'agissant des systèmes et du stockage. Un instrument de mesure de la maturité numérique peut donc être le taux de cloudisation de l'IT d'une société.

À l'intérieur du cloud existent plusieurs options : privé, hybride et public pour la couche infrastructure, et propriétaire ou sur étagère pour la couche logicielle. Le modèle le plus mûr me semble celui de Salesforce, avec un logiciel opéré en cloud orienté métier. Marc Benioff, PDG de Salesforce, était à Paris le 28 juin 2014 pour annoncer l'ouverture d'un datacenter en France avec pour ambition de quintupler son chiffre d'affaires de 200 millions d'euros à 1 milliard d'euros ; et je pense sincèrement qu'il va y arriver.

Adopter des services de ce type, c'est-à-dire SaaS, peut s'appliquer non seulement aux ventes & SAV (Salesforce), mais aussi aux RH avec Workday et à la gestion IT avec Apptio. Mesurer le taux de processus géré en SaaS versus tout autre processus me semble également un indicateur de maturité numérique.

À terme, ce qui reste du système d'information propriétaire peut sembler limité mais constitue le cœur de métier de l'entreprise : fournir un service à des clients et utilisateurs par des interactions humaines augmentées, le web mobile et les objets connectés ; sur mesure et en ligne avec le contexte fin de l'utilisateur grâce aux remontées de ces canaux et une utilisation pertinente du big data. Dans ce monde où le système d'information composite s'interface avec des capteurs et outils d'assistance à la relation humaine, la question, une fois l'analyse stratégique conduite, réside dans l'architecture cible qui permette l'agilité demandée par les métiers en conciliant sécurité et sûreté. Au niveau logiciel, cet aller et retour vertueux entre devices (mobiles, objets connectés) et analytics requiert une gestion rapide et ordonnée de la donnée agrégée (big data) mais aussi de la donnée fine de chaque utilisateur (small data).

Quels conseils donneriez-vous pour définir une expérience client unifiée sur l'ensemble des canaux où l'organisation est présente avec une interaction humaine en temps réel ?

Le premier conseil est de se mettre à la place du client qui est confronté à un ensemble d'objets : smartphone, PC, tablette et de plus en plus d'objets le connectant à l'entreprise. Le smartphone permet d'échanger des SMS, de téléphoner, de surfer, d'envoyer des informations de géolocalisation, d'accélération et s'enrichit de capteurs d'identification ou de santé. Ces fonctionnalités seront durant cette décennie progressivement remplacées par des objets connectés du type lunettes, montre, gants, vêtements et autres matériels les moins intrusifs possibles. Et dans la décennie suivante par des implants[a]. La relation digitale avec ces utilisateurs, déjà riche et sous-exploitée, va continuer à s'étoffer pour capter une bonne partie des sens et émotions de l'humain.

Dans ce contexte, le client est unique et doit être respecté en tant que personne interagissant avec une marque. Cette interaction doit être continue et tenir compte des interactions passées (historique avec la marque) y compris toutes les informations que le client a bien voulu donner à la marque et qu'il s'attend à voir exploitées comme contexte de son interaction comme pour les relations humaines.

Face à ce défi de relation émotionnelle avec un client, l'entreprise doit se doter d'outils d'historiques (CRM) individuels et de *profiling* en comparaison à d'autres utilisateurs en traitant intelligemment les informations remontées par les médias web mobile et objets connectés. En termes d'architecture, il convient de séparer la partie média (moyen de communication avec la personne) de la partie traitement de l'interaction avec ce client. La réponse doit être la même quel que soit le canal utilisé avec un enrichissement dans les bases de données de l'entreprise venant de tous les médias. Beaucoup d'erreurs ont été commises en ne rapprochant pas les interactions de l'utilisateur avec la marque sur les différents canaux, par exemple des centres d'appels disposant d'outils différents des agences, des valorisations de portefeuille différentes sur mobile et web et une absence de relai entre les canaux. Cette logique de remplacement de la publicité par des suggestions ciblées basées sur ce que fait l'utilisateur tout en sachant ce qu'ont acheté des clients similaires a démarré avec Amazon et Netflix voilà 10 ans. Or, il est désormais possible de considérer le client comme un être unique avec des besoins exprimés ou remontés à travers des capteurs. Par exemple, le nouveau site mobile RATP intègre désormais la géolocalisation de l'utilisateur comme point de départ et ne demande que la destination d'arrivée. Avec la multiplication des capteurs qui devrait monter à 20 par personne, le potentiel de remontées d'information devient immense, de même que le nombre d'informations remontées par l'ensemble des utilisateurs pour constituer une base de plus en plus pertinente.

La réponse de la marque doit être réfléchie, en temps réel et tenir compte du big data pour être pertinente afin de maintenir et d'enrichir le lien de confiance entre le client et la marque. Ceci permet à la marque de proposer un service sur mesure pour chaque utilisateur, des services additionnels pertinents et opportuns pour déclencher des achats. De nombreux services sont en cours de lancement dans les transports, avec le parcours client Air France KLM dépendant de la géolocalisation du passager dans l'aéroport, et les plus avancés semblent les assureurs comme BNP Paribas Cardif, Axa et Allianz dans le « pay as you drive » : l'assuré paie moins s'il démontre que sa conduite est prudente par un capteur embarqué.

La rapidité d'échange des données semble essentielle : un client qui pose une question à une marque sur son mobile n'aura pas la patience d'attendre au-delà d'une interaction humaine naturelle, c'est-à-dire une demie à deux secondes. Pour une simulation sur un prêt, la réponse doit être naturelle, et même pour des interactions en face-à-face, le commercial doit pouvoir effectuer une simulation en temps réel sur tablette (connectée sur la TV ou un écran à domicile ou en entreprise). L'idée est d'augmenter l'interaction avec le client sans que l'outil technologique ralentisse une relation humaine naturelle, au détriment du lien émotionnel recherché en face-à-face. Il s'agit en fait de tendre vers une interaction humaine augmentée par les connaissances que projette la marque à travers l'outil.

Quels vont être les nouveaux challenges à intégrer pour les organisations ? Internet des objets ? Objets « wearables » et communicants ? Impression 3D ? Et quels secteurs d'activité seraient plus concernés ?

Avec les « wearables », objets connectés comme les autres, la technologie devient transparente et acceptable pour le client. Elle s'insère dans notre quotidien. Pas besoin d'avoir une montre Pebble ou iWatch, ou des lunettes Google Glass, Laser Technologies ou Optinvent qui sont des objets que l'on ajoute à soi, un simple tee-shirt ou autre vêtement suffit, comme ceux du Français Citizen Science.

L'impression 3D constitue une révolution à part entière car beaucoup de services et de produits présentés sur étalage physique peuvent être soit imprimés à domicile soit chez des fournisseurs d'impression 3D, par exemple avec Sculpteo désormais disponible dans certains bureaux de Poste. Ces produits sont fournis par des sociétés qui conçoivent des objets sur-mesure en connaissance d'un contexte. L'impression 3D ne peut plus être considérée comme un gadget : Dassault utilise par exemple l'impression 3D pour ses prototypes et plus.

En effet, l'impression 3D va amener une révolution dans les transports et la fabrication en général. De nombreux produits vont devenir réparables, ce qui constitue un bien pour la planète et l'utilisateur final, diminuant notre empreinte écologique en abaissant le volume fabriqué. Un pas sera véritablement franchi lorsque ces imprimantes pourront utiliser des matières recyclées ou naturelles. L'innovation dans ce domaine va permettre à des produits d'avoir une plus longue durée de vie. Les modèles de business basés sur la vente de produits physiques vont se transformer en modèles de vente de savoir-faire de design qui peuvent être profitables. Par exemple la marque de vêtements de sport Patagonia a transformé son métier de fabricant de vêtements, essentiellement à partir de bouteilles de plastiques recyclées, en réparateur

de ses propres produits. Ceci incite à définir des produits plus solides sur le long terme car les produits vont leur revenir pour des recyclages futurs, mouvement inverse à l'obsolescence programmée enfin décriée et limitée par les lois, et progressivement en pratique.
Globalement, je crois que tous les secteurs seront impactés.

Quels critères seraient selon vous révélateurs de la capacité d'une entreprise à être à la pointe de l'innovation utile (en termes d'image, de développement de son chiffre d'affaires) que ce soit pour son architecture informatique, sa logique multicanale, ses processus ?

Nous pourrions imaginer la part du chiffre d'affaires de l'entreprise consacrée au développement informatique sur ses services cœurs de métier. Pour le calcul, on pourrait retenir soit la proportion d'employés travaillant sur le cœur de métier version digitale de l'entreprise, soit par exemple le budget alloué par l'entreprise pour le développement d'APIs cœurs de métier. Notons toutefois une différence entre une start-up technologique où ce pourcentage doit être autour de 90 % et un grand groupe où ce pourcentage peut être (trop) faible aujourd'hui, et les évaluer sur leur *roadmap* digitale. Les grands groupes ont intérêt à converger vers le même niveau qu'une start-up technologique, sachant que l'on peut imaginer un grand groupe bien géré comme une fédération de start-up avec des coûts de structure et d'interactions plus faibles que les synergies dégagées par le groupe.
D'autres critères sont possibles comme le nombre d'interfaces et d'inputs entre un client et une marque avec la cohérence de ceux-ci (SMS, centre d'appels, chat, méls, face-à-face, capteurs, etc.) qui ne soient pas cloisonnés mais partagés, c'est-à-dire que toute information remontée dans un canal est tracée dans les autres et la marque interagit avec ses clients avec ces canaux complémentaires. Avoir au moins quatre canaux d'interface pour la relation client serait bien, cinq très bien...
Après, il est possible d'effectuer un travail d'innovation, d'interfaçage avec le reste du monde (développer le parcours client sur la base d'un CRM cloudisé qui travaille sur le cœur de métier de la marque ou de l'institution). Tout ce qui peut dévier de ce modèle d'intégration autour du cœur de métier d'opérateur de service est pénalisant. On peut alors travailler sur des benchmarks de l'organisation avec des fournisseurs de services et déterminer si ces services sont mieux réalisés en interne

ou à l'extérieur. Pour l'ensemble de l'organisation, cela revient à benchmarker service par service l'existant avec la concurrence de sociétés tierces fournissant ces services dans le cloud. On peut noter la maturité d'un département en comparant son niveau de service sur son cœur de mission à ce qui peut être obtenu par un service externe cloudisé.

Comment dans une entreprise comme Motwin aidez-vous les entreprises à simplifier, rendre leur utilisation des mobiles cohérente et créatrice de valeur avec les phénomènes de ByOD?

Nous sommes passés en quelques années d'un monde de PC à un monde mobile. Face à l'arrivée massive de *devices* personnels dans l'entreprise, avec des employés demandant des applications aussi pratiques que celles qu'ils utilisent à la maison, les DSI ont progressivement « containerisé » leur système d'information pour le rendre accessible à tous types de *devices*. Le ByOD est devenu dominant avec plus de la moitié des entreprises françaises l'encourageant. Tout le monde y gagne. Reste à résoudre le problème d'accès rapide à l'information depuis ces *devices* de marques, systèmes d'information et formats différents.

Motwin est une plateforme d'orchestration de données entre les canaux digitaux et les systèmes d'information composites de grands groupes. Elle permet à des entreprises de projeter leur cœur de métier à travers tous types de canaux tout en respectant l'unicité du client (information projetée ou reçue). Sur cette plateforme, une marque peut construire un outil pour ses commerciaux qui leur permet d'avoir des interactions augmentées avec leurs clients, un autre outil qui permette aux opérations de connecter leur hardware au système d'information ou de rendre leur produit programmable et maintenable à distance par web, mobile ou un autre objet connecté.

L'existence d'une technologie comme Motwin affranchit les entreprises des barrières technologiques présumées entre leur savoir-faire et leurs clients numériques. Les entreprises peuvent alors réfléchir sur le service qu'elles souhaitent opérer à travers cette infinité de canaux bidirectionnels, en fonction de leur expérience, base de clientèle et ressources. Cette transformation plonge les entreprises dans la digitalisation de leur cœur de métier, qui passe par une réflexion sur l'urbanisation, sécurisation et résilience (haute disponibilité) du système d'information et une distinction entre leur cœur de métier avec APIs internes et la nécessité de fournir des APIs sécurisées et résilientes au monde externe exploitable sur les canaux web, mobile et objets connectés. La transformation commence par une prise de conscience douloureuse lorsque des grands groupes vont au bout de leur analyse stratégique de leur digitalisation mondiale, laquelle fait apparaître de nouveaux concurrents (par exemple les GAFA dans la banque) et des bases de clients franchement menacées.

(a) Sur les questions éthiques de l'augmentation progressive du corps humain, voir l'ouvrage de prospective *La mort de la mort*, Laurent Alexandre, JCLattès, 2011.

Indicateurs

TI1.1.1 Existence d'un schéma directeur numérique

Cet indicateur mesure le niveau du schéma directeur numérique de l'organisation comme suit :

- 1 : Existence d'un schéma directeur numérique de l'organisation à *n* années aligné aux objectifs de l'entreprise.
- 2 : *Idem* + réalisé conjointement avec les directions métiers pour la déclinaison de leur activité en ligne.
- 3 : *Idem* + communication faite à l'ensemble des collaborateurs (courrier, mél, réunion, etc.).
- 4 : *Idem* + schéma partagé sur les outils de l'entreprise pour être accessible à tous les collaborateurs à tout moment avec un processus de réactualisation de celui-ci.
- 5 : *Idem* + réalisation et réactualisation collaborative avec également recours à des personnes extérieures à l'organisation (conseil ou *crowdsourcing*) pour des points spécifiques demandant une connaissance et un regard critique externe.

TI1.2.1 Degré d'évolutivité des principales solutions techniques de l'organisation (services essentiels)

Cet indicateur mesure le degré d'évolution des principales solutions techniques mises en œuvre par l'organisation.

- 1 : Développement de ses solutions applicatives avec une surcouche technique et fonctionnelle reposant sur des outils du marché (SI, web).

- 2 : *Idem* avec utilisation de standards et des APIs permettant d'analyser son audience, la tracer (cookies, traçage des adresses IP, *profilings*).
- 3 : *Idem* avec un couplage entre les bases de données de l'entreprise (et, le cas échéant, un site e-commerce pour les entreprises vendant en ligne) afin de garantir l'interopérabilité entre les outils.
- 4 : *Idem* + en étant indépendant des technologies et services sur le marché (briques de base sur lesquelles les solutions bâties sont interchangeables, par exemple remplacer Google Maps par une solution équivalente tout en assurant la continuité du service proposé qui reposait initialement sur Google Maps).
- 5 : Proposition de ses propres APIs de son système d'information cœur de métier sur le web pour permettre à une communauté extérieure de développer de nouveaux services et de drainer des usages autour de son organisation.

Un calcul peut être fait en évaluant le nombre des principales solutions techniques de l'organisation et en examinant celles qui répondent aux différents niveaux de façon à mesurer le niveau de maturité globale sur ce critère.

TI1.3.1 Simplicité d'utilisation de la solution d'identification

Cet indicateur mesure la simplicité selon laquelle l'utilisateur s'authentifie :

- 1 : Nécessité de s'identifier/authentifier pour chacun des services de l'entreprise, parfois avec des modalités d'identification/authentification différentes.
- 2 : Nécessité de s'identifier/authentifier pour accéder aux services de l'entreprise avec un seul mode d'identification/authentification valable pour l'ensemble des services de l'entreprise.
- 3 : Nécessité de s'identifier/authentifier pour accéder aux

services de l'entreprise avec un seul mode d'identification/ authentification valable pour l'ensemble des services de l'entreprise sans avoir à resaisir son identité ensuite. Et synchronisation entre les supports de connexion du client (PC, tablette, *smartphone*, Internet des objets) à l'entreprise.

- 4 : *Idem* mais avec un *enabler* pour le dialogue avec le client et une technologie associée de type sans contact (RFID, biométrie sans contrainte pour le client), par exemple, Facebook Connect.
- 5 : *Idem* mais avec la création rapide d'une identification unique pour n'importe quel prospect qui pourra ainsi être rapidement dans la base de l'entreprise pour des connexions ultérieures facilitées.

TI1.3.2 Niveau de sécurité de l'identification

Cet indicateur mesure le niveau de sécurité des solutions d'authentification de l'utilisateur :

- 1 : Authentification par ce que *sait* l'internaute (mot de passe simple).
- 2 : Authentification par mot de passe alphanumérique de plus de 8 caractères + changement du mot de passe prévu à des périodes données.
- 3 : Authentification avec ce que *possède* l'internaute (carte, carte bancaire, *smartphone*) + PIN ou équivalent associé.
- 4 : Niveau 2 + niveau 3.
- 5 : Niveau 4 + authentification couplée avec ce qu'*est* l'internaute (moyen biométrique).

TI1.4.1 Propension à ouvrir ses données

Cet indicateur mesure le degré de l'organisation à ouvrir ses données à un écosystème extérieur de nature à favoriser la création d'usages autour :

- 1 : Très peu de données sont disponibles en *open data*.

- 2 : Un catalogue de données en *open data* est disponible et consultable en ligne (site dédié).
- 3 : Le catalogue de données en *open data* couvre toutes les données de l'entreprise (hors données stratégiques).
- 4 : Les données disponibles en *open data* sont à jour.
- 5 : Plusieurs services tiers utilisent les données *open data*.

TI2.1.1 Capacité à capter l'internaute de façon universelle

Ce critère mesure la capacité que l'organisation à créer pour capter l'internaute quels que soient ses usages, son matériel :

- 1 : Entreprise présente *via* son/ses sites.
- 2 : Entreprise présente *via* son/ses sites qui est/sont *responsive design* pour l'ensemble des terminaux de connexion (PC, *smartphone*, tablette) *ou* l'ensemble des navigateurs (Chrome, Explorer, Firefox, Safari, Opera).
- 3 : Entreprise présente *via* son/ses sites qui est/sont *responsive design* pour l'ensemble des terminaux de connexion (PC, *smartphone*, tablette) *et* l'ensemble des navigateurs (Chrome, Explorer, Firefox, Safari, Opera).
- 4 : *Idem* et également pour n'importe quel système d'exploitation, notamment pour les *smartphones*/tablettes (Android, MacOS, etc.) en proposant des applications téléchargeables mieux pensées pour ces terminaux spécifiques.
- 5 : *Idem* + développement de services autour des objets connectés.

TI2.2.1 Niveau moyen d'accessibilité des sites de l'organisation

Ce critère mesure le niveau moyen d'accessibilité des sites de l'organisation tant en interne (Intranet pour les moyennes et grosses organisations) qu'en externe.

- 1 : Les principaux sites répondent au *responsive design*.

- 2 : *Idem* + le niveau AccessiWeb des principaux sites internet est Bronze.
- 3 : *Idem* + le niveau AccessiWeb des principaux sites internet + Intranet est Bronze.
- 4 : *Idem* + le niveau AccessiWeb des principaux sites internet + Intranet est Argent.
- 5 : *Idem* + le niveau AccessiWeb des principaux sites internet + Intranet est Or.

(Voir accessiweb.org.)

Note : on se focalise sur les sites qui représentent les plus fortes audiences de l'organisation.

TI2.3.1 Degré de présence de l'organisation via *les sites*

Cet indicateur détermine le niveau de présence de l'organisation sur le web :

- 1 : PageRank 1 ou 2.
- 2 : PageRank 3 ou 4.
- 3 : PageRank 5, existence de plateformes d'affiliation et/ou de places de marché.
- 4 : PageRank 6 ou 7, organisation ayant ses produits/services référencés dans un comparateur de prix.
- 5 : PageRank 8 à 10.

(Voir pagerank.fr.)

Note : *via* la communauté, on propose de raffiner cet indicateur en considérant la taille de l'organisation, son secteur d'activité et également d'autres outils (nombre de liens entrants, de visites estimées avec des outils de type Google Analytics ou Alexa pour les grandes organisations).

TI2.3.2 Degré de présence de l'organisation via *les médias sociaux*

Cet indicateur détermine le niveau de visibilité de l'organisation sur les médias sociaux tant par ce qu'elle poste que les réactions qu'elle suscite.

- 1 : Existence d'au moins 2 comptes sur les médias sociaux (Facebook, Twitter, YouTube...).
- 2 : niveau 1 + au moins 10 échanges sociaux par semaine publiés par l'organisation (tweets, posts, commentaires).
- 3 : niveau 2 + au moins 1 000 abonnés sur 2 médias sociaux et au moins 10 reprises sur les médias sociaux (partage, retweet) par semaine.
- 4 : niveau 3 + au moins x abonnés sur Twitter, y sur Facebook et un Klout supérieur à 65.
- 5 : niveau 4 + au moins z abonnés sur Twitter, t sur Facebook et un Klout supérieur à 70, et la capacité à être en relation avec au moins 70 % de sa base de clients.

(Voir klout.com.)

Note : x, y, z, t seront définis par la communauté en fonction des secteurs d'activité de l'organisation.

TI2.3.3 Niveau des noms de domaine utilisés

Cet indicateur mesure le niveau de maturité de l'organisation dans le choix de ses noms de domaine sur Internet :

- 1 : Hébergement du site chez un tiers (de type Over-Blog, Blogger) avec une adresse de site du type entrepriselambda.blogger.com et non un nom de domaine en propre du type www.entrepriselambda.com.
- 2 : Dispose d'un ou plusieurs noms de domaine en propre de type www.entrepriselambda.com.

- 3 : niveau 2 + cohérence de la présence de l'organisation sur les médias sociaux (même nom de type facebook.com/entrepriselambda, @entrepriselambda, etc.).
- 4 : niveau 3 + déclinaison du nom de son principal site selon les pays où l'organisation est présente (cas de présence à l'international, par exemple .uk, .us, .de) et/ou utilisation d'un nom de domaine libéralisé spécifique à son domaine d'activité (par exemple .paris, .car).
- 5 : niveau 4 + propriétaire d'un nom de domaine libéralisé spécifique à son domaine d'activité (par exemple .vin dans le domaine vinicole) et sous-location du nom de domaine à d'autres entreprises du secteur.

Note : la vérification de la disponibilité d'un nom sur Internet et les médias sociaux peut être effectuée avec des outils du type http://namechk.com.

TI3.1.1 Degré de conformité des sites et des applications aux standards

Le degré de conformité des sites s'apprécie sur les applications et les services critiques pour le business ou la vie de l'organisation.

- 1 : Utilisation des feuilles de style CSS pour la conception des sites pour séparer contenu et contenant et code des applications produites commenté.
- 2 : niveau 1 + respect des normes édictées par le W3C (pages validées XHTML) et utilisation de standards pour le développement des applications.
- 3 : niveau 2 + utilisation de briques sur étagères certifiées (par exemple feuilles de styles CSS ou bibliothèques logicielles faisant l'objet de certifications informatiques en matière de sécurité) et fourniture d'APIs commentés.

- 4 : niveau 3 + développement des sites pensé par rapport à l'indexation (référencement) avec ajout d'attributs sémantiques (balises alt, rel, tag, etc.) pour optimiser le référencement.
- 5 : niveau 4 + les briques sur étagères utilisées font l'objet d'une investigation par rapport aux possibles failles de sécurité en complément des certifications.

TI3.2.1 Capacité à conserver ou progresser dans son degré de conformité des sites et des applications aux standards

Cet indicateur mesure la capacité de l'organisation à progresser dans son degré de conformité de ses sites et de ses applications aux standards du web :

- 1 : Existence d'un fichier de suivi des versions des standards (par exemple HTML 4, XHTML 1.1) avec lesquelles les sites et les applications ont été développés.
- 2 : *Idem* mais aussi pour l'ensemble des produits sur étagères et APIs utilisés avec la documentation associée.
- 3 : *Idem* 2 et mise à jour des versions des logiciels, des correctifs dans le mois qui suit.
- 4 : *Idem* 2 et mise à jour des versions des logiciels, des correctifs dans les 48 heures qui suivent.
- 5 : *Idem* 4 + veille proactive qui permet d'anticiper les standards à venir pour les sites et les applications pour permettre des choix d'outils éclairés.

TI4.1.1 Taux de disponibilité des principaux sites sur l'année écoulée

Le taux de disponibilité des principaux sites de l'organisation est compris entre :

- 1 : [95-98 %[
- 2 : [98-99,5 %[

- 3 : [98-99,5 %[+ existence de contrats de service SLA/SLR avec alerte automatique en cas d'indisponibilité (*via* des remontées par des sondes) pour un retour à la normale plus rapide.
- 4 : [99,5-99,9 %] et *idem* 3 pour les contrats de service.
- 5 : > 99,9 % et *idem* 3 pour les contrats de service et dispositif de pré-alerte en cas de surcharge des serveurs de nature à déclencher des solutions de continuité de service automatisée.

TI4.2.1 Niveau de vigilance par rapport à une crise numérique

Cet indicateur mesure le degré de vigilance de l'organisation en préparation d'un éventuel buzz négatif sur Internet :

- 1 : Surveillance manuelle de l'image de l'organisation sur les principaux réseaux sociaux face à des éventuels *bad buzz* + surveillance du bon fonctionnement des sites (en ligne, cohérence des informations, temps de réponse) avec alertes remontées au management.
- 2 : Surveillance automatique de l'image de l'organisation sur les principaux réseaux sociaux face à des éventuels *bad buzz* (avec des outils de type Google Alerts, Radian6) + surveillance du bon fonctionnement des sites (en ligne, cohérence des informations, temps de réponse) avec alertes remontées au management.
- 3 : *Idem* 2 mais surveillance automatique et apprenante avec un historique des dysfonctionnements passés et un plan de gestion de crise.
- 4 : *Idem* 3 avec activation d'une cellule de crise et réponse aux principaux problèmes potentiels identifiés dans les 24 heures.
- 5 : *Idem* 4 avec activation d'une cellule de crise et réponse aux principaux problèmes potentiels identifiés dans l'heure.

TI5.1.1 Décalage entre le numéro de version installée et la dernière version disponible

Cet indicateur mesure le décalage potentiel qui existe entre les dernières versions de logiciels ou de systèmes d'exploitation disponibles et le parc existant dans l'entreprise :

- 1 : Versions installées sur les PC des applications et des systèmes d'exploitation ayant deux versions d'écart au plus (par exemple, Windows 7 *vs* Windows XP).
- 2 : *Idem* 1 mais une version d'écart au plus.
- 3 : Mise à jour automatique des logiciels, des applications et des systèmes d'exploitation sauf règles de gestion particulière (par exemple, politique des achats ne donnant pas le feu vert pour une mise à jour coûteuse d'une application). Homogénéité du parc applicatif de l'entreprise pour *a minima* chaque business unit.
- 4 : *Idem* 3 avec politique de gestion des versions et des mises à jour clairement documentées. Et sauvegarde des dernières versions installées. Homogénéité du parc applicatif de l'entreprise pour l'ensemble de ses sites.
- 5 : *Idem* 4 et possibilité de retour arrière rapide et sans perte de données en cas de dysfonctionnement, d'effet de bord, de non-compatibilité du système avec les applications développées par l'organisation.

TI5.2.1 Niveau de maturité de la politique de sécurité

Cet indicateur mesure le niveau de maturité de la politique de sécurité numérique de l'organisation :

- 1 : Existence d'une politique de sécurité informatique (PSI).
- 2 : Existence d'une politique de sécurité propre au digital qui peut être un document à part ou intégré à la PSI.
- 3 : *Idem* 2 + suivi de cette politique d'un point de vue opérationnel (mise à jour des logiciels anti-*malwares*,

sauvegarde automatique des données sensibles chaque jour, reprise en cas d'incident dans les 24 heures avec au plus une perte de 24 heures des données). Existence d'audits planifiés au moins une fois par an.

- 4 : *Idem* 3 mais avec une perte de données de moins de 2 heures. Existence d'audits inopinés qui font l'objet de corrections systématiques des dysfonctionnements face aux risques observés.
- 5 : *Idem* 4 mais avec des pertes de données de moins de 10 minutes.

TI5.2.2 Vecteur DICI global

Cet indicateur traduit le niveau de sécurité numérique globale de l'organisation à travers les dimensions disponibilité/intégrité/confidentialité/imputabilité (DICI) : le vecteur DICI global est calculé selon les recommandations du référentiel ISO 27001/27002.

Les ressources critiques de l'organisation sont définies, puis après estimation des menaces et des vulnérabilités, des matrices de risque établies. Ensuite une analyse de risque est effectuée pour établir comment les menaces identifiées sont contrées en tenant compte des vulnérabilités.

Nous proposons de classer le niveau global de sécurité numérique de l'organisation en quatre niveaux de 0 à 3 : insuffisant, faible, moyen, fort pour chacune de ses composantes (disponibilité, intégrité, confidentialité, imputabilité). Un vecteur DICI global est déterminé par exemple (2, 1, 3, 3) si le niveau de disponibilité est moyen, celui de l'intégrité est faible et ceux de la confidentialité et de l'imputabilité sont forts, puis de déterminer le vecteur DICI global en faisant la somme de ces 4 notes.

- 1 : Somme comprise entre 3 et 5.
- 2 : Somme entre 6 et 10.
- 3 : Somme entre 8 et 10 avec aucune note inférieure à 2.
- 4 : Somme = 11.
- 5 : Somme = 12.

TI5.3.1 Nombre d'heures de non-enregistrement de données dans les bases se traduisant par une quantité d'informations des systèmes d'information (et sites, applications web)

Cet indicateur s'attache aux pertes de données liées à une panne de courant, une absence de sauvegarde ou à une défaillance matérielle (PC, serveurs).

- 1 : Pertes de données comprises entre 48 et 96 heures (données saisies, mises à jour des sites par rapport à des effacements ou des *malwares*).
- 2 : Pertes comprises entre 24 et 48 h.
- 3 : Pertes comprises entre 4 et 24 heures et temps de restauration (*via* archives, données compressées, réinstallation de sites, etc.) inférieur à 4 heures.
- 4 : Pertes comprises entre 1 et 4 heures et temps de restauration (*via* archives, données compressées, etc.) inférieur à 2 heures.
- 5 : Pertes estimées en dessous de 10 minutes et temps de restauration inférieur à 10 minutes.

TI6.1.1 Niveau d'équipement moyen du collaborateur

Cet indicateur mesure le taux d'équipement en matériel du personnel de l'organisation :

- 1 : Au moins 80 % des collaborateurs disposent d'un équipement (PC, *smartphone*, tablette) pour leur usage professionnel.
- 2 : Au moins 90 % des collaborateurs disposent d'un équipement et des mises à jour des anti-*malwares* sont faites régulièrement automatiquement et sans perturbation du travail du collaborateur. L'âge moyen du parc de l'équipement (PC, *smartphone*, tablette) est inférieur à 2 ans.
- 3 : 100 % des collaborateurs disposent d'un équipement et 50 % disposent d'au moins 2 équipements. L'âge moyen

de la flotte est inférieur à 2 ans. Des mises à jour des OS sont faites automatiquement et en cas de mise à jour, le travail du collaborateur prime pour ne pas perturber ses actions quitte à reprogrammer la mise à jour dans les 24 heures. Une politique de traçabilité du matériel en cas de casse, de vol ou de perte existe. L'âge moyen du parc de l'équipement (PC, *smartphone*, tablette) est inférieur à 18 mois.

- 4 : *Idem* 3 avec une politique de renouvellement du matériel instaurée avec contrats de maintenance et gestion de la flotte mobile à distance et désactivation du matériel en cas de perte ou de vol. Le ByOD est proposé.
- 5 : *Idem* 4 + l'équipement informatique prévoit toute forme de mobilité et de connexion avec l'entreprise (intranets, wikis, réservation de salle à distance, web conférence, Internet des objets, par exemple pour pouvoir travailler depuis sa voiture lors d'un déplacement). Le ByOD est entièrement intégré par les équipes de l'organisation (traçabilité et impacts en matière de système d'information).

TI6.1.2 Qualité du réseau télécom

À définir par la communauté. L'indicateur doit permettre d'apprécier la qualité de service perçue et la qualité de service réelle.

Cet indicateur mesure la disponibilité du réseau télécom mis à disposition des collaborateurs de l'entreprise.

TI6.2.1 Pourcentage de collaborateurs ayant accès à Internet

Cet indicateur mesure le pourcentage de collaborateurs ayant accès à Internet dans le cadre de leur travail :

- 1 : Plus de 50 % des collaborateurs** disposent d'un accès à Internet dans l'entreprise (que ce soit dans les bureaux ou un accès mutualisé, par exemple dans le hall d'accueil des locaux de l'entreprise).

- 2 : Plus de 80 % des collaborateurs** disposent d'un accès à Internet dans l'entreprise et plus de 50 % en situation de mobilité (PC portable, tablette, *smartphone* avec débit de type Wi-Fi).
- 3 : 100 % des collaborateurs** disposent d'un accès à Internet dans l'entreprise. Plus de 80 % des collaborateurs disposent d'un accès à Internet en situation de mobilité (de type 3G) et à domicile.
- 4 : *Idem* 3 + alerte remontée sur *smartphone* en cas de message reçu sur PC avec une synchronisation des messageries entre les outils utilisés par le collaborateur.
- 5 : *Idem* 4 + accès en mobilité de type 4G proposé et l'ensemble des services auxquels chaque type de collaborateur a le droit d'accéder.

** Les entreprises ayant une forte proportion de main-d'œuvre ouvrière (par exemple, constructeur automobile) risquant d'être fortement pénalisées par les taux exigés, nous proposons que ceux-ci soient abaissés à respectivement 30 %, 50 %, 70 %, 80 % et 100 % pour chacun des niveaux 1 à 5 pour les organisations où le pourcentage d'agents d'exécution (ou catégorie C dans les administrations) est supérieur à 30 %.

TI6.2.2 Bande passante

La bande passante dépend fortement du secteur d'activité (une société de production de vidéos a beaucoup plus de besoins en bande passante qu'un prestataire logistique).

Cet indicateur apprécie le débit mis à disposition des collaborateurs pour accéder à Internet, quels que soient les terminaux qu'ils utilisent. Il sera défini par la communauté.

TI6.2.3 Débit Internet fixe au pic de connexion

Cet indicateur permet d'apprécier la capacité du réseau informatique à absorber les besoins en bande passante des collaborateurs au plus fort de l'activité de l'entreprise.

- 1 : [10-20 %[des besoins en bande passante au pic sont satisfaits. L'activité s'en trouve fortement ralentie.
- 2 : [20-40 %[des besoins en bande passante au pic sont satisfaits. L'activité est dégradée.
- 3 : [40-60 %[des besoins en bande passante au pic sont satisfaits.
- 4 : [60-95 %] des besoins en bande passante au pic sont satisfaits.
- 5 : Plus de 95 % des besoins en bande passante au pic sont satisfaits.

TI6.2.4 Débit Internet fixe en moyenne

Cet indicateur permet d'apprécier la capacité du réseau informatique à absorber les besoins en bande passante des collaborateurs en moyenne pour supporter l'activité de l'entreprise.

- 1 : [10-20 %[des besoins en bande passante en moyenne sont satisfaits.
- 2 : [20-40 %[des besoins en bande passante en moyenne sont satisfaits.
- 3 : [40-60 %[des besoins en bande passante en moyenne sont satisfaits.
- 4 : [60-95 %] des besoins en bande passante en moyenne sont satisfaits.
- 5 : Plus de 95 % des besoins en bande passante en moyenne sont satisfaits.

TI6.2.5 Débit Internet mobile au pic de connexion

Cet indicateur permet d'apprécier la capacité du réseau télécom à absorber les besoins en bande passante des collaborateurs en situation de mobilité au plus fort de l'activité de l'entreprise. Il révèle l'importance des moyens que l'entreprise accorde au travail en mobilité, les offres télécom qu'elle souscrit devant être adaptées aux moyens requis par les collaborateurs.

- 1 : [10-20 %[des besoins en bande passante au pic sont satisfaits.
- 2 : [20-40 %[des besoins en bande passante au pic sont satisfaits.
- 3 : [40-60 %[des besoins en bande passante au pic sont satisfaits.
- 4 : [60-95 %] des besoins en bande passante au pic sont satisfaits.
- 5 : Plus de 95 % des besoins en bande passante au pic sont satisfaits.

TI6.2.6 Débit Internet mobile en moyenne

Cet indicateur permet d'apprécier la capacité du réseau télécom à absorber les besoins en bande passante des collaborateurs en situation de mobilité en moyenne pour supporter l'activité de l'entreprise. Il révèle l'importance des moyens que l'entreprise accorde au travail en mobilité, les offres télécom qu'elle souscrit devant être adaptées aux moyens requis par les collaborateurs.

- 1 : [10-20 %[des besoins en bande passante en moyenne sont satisfaits.
- 2 : [20-40 %[des besoins en bande passante en moyenne sont satisfaits.
- 3 : [40-60 %[des besoins en bande passante en moyenne sont satisfaits.
- 4 : [60-95 %] des besoins en bande passante en moyenne sont satisfaits.
- 5 : Plus de 95 % des besoins en bande passante en moyenne sont satisfaits.

Synthèse des indicateurs selon le type d'organisation

Une croix dans une case du tableau signifie que l'indicateur est applicable pour la catégorie d'organisation considérée.

Indicateur	Type d'organisation	TPE et petite PME, petite association	Grande PME et grande entreprise	Administration, grande association
TI1.1.1	Existence d'un schéma directeur numérique		X	X
TI1.2.1	Degré d'évolutivité des principales solutions techniques de l'organisation (services essentiels)	X	X	X
TI1.3.1	Simplicité d'utilisation de la solution d'identification	X	X	X
TI1.3.2	Niveau de sécurité de l'identification	X	X	X
TI1.4.1	Propension à ouvrir ses données	X	X	X
TI2.1.1	Capacité à capter l'internaute de façon universelle		X	X
TI2.2.1	Niveau moyen d'accessibilité des sites de l'organisation		X	X
TI2.3.1	Degré de présence de l'organisation *via* les sites	X	X	X
TI2.3.2	Degré de présence de l'organisation *via* les médias sociaux	X	X	X
TI2.3.3	Niveau des noms de domaine utilisés	X	X	X
TI3.1.1	Degré de conformité des sites et des applications aux standards	X	X	X
TI3.2.1	Capacité à conserver ou progresser dans son degré de conformité des sites et des applications aux standards		X	X
TI4.1.1	Taux de disponibilité des principaux sites sur l'année écoulée	X	X	X
TI4.2.1	Niveau de vigilance par rapport à une crise numérique	X	X	X
TI5.1.1	Décalage entre le numéro de version installée et la dernière version disponible		X	X

TI5.2.1	Niveau de maturité de la politique de sécurité	X	X	X
TI5.2.2	Vecteur DICI global	X	X	X
TI5.3.1	Nombre d'heures de non-enregistrement de données dans les bases se traduisant par une quantité d'informations des systèmes d'information (et sites, applications web)		X	X
TI6.1.1	Niveau d'équipement moyen du collaborateur	X	X	X
TI6.1.2	Qualité du réseau télécom		X	X
TI6.2.1	Pourcentage de collaborateurs ayant accès à Internet	X	X	X
TI6.2.2	Bande passante		X	X
TI6.2.3	Débit Internet fixe au pic de connexion	X	X	X
TI6.2.4	Débit Internet fixe en moyenne	X	X	X
TI6.2.5	Débit Internet mobile au pic de connexion		X	X
TI6.2.6	Débit Internet mobile en moyenne		X	X

POINTS CLÉS

- Bâtissez votre présence pour être visible de vos cibles sur Internet et selon les supports de connexion, et cultivez-la en permanence.
- Choisissez des outils qui vous rendent indépendant de la technique.
- Pensez APIs, réutilisabilité et simplicité d'utilisation.
- Ayez des sites disponibles à tout moment et des données sauvegardées.
- Mesurez vos progrès dans la transformation digitale de vos technologies selon six critères : architecture, exhaustivité de la présence, respect des normes et des standards, continuité de service, processus, outils de productivité.

Chapitre 5

Levier : personnel

Présentation

L'entreprise digitale s'appuie largement sur les technologies et suppose que les collaborateurs les maîtrisent. En effet, sans maîtrise par l'ensemble des collaborateurs, les technologies constituent des freins à l'exercice du métier de tout un chacun et la promesse d'une entreprise plus fluide devient intenable.

Il ne s'agit pas seulement d'envoyer les collaborateurs en formation de temps en temps pour qu'ils apprennent à se servir d'un Intranet ou des fonctionnalités du *smartphone* mis à leur disposition par l'employeur. Il s'agit aussi d'insuffler une culture de l'apprentissage permanent. Une culture qui rend le collaborateur acteur de sa formation permanente, de son apprentissage des technologies et des usages qui facilitent son quotidien, de sa curiosité à en découvrir de nouveaux susceptibles de l'aider dans l'exercice de son métier, de sa volonté de les partager avec ses collègues. Autant de qualités favorisées par un management responsabilisant, sans pour autant dédouaner l'entreprise de sa responsabilité de mettre à disposition des collaborateurs les supports nécessaires (voir à ce sujet les critères O3. Implantation des activités numériques (p. 51) et O5. Management du levier organisation, p. 53).

L'entreprise digitale est aussi éminemment collaborative. L'état d'esprit qui y règne favorise le partage entre tous : partage des informations pour permettre à chacun d'agir au plus vite, partage des savoir-faire pour améliorer l'efficacité opérationnelle de chacun. L'approche collaborative favorise la porosité entre les départements de l'entreprise. Elle facilite aussi la continuité de l'activité en permettant par exemple le remplacement inopiné d'un collaborateur, une continuité de l'activité d'autant plus critique pour une entreprise « ouverte 24 heures sur 24, 7 jours sur 7 ».

Enfin, l'entreprise digitale est tournée vers l'extérieur ; d'abord en priorité vers ses clients bien sûr, et plus généralement vers l'ensemble de ses parties prenantes. Les collaborateurs ne sont pas seulement recrutés pour leur expertise ou leur savoir-faire métier. Ils sont aussi considérés comme des ambassadeurs de l'entreprise. Un rôle d'ambassadeur que l'entreprise peut encourager, valoriser et bien sûr encadrer. Les collaborateurs de l'entreprise digitale se sentent ainsi libres (dans le respect de la charte édictée par l'entreprise et bien sûr de leur contrat de travail), d'interagir au travers des médias sociaux avec l'ensemble des parties prenantes.

Nos recherches bibliographiques ne nous ont pas permis d'identifier de modèle de maturité des personnels d'une entreprise digitale. Aussi, les indicateurs que nous proposons pour le levier personnel s'inspirent de notre expérience de la transformation digitale des entreprises dans lesquelles nous avons travaillé ou que nous avons conseillées. Gageons que les sociologues des organisations compléteront notre proposition.

« La transition numérique du groupe ne va pas être portée par les 10 % les plus geeks d'une catégorie »

Interview de Franck La Pinta, responsable de la stratégie digitale et de la communication externe RH du groupe Société Générale

Pour la formation du personnel au numérique des organisations – qui est un processus permanent – que recommandez-vous ? Quels critères sont pertinents à mesurer et à suivre et pourquoi ?

Je pense qu'il faut distinguer un aspect formation et un aspect sensibilisation, qui tous deux doivent contribuer à améliorer la maturité et la culture digitales des collaborateurs.

Le premier, la formation, s'effectue plutôt de façon descendante : elle est conçue par les équipes de formation et séquencée dans le temps avec des rendez-vous fixés à l'avance. Le contenu de ces formations varie peu d'un collaborateur à un autre, à travers un parcours ou une session sur des sujets et des populations définis à l'avance. La logique est celle du plan de formation fixé en début d'année par le manager et/ou les RH, le plus souvent à l'initiative de l'entreprise.

Le second aspect, la sensibilisation, est plutôt à l'initiative du collaborateur qui va décider ou non de « consommer » cette information délivrée par l'entreprise, ou disponible à l'extérieur de l'entreprise. Elle consiste à diffuser une information plutôt au fil de l'eau pendant l'année et vise surtout à convaincre les collaborateurs d'entretenir eux-mêmes ce flux en allant chercher régulièrement de l'information, par exemple sur Internet, pour entretenir leurs connaissances. Cet enjeu est d'autant plus important que l'environnement de l'entreprise, les techniques, la concurrence, les usages des clients évoluent rapidement.

En tout état de cause, un module de formation de type « découvrir le digital » au sein de l'entreprise ne sera pas suffisant, même s'il est indispensable, car il n'est que ponctuel.

En outre, on peut considérer deux dimensions :

- Le socle commun – ce que l'on veut donner comme base minimale à l'ensemble des collaborateurs de l'entreprise en matière de numérique – avec, dans ce cadre, des liens avec la vision et la stratégie de l'entreprise : où va l'entreprise, comment est-elle impactée par le digital, etc.

- Un second niveau, plus lié à des activités ou des métiers particuliers. Par exemple, les équipes de marketing, les conseillers en agence bancaire, les plateformes téléphoniques au SAV que l'on doit former. Il ne s'agit plus de partager un socle commun de connaissances, mais de se focaliser sur l'impact du digital sur les métiers et sur leur façon de le faire en particulier. Dans le cas des fonctions «support», pour les RH par exemple, l'enjeu du digital est double car cela va impacter la façon de travailler, mais aussi la façon de servir les clients internes. Premier exemple, les équipes de recrutement vont devoir modifier leurs techniques d'approche des candidats pour s'adapter à leurs nouveaux usages, et dans le même temps, comprendre quelles sont les compétences nouvelles liées au digital que l'entreprise va avoir besoin de recruter. Autre exemple, celui de la formation : introduire des MOOC modifie la manière de délivrer des formations, donc de faire son métier. Développer des modules de formations sur le digital servira en revanche à accompagner la transformation du groupe.

S'agissant des critères pour évaluer ces actions, on pourrait envisager de monitorer le pourcentage de collaborateurs ayant suivi la formation de base au numérique. Un autre critère pourrait être le baromètre de l'appétence au digital des collaborateurs (avec des modules où l'on pose des questions sur le mobile, le digital, les données personnelles, la sécurité, etc.) et où l'on évalue le niveau de connaissance de sujets particuliers, la sécurité sur Internet, le changement des comportements clients. Et on reconduit le baromètre en l'adaptant d'une année sur l'autre.

Quelles sont les données de partage les plus pertinentes pour les projets collaboratifs et l'augmentation des savoirs d'une organisation ?

La première donnée est le profil des collaborateurs, leurs compétences et leurs domaines d'expertise, éventuellement les sujets et les missions sur lesquels ils travaillent qui ont du sens à être partagés en interne. La seconde concerne les informations sur les clients externes, au sens large (clients, prospects, candidats). De nombreux départements vont disposer de données éparses sur des populations identiques, sans toujours avoir les moyens techniques de les partager. Dans l'entreprise, des populations différentes possèdent une partie des informations sur un même client.

La difficulté est inhérente au partage des projets eux-mêmes. En effet, des projets sont menés en parallèle par différentes équipes, de dépar-

tements divers, ce qui induit des problèmes de cohérence et de gaspillage. En outre, ce qui est appris sur les projets n'est pas suffisamment partagé. Or, il est pertinent de mettre en commun sur une plateforme les projets en cours et leurs avancements.
Les profils des personnes qui rejoignent les projets ont une valeur particulière qui peut être très utile au projet, mais que l'on peut avoir du mal à identifier. Ce peut être les connaissances des clients pour les commerciaux, des candidats pour les RH, des analystes financiers, des journalistes qui pourraient être capitalisées à travers des projets collaboratifs. Or, il n'est par exemple pas possible aujourd'hui de savoir si un jeune diplômé qui postule est lui-même client de l'entreprise ou si ses parents sont clients. C'est pourtant une information importante, car même si cela ne modifie en rien sa valeur en tant que candidat, il est important de savoir en mesurer l'impact en termes d'image.
On peut imaginer une règle de gestion pour les projets collaboratifs qui soit par défaut la nécessité de partager. Les exceptions seraient, par exemple, l'existence de certaines données confidentielles ou le besoin d'en connaître.

Comment animer une communauté d'ambassadeurs de la marque pour que la marque employeur ait ses propres VIP et communiquer efficacement à moindre coût sans tomber dans le travers publicitaire ou intrusif?

On peut avoir deux grandes familles d'ambassadeurs :

- Des ambassadeurs officiels. Dans ce cadre-là, ils sont officiellement mandatés, formés ou du moins outillés et on a l'assurance que le discours cadre avec le discours officiel de l'entreprise. Mais à l'inverse, ces personnes peuvent être considérées par les internautes comme moins crédibles car elles portent la parole officielle ; on se contente ici de disposer d'autres « speakers officiels » mais qui présentent l'avantage de relayer fidèlement le discours de la marque en lui donnant une plus grande visibilité.
- À l'opposé, des ambassadeurs libres de dire ce qu'ils pensent de l'entreprise. La limite étant la réserve vis-à-vis de leur employeur si c'est le cas. Tant qu'il n'y a pas de dénigrement, ils peuvent s'exprimer librement, et c'est ce que vont rechercher les candidats. Ces ambassadeurs libres, même s'ils sont parfois « outillés » par les entreprises, garderont la liberté de porter ou pas un discours.

Chacune de ces deux options présente ses avantages et ses inconvénients. Il est possible pour l'entreprise de naviguer entre les deux. Pour autant, laisser la parole à des collaborateurs n'est pas en faire des ambassadeurs. Il convient d'expliquer, d'outiller ce qu'est l'entreprise, son activité, sa stratégie. Libre à eux de reprendre ces éléments en partie ou non. Sinon, il ne s'agit pas d'ambassadeurs mais de personnes qui s'expriment.

L'entreprise peut également identifier des collaborateurs présents sur les réseaux sociaux puisqu'ils ont *de facto* une appétence pour le numérique. Elle peut les solliciter pour la promotion de l'entreprise de façon plus active à l'extérieur. Elle doit également surveiller et contrôler ce qui est dit par des collaborateurs qui, en s'exprimant librement sur les médias sociaux, peuvent dépasser ce devoir de réserve. Il est dans tous les cas préférable de prévenir ce genre d'incidents. Ainsi, nous avons développé une série de mini-films diffusés en interne qui mettent l'accent sur certains risques liés aux médias sociaux, et qui adoptent un ton pédagogique pour donner des conseils qui servent dans la vie de tous les jours. Il n'est, par exemple, pas concevable de publier des critiques à l'encontre d'un client ou d'un manager.

Le journaliste Nikos Aliagas (@nikosaliagas) disait par exemple que sur les réseaux sociaux, il s'exprime à titre personnel et pourtant, il s'impose un droit de réserve vis-à-vis de ses employeurs. En effet, dans l'esprit du public, il est associé à une marque : la chaîne de TV ou la station radio dans laquelle il travaille. Aussi s'oblige-t-il de fait à ne pas publier telle ou telle information qui pourrait avoir un impact négatif sur ses employeurs. On voit ici qu'il est souvent difficile de définir une frontière nette entre le collaborateur et son entreprise, même si celui-ci s'exprime à titre privé alors qu'il est facile de l'associer à son employeur.

Aujourd'hui, des collaborateurs de l'entreprise sont présents sur les médias sociaux pour faire de la veille, benchmarker leur entreprise par rapport aux concurrents, appartenir à des groupes. Parallèlement, beaucoup de candidats cherchent des informations sur un poste *via* les personnes qui travaillent dans l'entreprise pour connaître la réalité du poste. Ainsi, lorsque l'on saisit une marque sur le moteur de recherche de LinkedIn, la probabilité de toucher des personnes qui ne travaillent pas dans la sphère des RH est élevée. Cela soulève des questions :

- Les RH ne devraient-elles pas être plus visibles sur les médias sociaux ?
- Les collaborateurs *lambda* sont-ils plus/moins légitimes pour identifier des bonnes compétences sur ces réseaux plutôt que les RH ?

Comment une entreprise comme la Société Générale peut-elle inculquer une culture du numérique à son personnel et en particulier quels sont les leviers pour la conduite du changement auprès de la génération X et avant ?

On ne peut pas inculquer une culture numérique globalement. Néanmoins, il est nécessaire de décliner des actions selon les populations. Par exemple mettre en place des actions spécifiques pour les top managers du groupe, d'autres pour des métiers bien spécifiques, d'autres enfin pour l'ensemble des collaborateurs. Il est possible d'opérer une approche à la fois par strates car le niveau d'information à délivrer selon les strates de l'entreprise varie et également à l'intérieur de ces strates. Il existe des niveaux hétérogènes à combler car on ne peut pas considérer que la transition numérique du groupe va être portée par les 10 % les plus geeks d'une catégorie. L'entreprise doit mettre en place une « voiture-balai » pour qu'il n'y ait pas de laissés-pour-compte du numérique au sein du groupe. La transition numérique ne peut pas être la future fracture au sein des entreprises. Cela permet aux salariés de mener à bien les missions qui leur sont confiées et également de maintenir leur employabilité face aux changements induits par le numérique.
Il est également possible d'instaurer du « *reverse mentoring* » avec des « petits jeunes » qui vont expliquer le numérique aux seniors de l'entreprise. Cela ne peut s'opérer que pour les membres du comité exécutif et non pour l'ensemble de l'entreprise. On va adapter les modalités à la population à laquelle on s'adresse et à son étendue, examiner les compétences qu'il est indispensable qu'elle connaisse.
Un membre du comité exécutif n'a pas besoin de savoir comment fonctionne précisément LinkedIn ou Twitter. En revanche, il doit comprendre quels sont les impacts sur le business ou comment ces outils peuvent aider le business. En revanche, un responsable de SAV ou de la relation clientèle, au même titre qu'une personne en charge du recrutement aux ressources humaines, doit connaître les fonctionnalités avancées de LinkedIn pour ses usages au quotidien.

À l'intérieur de ces populations, on peut avoir un recruteur qui a un profil LinkedIn et qui l'utilise régulièrement. Le niveau d'information ne va pas être le même : la sensibilisation et la montée en compétence pour l'un et l'utilisation des fonctions avancées et l'expertise pour l'autre.

Est-ce qu'établir une GPEC en matière de numérique pour une grande organisation est judicieux compte tenu de la rapidité des changements et d'obsolescence de certaines technologies ?

Oui, il est indispensable de le faire – ou du moins intégrer les impacts du numérique dans les métiers. Cela peut signifier bâtir une GPEC dédiée aux métiers du numérique de son entreprise. Cela peut également consister à intégrer dans sa GPEC les impacts qu'auront le numérique sur les métiers. Ensuite, il est nécessaire de se pencher sur les compétences manquantes soit pour les développer en interne, soit pour aller les chercher ailleurs.
Une GPEC en matière de numérique a un sens malgré l'évolution rapide des technologies. Toutefois, cet exercice de projection est de fait plus délicat. Aussi, il conviendrait de définir une GPEC à géométrie variable et avec une échelle de temps plus courte pour diminuer l'incertitude.
Ensuite, il faut avoir la capacité de remettre en cause et de faire évoluer cette GPEC en se focalisant sur certains métiers : par exemple, les fiscalistes seront-ils autant impactés par le numérique que les marketeurs ? Sûrement pas !
Concrètement, il s'agit plus de développer un état d'esprit chez les collaborateurs plutôt qu'une connaissance des technologies qui sont par ailleurs rapidement évolutives. Cela revient à développer chez les équipes techniques la culture de veille, d'autoformation permanente, d'ouverture intellectuelle et de curiosité. Ce sont aussi des éléments indispensables pour l'employabilité de chacun. Alors que certains développeurs se sont dits d'eux-mêmes « il faut que je me mette à HTML5 », d'autres en revanche ont attendu qu'on le leur demande. Ce sujet de sensibilisation et de formation comprend les dimensions individuelles et collectives. L'enjeu est de convaincre les collaborateurs de maintenir leur valeur sur le marché de l'emploi, c'est-à-dire d'être au fait que le recrutement par exemple devient mobile, social pour ne pas avoir à se poser la question de son employabilité demain.

Critères

Nous proposons de caractériser le personnel d'une entreprise engagée sur le digital suivant trois critères répondant aux questions structurelles de ce type d'entreprise :

- Formation : comment les collaborateurs maîtrisent-ils les outils du numérique ? Quel effort de formation consacrent-ils à l'apprentissage de ces outils ? Quelle est leur volonté d'être acteurs de leur auto-apprentissage ? Comment mettent-ils en œuvre au quotidien les outils numériques auxquels ils ont été formés ?
- Partage : quelle est la propension à publier sur les espaces collaboratifs les données produites par les collaborateurs ? Quelle confiance les collaborateurs ont-ils dans les espaces collaboratifs ? Comment l'entreprise assure-t-elle la continuité d'activité avec les outils numériques en place ?
- Ambassadeur de la marque : à quel point les collaborateurs sont-ils ambassadeurs de la marque ?

P1 Formation

Ce critère vise à apprécier la maîtrise des technologies numériques par l'ensemble des collaborateurs, y compris les cadres dirigeants de l'entreprise. On parle ici des technologies de base qui permettent à tous de réaliser les travaux dont ils ont la responsabilité, et non de technologies mises en œuvre par les professionnels du digital.

La maîtrise des outils numériques par tous les collaborateurs de l'entreprise est absolument indispensable. Elle assure que chacun peut exercer son métier en tirant parti des technologies. Elle permet à l'entreprise de capitaliser sur les gisements de données produites par les collaborateurs et les traces qu'ils laissent au travers des outils numériques. Un capital utilisé, non pas pour surveiller les collaborateurs, mais plutôt pour valoriser l'information, accélérer les processus opérationnels, manager de manière plus moderne et, bien sûr, innover de manière collaborative.

En revanche, ce critère ne porte pas sur le catalogue de formation aux technologies, ou encore sur le portefeuille d'outils mis à la disposition des collaborateurs. On s'intéresse bien au personnel et à son appropriation des technologies utiles à son métier et au fonctionnement optimal de l'entreprise digitale.

P2 Partage

Ce critère permet d'évaluer l'engagement des collaborateurs dans le partage au travers des plateformes collaboratives mises à leur disposition. L'information partagée facilitant le transfert et l'enrichissement des connaissances entre collaborateurs, ce critère s'intéresse aussi à la capacité de relais opérationnel sans couture entre collaborateurs.

Par leurs actions au quotidien, en renonçant à certaines pratiques obsolètes et de faible valeur ajoutée (par exemple, impression d'un document stocké sur l'ordinateur personnel pour le transmettre à un collaborateur au lieu de publier le document sur l'espace collaboratif et d'en indiquer le lien au collaborateur au travers de cet espace), les collaborateurs de l'entreprise digitale créent un capital informationnel et participent activement à la fluidification des processus opérationnels.

On ne s'intéresse pas ici à ce qui est partagé (la qualité des contenus), mais bien à la propension au partage. La nature même des informations partagées n'est pas non plus étudiée au travers de ce critère, dans la mesure où cette nature dépend fortement du type d'activité de l'entreprise.

P3 Ambassadeur de la marque

Ce critère apprécie l'engagement des collaborateurs en tant que porte-parole de la marque, en particulier au travers des médias sociaux.

L'entreprise digitale étant tournée vers l'extérieur, les collaborateurs se sentent naturellement tous porteurs des valeurs de la marque, et pas seulement des experts de leur domaine (par exemple, contrôleur de gestion, vendeur, développeur informaticien, etc.). À ce titre, ils sont les premiers fans de la marque.

Cependant, ce critère ne présage pas de la qualité des contributions des collaborateurs ou de leur impact sur l'image de l'entreprise. Il ne fait pas non plus l'hypothèse que tous les collaborateurs doivent communiquer au nom de l'entreprise au travers des médias sociaux, mais bien que ceux dont le métier n'est pas de communiquer sont des acteurs de la communication de l'entreprise au travers du digital.

« Le digital permet de reconnecter l'entreprise sur elle-même, et de donner de la place aux collaborateurs »

Interview de Stéphane Hugon, sociologue et fondateur de l'Institut Eranos.

Vous étudiez l'adoption du digital dans de nombreuses entreprises : comment favoriser une culture digitale dans une entreprise traditionnelle ? Quid du choc des générations par rapport à cette culture ?

J'ai pu constater que le digital ne doit pas seulement être entendu comme une technologie, mais davantage comme le signe d'une transformation globale et profonde qui affecte les sociétés au sens civil comme au sens commercial du terme. Le digital est probablement une manifestation d'une mutation culturelle profonde. Par mutation, j'entends une transformation de la manière dont les personnes vivent ensemble, travaillent ensemble, consomment ensemble. Ces phénomènes affectent directement l'entreprise, dans la mesure où les questions de la confiance, d'expertises, de la perception de la valeur, du temps de travail et de loisir, et bien d'autres encore, sont bouleversées.

Ceci veut dire qu'avant de parler du digital dans l'entreprise, en tant qu'outil et technologie, il faut se poser la question du projet d'entreprise dont la culture managériale sera la conséquence, et dont l'outil technologique – donc le digital – sera le bras armé. Si par digital on

entend une accélération des processus, une optimisation des flux, une recherche pertinente des échanges d'information, une meilleure disponibilité et identification des ressources et des talents, alors on doit se dire que son adoption doit être précédée d'une grande introspection et d'une cartographie la plus fine sur ce qu'est l'entreprise à l'instant *t* et sur ce que l'on souhaite qu'elle devienne.
Ensuite seulement, le digital pourra trouver du sens dans l'organisation. N'oublions pas qu'une implémentation de nouveaux outils a parfois été une catastrophe pour certaines entreprises. Certains réseaux sociaux ont rompu des logiques de confiance, ou des légitimités d'encadrants. Pour répondre donc plus directement à votre question, le dossier technique gagne toujours à être une conséquence voulue, maîtrisée, et répondant à un projet à la fois précis, compris et partagé par les collaborateurs de l'entreprise. Ceci limite les inerties à l'usage, et les résistances passives qui plombent bon nombre de projets de digitalisation depuis les cinq ou huit dernières années en Europe.

Comment évaluez-vous la maturité des collaborateurs d'une entreprise dans leur appropriation du digital au service de l'entreprise ?

La maturité est liée aux formations des personnes bien entendu, mais elle est aussi liée aux métiers et aux secteurs d'activité de l'entreprise. On sait que certains secteurs ont d'emblée donné la part belle au digital. Pas seulement les secteurs de pointe, mais aussi et surtout les secteurs qui avaient dans leur culture une nécessité d'échange et de partage de données au cœur de leur activité. Pensons à certains secteurs industriels, à la filière graphique, à la presse traditionnelle qui ont dû, bien avant le digital, inventer des méthodes de travail collectif, parfois synchrones, en tout cas des situations collaboratives qui existaient peu dans d'autres secteurs. Là encore, la maturité ne doit pas seulement s'évaluer à la capacité des personnes à intégrer de nouvelles manières de travailler, mais bien plus dans des compétences relationnelles, des capacités d'écoute, voire des aptitudes à la remise en question. On dit d'ailleurs que les publics les moins prêts à s'approprier le digital sont la tranche des 45-60 ans, ceux-là même qui disposent de l'expérience la plus forte, et qui généralement disposent du pouvoir et de la légitimité dans les entreprises...

Les entreprises françaises vous semblent-elles souffrir de freins culturels à la mise en œuvre d'une stratégie digitale ? Que préconisez-vous pour y remédier ?

Il est vrai que les entreprises européennes, et françaises en particulier, sont l'expression directe de notre imaginaire du travail et de la hiérarchie tel qu'il s'est construit à travers notre culture judéo-chrétienne. Le modèle français est marqué par la figure de l'inventeur, par l'empreinte du *pater familias*, et de toutes les variations du patron, du père et de la figure autocratique. Pendant longtemps, toutes les organisations françaises – y compris des structures non économiques – ont gardé ce schéma directeur et ces types de relations sociales.

De plus, un centralisme – pour ne pas dire parisianisme – qui s'exprime dans nos médias, nos réseaux de transport, nos Grandes Écoles et nos structures administratives constituent une architecture à la fois managériale et fonctionnelle qui semble être en tout point différente de ce qui émerge avec le digital – pensons à tout le web social, les modèles ouverts, les modèles contributifs et fondés sur le « crowd ». On a une opposition de modèles que l'on résume souvent par la différenciation du vertical et de l'horizontal.

Ceci peut constituer un frein à la compréhension et la mise en œuvre du digital dans nos entreprises. On constatera, par exemple, que certaines PME voire TPE se sont construites de manière différente, en choisissant d'emblée des hiérarchies courtes, c'est-à-dire des relations plus directes entre les niveaux de responsabilité, en pratiquant des cycles d'évaluation et de reporting plus courts, voire quasi immédiats, comme Thereco a choisi de le faire. Au-delà de l'agilité dont on parle aujourd'hui, le digital doit permettre une certaine organicité.

On constate en France de grandes diversités d'intégration des TIC. Pour faciliter le passage vers le digital, il est donc utile de partir d'une reprise en compte des collaborateurs et de poser à nouveau la question de la responsabilisation de chacun, comme le pratique le groupe La Poste. Responsabilisation, visibilité des collaborateurs, différenciation des pratiques, stimulation interindividuelle... le digital est l'instrument d'une nouvelle définition du collaborateur et de son implication dans l'entreprise.

Quelles grandes tendances sociétales liées au digital et aux entreprises vos travaux de recherche vous ont-ils permis d'identifier ?

La société s'est davantage transformée en une dizaine d'années qu'elle ne l'avait fait depuis l'après-guerre. Il s'agit d'un véritable phénomène

d'accélérationde l'histoire. Mais comme nous l'évoquions, il s'agit davantage d'une mutation de *l'être ensemble*, du lien social, de la hiérarchie, la confiance, la légitimité que d'une simple conséquence technologique. Et l'on peut donc dire que les phénomènes démographiques tels la séniorisation de la société, l'abandon d'une certaine appétence au futur et au long terme, la saturation de l'organisation purement rationnelle des structures, les dynamiques de confiance par l'exemplarisme, les nouvelles formes de leadership et de charisme, l'enjeu du quotidien du travail et des qualités relationnelles, l'affaiblissement du narcissisme individuel... tout ceci dessine une culture du *travailler ensemble* qu'il n'est pas toujours facile – et pas toujours vertueux - d'accueillir dans l'entreprise.
Les entreprises d'aujourd'hui sont plus que jamais en immersion dans la société civile. Les murs de l'entreprise sont poreux, les collaborateurs apportent bien souvent leurs histoires de vie, leurs rythmes, voire leurs difficultés dans le cœur de l'espace de travail. Ce qui peut paraître comme de l'inconséquence, ou parfois un manque de savoir-être pour les encadrants, constitue pourtant un flux sociétal qui peut s'inverser en une forme de cohésion nouvelle des équipes. Le digital en est souvent l'écho, en tout cas, sur sa dimension relationnelle.

Comment entretenir un climat favorable à l'apprentissage permanent et au partage ?

Il existe différentes manières de susciter ce climat d'apprentissage permanent. La première chose consiste à valoriser les expertises et les savoirs existants déjà dans l'entreprise. Il faut savoir sortir d'un sentiment de culpabilité que ressentent beaucoup de collaborateurs lorsqu'ils sont confrontés à des outils qu'ils ne connaissent pas, et que les plus jeunes – voire leur propres enfants – connaissent mieux. Un bénéfice très souvent constaté lorsqu'on installe un réseau social d'entreprise est le fait de découvrir que l'entreprise regorge de talents inexploités car méconnus – et parfois même en «googlant» ses collègues, on découvre aussi des talents cachés. Le digital permet de reconnecter l'entreprise sur elle-même, et de donner de la place aux collaborateurs. Ceci génère une certaine appétence au partage, à l'amélioration des compétences, à la curiosité.
Une autre méthode consiste à permettre à des personnes qui n'ont pas l'occasion fonctionnelle de se rencontrer dans l'entreprise de venir partager avec d'autres. J'ai eu par exemple l'occasion d'organiser récemment dans une grande entreprise du domaine pharmaceutique des ateliers qui ont permis à des jeunes arrivants de rencontrer des

gens qui étaient à six mois de la retraite. Ceci a permis de générer un échange inattendu, puis de rendre légitime un réseau social d'entreprise où des personnes qui ne se connaissaient pas apprenaient à entrer en contact avec d'autres sans autre forme d'introduction ou de présentation. Certains par exemples ont mis en place une boîte à idées communes sur des problèmes de relations clients, d'autres ont décidé de lister des mots-clés sous formes de tags afin d'identifier des problèmes récurrents et de proposer les bonnes pratiques et solutions identifiées. C'est le cas par exemple chez Tilly, au sein du groupe Pernod-Ricard ou encore chez Ijenko. Ceci a pour objet de permettre à ce que les innovations, en particulier dans le digital, ne soient pas toujours issues des mêmes sources dans l'entreprise, mais empruntent les schémas de distribution qui sont le propre des outils digitaux.

Sous-critères

P1.1 Niveau

Ce sous-critère vise à apprécier la maîtrise des technologies numériques par l'ensemble du personnel. Il met aussi l'accent sur les cadres dirigeants dont l'exemplarité reste clé dans une phase de transformation digitale de l'entreprise.

P1.2 Acquisition de savoir imposé

L'effort que l'entreprise consacre à la formation de ses collaborateurs aux technologies numériques se traduit à la fois en volume d'heures de formation (quantitatif) et en nature des cours disponibles (qualitatif). L'hypothèse étant qu'au fur et à mesure de la progression de sa maturité digitale, l'entreprise encourage ses collaborateurs à consacrer un temps plus important à leur formation aux technologies numériques, sur des technologies de plus en plus pointues.

P1.3 Acquisition de savoir par curiosité propre et veille

L'entreprise digitale met à disposition de ses collaborateurs un catalogue de formations aux technologies numériques, incite ses collaborateurs à suivre les formations (présentielles et en *e-learning*) et encourage la curiosité des collaborateurs. Le postulat sous-jacent étant qu'une entreprise est d'autant plus mature dans le digital que ses collaborateurs sont acteurs de leur découverte et de leur apprentissage des technologies et usages du numérique. Cela reflète une moindre peur vis-à-vis de ces technologies, un comportement de chacun encourageant l'apprentissage par essais et erreurs. La démultiplication des expériences de chacun, doublée d'un partage entre collaborateurs, favorise l'identification de technologies et d'usages améliorant l'efficacité opérationnelle de l'entreprise. Dans un monde où les innovations foisonnent et où la valorisation au premier entrant est primordiale, la curiosité de chaque collaborateur est un facteur clé de développement de l'entreprise digitale.

P1.4 Adéquation

Ce sous-critère permet d'apprécier les habitudes prises par les collaborateurs d'utiliser les moyens numériques pour dépasser les contraintes physiques. Par exemple, conduire une réunion d'une instance de gouvernance numérique au travers d'une web conférence au lieu de la conduire dans une salle de réunion, certains participants requis étant dans l'incapacité de rejoindre le lieu de la réunion du fait des conditions climatiques (averse de neige). Ainsi, l'entreprise digitale met à disposition de ses collaborateurs des outils utiles dans leur quotidien, les forme à ces outils et les collaborateurs les utilisent de manière fluide. L'adéquation entre les moyens technologiques déployés et la maîtrise de ces moyens par les collaborateurs conduit à des réflexes d'usage améliorant la productivité de l'entreprise.

P2.1 Données

Ce sous-critère vise à apprécier la propension des collaborateurs à alimenter les outils de partage mis à leur disposition pour le bénéfice de tous ou des personnes habilitées à l'intérieur et à l'extérieur de l'organisation. L'entreprise digitale reposant sur une grande fluidité de l'information, il est primordial que les collaborateurs aient le réflexe de publier les informations qu'ils produisent plutôt que de les garder pour eux comme de précieux trésors.

P2.2 Acteurs

L'entreprise digitale transmet les informations pertinentes aux acteurs opérationnels pour augmenter la valeur et les relations entre les personnes indépendamment de l'organisation hiérarchique ou des projets. Le but est de garantir la continuité d'utilisation des outils en cas d'absence d'une personne habilitée (par exemple, le webmestre ou le *community manager*), y compris avec les acteurs externes impliqués (par exemple, ESN* ou infogérant). Cette continuité d'activité propice au fonctionnement de l'entreprise en 24 heures sur 24, 7 jours sur 7, se fait dans le respect des habilitations données à chacun, à leur entrée ou en fonction de leur évolution dans l'entreprise, et qui leur sont retirées lorsqu'elles ne sont plus applicables pour garantir la sécurité.

P3.1 Quantitativement

Les collaborateurs de l'entreprise digitale sont actifs sur les médias sociaux, défendent fièrement les valeurs de leur entreprise, sont engagés dans le dialogue avec ses parties prenantes (clients, fournisseurs, partenaires, pouvoirs publics, médias, etc.). Ce sous-critère permet d'apprécier le volume de contributions publiées par les collaborateurs se revendiquant de la marque, qu'il s'agisse d'articles de blog, de commentaires, de tweets, de partages, etc. Les collaborateurs ayant l'habitude de communiquer au travers des médias sociaux, en maîtrisant les outils et les usages, sont autant de porte-parole qu'il pourra être utile de solliciter, par exemple pour soutenir le lancement d'une nouvelle offre, ou pour lutter contre une attaque de la réputation de l'entreprise.

P3.2 Qualitativement

L'engagement des collaborateurs sur les médias sociaux ne s'apprécie pas qu'au travers de l'aspect quantitatif. De la même manière que dans le marketing digital, il ne suffit pas que la page Facebook d'une marque soit « likée » pour que la marque soit « aimée », il ne suffit pas que les collaborateurs soient actifs sur les médias sociaux pour que cette activité contribue à la valeur de l'entreprise. Ce sous-critère porte donc l'attention sur la perception des contributions des collaborateurs par leurs lecteurs.

« Il y a surabondance d'information. Il faut la trier, la mettre en perspective, trouver des experts pour gérer la complexité »

Interview d'Arnaud Rayrole, PDG de Lecko (www.lecko.fr), société de conseil pour les usages collaboratifs et les réseaux sociaux d'entreprise

Au sein de Lecko, vous avez développé une expertise pour les réseaux sociaux d'entreprise (RSE). Avez-vous des exemples d'entreprises qui ont réussi l'adoption de leurs outils participatifs par les salariés faisant mentir la loi des médias participatifs ou loi des 1/10/89 ?

L'erreur est de voir les RSE comme une évolution des systèmes actuels qui gêneraient plus de participation. Les réseaux sociaux d'entreprises sont le catalyseur d'une nouvelle culture. On parle d'entreprise 2.0, entreprise digitale ou numérique peu importe. Il s'agit d'adopter des modèles organisationnels en réseau permettant de mobiliser l'intelligence collective. Cela nécessite un lâcher prise du management, plus de confiance et d'implication de chacun à résoudre collectivement les challenges incessants soumis aux équipes.
Nos constats en entreprises et nos études montrent que dans ce nouveau paradigme les modèles de comportements sont différents.

Il s'agit de savoir si les collaborateurs sont en réseau et en nombre suffisant eu égard à la taille de l'organisation. La notion de réseau était absente dans le précédent paradigme (i.e. sans réseau social numérique) et la seule forme de contribution existante était celle visant à apporter un savoir supplémentaire dans un univers où les informations étaient rares et il fallait les partager. Aujourd'hui, il y a surabondance d'information. Il faut la trier et la mettre en perspective, trouver des experts capables de gérer la complexité.

Les pratiques même contributives sont différentes. Je ne suis plus une source de connaissance mais un nœud dans un réseau. Je vais filtrer, enrichir l'information, mettre en relation, aider, informer ou mobiliser. Le comportement attendu est inévitablement différent.

La règle des 1/10/89 montrait que pour un sachant (i.e quelqu'un qui possède une connaissance, une information partageable) nous avions 10 regards critiques et 89 consommateurs. Ensuite il a été ouvert à tous la possibilité de s'exprimer sur son expertise. Mais la création de valeur restait centrée sur la diffusion de la connaissance. Nous sommes aujourd'hui dans une recherche de la capacité de mobilisation de l'expertise. Le modèle 1/10/89 est une grille de lecture de l'ancien paradigme, celui où la connaissance était rare et l'enjeu de la formaliser et la diffuser.

Nous avons organisé une démarche de benchmark sur la question du développement des usages sociaux et collaboratifs avec une quinzaine d'entreprises dont de très grandes (Air France, Air liquide, Albéa-groupe, Allianz, CDC Climat, Crédit Agricole Creditor Insurance, ENRx, JCDecaux, GDF Suez, Kaufman & Broad, Lafarge, Lecko, Louis Vuitton, Michelin, SimplyMarket, Suez Environnement). Elles ont partagé leurs logs d'activité sur leurs RSE, chaque action de la consultation à la contribution étant tracée Nous avons montré plusieurs choses :

- L'évolution est en cours. La présence numérique et l'engagement progressent. 20 % des initiatives de communauté sont, la phase de construction terminée, autoportées (communauté dont les membres génèrent spontanément des conversations qui vont capter l'attention des autres et susciter d'autres réactions). Mais 50 % des initiatives sont abandonnées au bout de 5 mois. L'adoption est encore très hétérogène à l'échelle de l'entreprise.
- La valeur créée est encore locale et pas encore à l'échelle de l'ensemble de l'entreprise. Les entreprises arrivent sur des sujets et des populations précises, à avoir une majorité d'acteurs mobilisables,

c'est-à-dire intervenant ponctuellement dans les conversations et que l'organisation peut identifier à travers leurs thématiques d'intervention et facilement solliciter.

- Le déploiement d'un RSE ne génère pas en soi un changement de comportement. On voit encore beaucoup d'utilisations des RSE qui s'apparentent à celles des intranets collaboratifs. Le changement des comportements nécessite un accompagnement proactif sur plusieurs mois.

Quels seraient les critères pour évaluer la maturité collaborative d'une organisation (dans ses frontières et au-delà avec l'écosystème avec laquelle elle interagit) ?

La capacité à mobiliser ses collègues face à une problématique. Cela conduit à évaluer différents paramètres :

- densité du réseau et propension de chacun à être abondant, c'est-à-dire partager, réagir et fournir de l'information aux autres, voire être transparent sur son activité. Le big data au sein de l'entreprise par l'analyse des comportements sur les plateformes sociales ouvre de nouvelles possibilités, même si les grandes entreprises sont davantage concernées.
- le mode d'organisation et de management, c'est-à-dire l'intégration de la collaboration au cœur du fonctionnement de l'entreprise. Il s'agit d'une part de mesurer la mutation de sa culture et de son approche Métier et d'autre part d'évaluer la capacité de l'organisation hiérarchique à laisser émerger les initiatives et savoir intégrer dans l'organisation celles qui sont probantes : seul, in fine, l'usage de la collaboration au service de la performance de l'entreprise compte.

Il est possible de mesurer la maturité des collaborateurs en matière de numérique et celle des communautés via des outils collaboratifs. Comment définissez-vous l'engagement des collaborateurs et quel est l'apport d'outils comme RSE Analytics ?

Les nouveaux modèles organisationnels s'appuient sur la mise en réseau des collaborateurs, c'est-à-dire leur capacité à se connecter, faire circuler de l'information, se mobiliser, s'entraider, etc.

Sur les plateformes sociales, nous mesurons l'engagement suivant deux axes : l'activité relationnelle et l'activité conversationnelle. Chacune des typologies d'actions [NDLR on en compte une vingtaine sur

un RSE] comme «publier», «aimer», «s'abonner» contribue plus ou moins à ces deux activités. La pondération et l'amortissement dans le temps de chacune permettent de calculer un score d'engagement. Depuis trois ans nous améliorons avec nos clients notre modèle pour aligner l'indicateur avec la réalité terrain.
Nous avons réalisé un benchmark rassemblant une quinzaine d'entreprises pionnières et montré que l'évolution de l'engagement n'est pas linéaire mais suit une courbe bien caractéristique[a].
Ces recherches nous permettent de proposer aux entreprises des tableaux de bord valorisant la progression des comportements et des points de repères indispensables.
Le big data, pas simplement sous l'angle statistiques qui serait réducteur, est aussi au service de la transformation des entreprises.

Comment les réseaux sociaux d'entreprise vont-ils évoluer ? Voyez-vous une nouvelle étape post 2.0 arriver pour les organisations ?

Nous sommes dans un cycle long de transformation vers l'entreprise digitale. Les outils en sont les catalyseurs. À court terme ils doivent faire la passerelle avec le paradigme précédent pour faciliter l'embarquement (le rendre indolore). Les éditeurs doivent pouvoir mieux interfacer leur solution avec le système d'information social et plus globalement définir des normes. Ainsi les technologies seraient plus interopérables et l'on n'aurait pas de cloisonnement cette fois-ci applicatif. Les fonctions évoluent également. Autrefois suivant les vagues «projets», et pas toujours de manière heureuse lorsque c'était le fruit de longs développements spécifiques, aujourd'hui en continue et de manière homogène avec le cloud. La courbe d'expérience progresse très vite dans la configuration en mode SaaS. Nous avons mesuré que la couverture fonctionnelle des outils de RSE a doublé en 5 ans et nous pensons que cela va continuer sur ce rythme. Le mobile, l'intelligence gagnée avec le big data seront des leviers de progression.
Il y aura probablement lieu d'inventer les termes qui décriront ces évolutions. Le terme «2.0» est déjà supplanté par celui de «social business», «digital workplace» ou «transformation digitale». Tous s'inscrivent dans une dynamique de transformation. Le changement devient un équilibre dynamique, qui devient la norme.

Enfin, comment le partage de savoir sur les outils collaboratifs peuvent-ils être au service de la stratégie de l'organisation avec notamment le traitement des signaux faibles des personnels ?

L'environnement concurrentiel des entreprises évolue de plus en vite. Par exemple, la grande distribution voit apparaître de nouveaux comportements avec la «consommation collaborative» qui remettent en cause sa place dans le circuit de distribution. Des acteurs comme Airbnb démocratisent la location entre particuliers et concurrence l'hôtellerie, les VTC (Véhicule de tourisme) avec Uber en tête génèrent des tensions auprès des taxis, ou bien l'arrivée de Netflix en Europe qui sème l'émoi dans le secteur audiovisuel. Il s'agit soit d'être plus performant, soit de s'aligner sans cesse avec les évolutions des attentes des consommateurs, soit faire face a des approches disruptives de la part d'acteurs venus de nulle part. Les organisations trop hiérarchiques et centrées sur leurs processus n'arrivent pas à faire face à cette nécessaire adaptation et besoin d'innovation dans la mesure où ce fonctionnement est adapté à l'innovation incrémentale et non celle de rupture. La mise en réseau des acteurs les plus volontaires permet de faire émerger des initiatives plus iconoclastes, faire des connections avec des domaines non habituellement étudiées par l'entreprise. Cet apport d'air frais permet d'identifier des opportunités au service de la stratégie de l'entreprise.

(a) Cf. http://referentiel.lecko.fr/publications au sein de l'étude RSE tome 6. Janvier 2014

Indicateurs

P1.1.1 Maîtrise du numérique

Sur la base d'une grille d'analyse des fondamentaux du numérique qui reste à définir de façon collaborative par la communauté et qui sera mise à jour chaque année, cet indicateur se définit comme le ratio de collaborateurs (tous niveaux) maîtrisant les outils mentionnés dans la grille d'analyse :

- 1 : [5-20 %[
- 2 : [20-40 %[
- 3 : [40-60 %[
- 4 : [60-80 %]
- 5 : Plus de 80 %

P1.1.2 Maîtrise du numérique par les principaux cadres dirigeants

S'appuyant sur la même grille d'analyse des fondamentaux du numérique, cet indicateur est identique dans sa définition à l'indicateur précédent, mais en s'appliquant sur une population réduite, celle des cadres dirigeants de l'entreprise :

- 1 : [5-20 %[
- 2 : [20-40 %[
- 3 : [40-60 %[
- 4 : [60-80 %]
- 5 : Plus de 80 %

P1.2.1 Nombre d'heures consacrées par an à la formation numérique par collaborateur

Les formations au numérique, qu'elles soient délivrées en présentiel ou en *e-learning*, couvrent à la fois l'environnement technique et numérique de l'entreprise et les spécificités des technologies. Cet indicateur se définit en décomptant le volume de temps moyen de formation consacré chaque année par collaborateur au numérique, combiné à un taux de collaborateurs ayant suivi au moins une formation numérique :

- 1 : jusqu'à 2 jours de formation en moyenne + 10 % au moins des collaborateurs ayant suivi au moins une formation.
- 2 : [2-4[jours + 20 % au moins des collaborateurs.
- 3 : [4-6[jours + 30 % au moins des collaborateurs.
- 4 : [6-8] jours + 40 % au moins des collaborateurs.
- 5 : plus de 8 jours + 50 % au moins des collaborateurs.

Le niveau de maturité atteint par cet indicateur correspond au plus faible des deux agrégats. Par exemple, si 32 % des collaborateurs ont suivi une formation numérique et que la durée moyenne des formations est de 2,5 jours, le niveau de maturité sera de 2.

P1.2.2 Catalogue de formations au numérique

Cet indicateur apprécie le fait que l'organisation propose un catalogue (en ligne, hors ligne) où chaque collaborateur puisse avoir des moyens de choisir ses formations en accord avec sa hiérarchie et avec les ressources humaines :

- 1 : Existence d'un catalogue de formations au numérique.
- 2 : Benchmark annuel du catalogue de formations au numérique avec l'état de l'art (lutte contre l'obsolescence des programmes).
- 3 : Possibilité pour les collaborateurs de noter les formations, d'être identifiés comme ayant suivi une formation dans les bases de données RH et/ou outils collaboratifs et pouvant être sollicités par des apprenants (partage de retour d'expérience, démonstration sur site, etc.).
- 4 : Enrichissement du catalogue à l'initiative des collaborateurs, élaboration de parcours de formation jalonnés de prérequis.
- 5 : Suivi et évaluation des plans de formation au numérique des collaborateurs. Les cours sont proposés aux collaborateurs et font l'objet d'une évolution et d'une adaptation au gré de l'évolution des technologies, des besoins, de la maturité de l'organisation (ajout, suppression, modification et ce, de façon collaborative).

P1.3.1 Degré de veille d'un collaborateur dans l'acquisition de compétences numériques

Cet indicateur se définit comme le rapport entre le nombre de collaborateurs qui mènent une veille quotidienne tout au long de l'année et la partagent, et le nombre total de collaborateurs de l'entreprise :

- 1 : [5-10 %[des collaborateurs mènent une veille quotidienne de 15 à 45 minutes qu'ils partagent au sein de l'entreprise.

- 2 : [10-15 %[des collaborateurs.
- 3 : [15-20 %[des collaborateurs.
- 4 : [20-25 %] des collaborateurs.
- 5 : Plus de 25 % des collaborateurs.

P1.4.1 Capacité d'utiliser les outils et techniques assimilées dans le cadre des missions du collaborateur

Cet indicateur ne mesure pas la capacité à utiliser les outils numériques, mais plutôt leurs conséquences sur l'efficacité opérationnelle de l'entreprise. Il prend en compte les outils mis à disposition des collaborateurs comme autant de solutions pour résoudre les problèmes de productivité. Par exemple, si une solution de web conférence est disponible, rien n'empêche *a priori* la tenue d'une réunion, même si certains participants indispensables ne peuvent pas physiquement se rendre dans la salle de réunion :

- 1 : Plus de 80 % des problèmes adressables par les outils numériques n'ont pas été adressés dans l'année écoulée.
- 2 : [40-80] % des problèmes adressables par les outils numériques n'ont pas été adressés dans l'année écoulée.
- 2 : [20-40[% des problèmes adressables par les outils numériques n'ont pas été adressés dans l'année écoulée.
- 4 : [0-20[% des problèmes adressables par les outils numériques n'ont pas été adressés dans l'année écoulée.
- 5 : Aucun frein à l'usage des technologies disponibles n'est à déplorer au cours de l'année écoulée.

P2.1.1 Ratio relatif au taux de partage des données sur les projets

Nous proposons à la communauté de définir cet indicateur qui prend en compte le nombre de publications, de commentaires, de partages, de mises en relation des collaborateurs avec les experts au sein de l'organisation pour les retours d'expérience, les savoirs demandés sur les projets, etc.

P2.2.1 Taux de relais pour assurer les intérims et la continuité de service en cas d'absence et avoir plusieurs personnes pour réaliser une action au moment souhaité

Cet indicateur se définit comme le rapport entre le nombre d'équivalents temps plein réalisés par des collaborateurs ayant remplacé des collègues grâce aux technologies, et le nombre d'équivalents temps plein à remplacer. Plus il est élevé, meilleure est la capacité de l'entreprise à utiliser le digital pour se réorganiser temporairement et assurer sa continuité d'activité.

Cet indicateur étant sensible à la nature des activités (dépendant plus ou moins des technologies), nous proposons de définir les seuils de niveau de maturité après collecte de cas réels par la communauté.

P3.1.1 Nombre de contributions sur une période donnée par collaborateur

Cet indicateur est le mix de deux sous-indicateurs : le nombre moyen de contributions par collaborateur dans l'année et le pourcentage de collaborateurs ayant publié :

- 1 : [5-10[contributions.
- 2 : [10-50[contributions + 20 % au moins des collaborateurs.
- 3 : [50-100[contributions + 30 % au moins des collaborateurs.
- 4 : [100-200] contributions + 40 % au moins des collaborateurs.
- 5 : plus de 200 contributions et plus de 70 % des collaborateurs.

P3.2.1 Évaluation des posts publiés par les collaborateurs sur les médias sociaux

Cet indicateur mesure la qualité des contributions des collaborateurs ambassadeurs de la marque telle que perçue par les lecteurs de leurs contributions. Plus l'entreprise est mature sur le digital, plus les contributions de ses collaborateurs sont perçues comme utiles par ses parties prenantes (clients, fournisseurs, partenaires, etc.). Il se définit comme la moyenne arithmétique des scores de tonalité (voir à ce sujet la rubrique « Sentiment Analysis » sur Wikipédia[5]), exprimés sur une échelle de 0 à 100, des contributions publiées au cours de l'année écoulée par les collaborateurs ambassadeurs de la marque :

- 1 : [5-10[
- 2 : [10-20[
- 3 : [20-30[
- 4 : [30-50]
- 5 : Plus de 50

Synthèse des indicateurs selon le type d'organisation

Une croix dans une case du tableau signifie que l'indicateur est applicable pour la catégorie d'organisation considérée.

Indicateur / Type d'organisation		TPE et petite PME, petite association	Grande PME et grande entreprise	Administration, grande association
P1.1.1	Maîtrise du numérique	X	x	x
P1.1.2	Maîtrise du numérique par les principaux cadres dirigeants		x	x
P1.2.1	Nombre d'heures consacrées par an à la formation numérique par collaborateur	X	x	x
P1.2.2	Catalogue de formations au numérique		x	x
P1.3.1	Degré de veille d'un collaborateur dans l'acquisition de compétences numériques	X	x	x

5. http://en.wikipedia.org/wiki/Sentiment_analysis.

P1.4.1	Capacité d'utiliser les outils et techniques assimilées dans le cadre des missions du collaborateur	X	x	x
P2.1.1	Ratio relatif au taux de partage des données sur les projets		x	x
P2.2.1	Taux de relais pour assurer les intérims et la continuité de service en cas d'absence et avoir plusieurs personnes pour réaliser une action au moment souhaité		x	x
P3.1.1	Nombre de contributions sur une période donnée par collaborateur	X	x	x
P3.2.1	Évaluation des posts publiés par les collaborateurs sur les médias sociaux	X	x	x

POINTS CLÉS

- Réduisez la fracture numérique au sein de votre entreprise en formant constamment vos collaborateurs au digital.
- Développez une culture collaborative, ouverte, décloisonnée, réactive, engagée, disponible 24 heures sur 24 et 7 jours sur 7, et incitez fortement au partage pour augmenter l'intelligence collective.
- Aidez vos collaborateurs à investir les médias sociaux en devenant des ambassadeurs de la marque.
- Impliquez vos collaborateurs dans la transformation digitale de votre entreprise, ils sont vos meilleurs ambassadeurs au travers des canaux numériques.
- Mesurez vos progrès dans la transformation digitale de vos équipes selon trois critères : formation, partage, ambassadeur de la marque.

Chapitre 6

Levier : produits et services

Présentation

Le numérique nécessite d'avoir une offre sur mesure, évolutive et rapidement adaptable pour répondre à des clients mieux informés, moins fidèles aux marques et qui sont attentifs à la réputation des marques sur Internet et en particulier sur les médias sociaux.

L'entreprise se doit d'évoluer en décloisonnant ses directions et en co-innovant avec un écosystème d'acteurs qui va l'aider à adapter son offre aux besoins des clients et à les anticiper. La culture du prototypage et des maquettes avec des étapes par essais et erreurs jusqu'au lancement éventuel d'un produit devient la règle et vient bousculer un monde cartésien et déterministe. Cet univers était jusqu'alors rompu à la gestion de projets reposant sur des cahiers des charges précis et laissant peu de place aux schémas disruptifs et à l'innovation.

Dans ce contexte, le fait de mettre en place une stratégie multicanal pour atteindre le client (en face à face, sur Internet, par téléphone, etc.) et de bâtir une logistique associée pour mieux le servir en cas de rupture de stock par exemple est crucial. Il convient également de s'attacher à l'exploitation de ses parcours sur les sites de l'entreprise pour constituer une expérience client unique pour ses visites ultérieures. Enfin, la gestion de son image sur Internet, de sa visibilité et de sa cohérence est un aspect important pour exister positivement.

L'état de l'art ne nous a pas permis d'identifier de modèle de maturité pour le marketing d'une entreprise digitale, même s'il existe quelques travaux intéressants comme le *Digital Marketing Maturity Assessment* d'Adobe. Nous n'avons pas non plus trouvé de modèles de maturité de l'innovation produit, ni de la distribution. Aussi, les indicateurs que nous proposons pour le levier marketing s'inspirent de notre expérience de la transformation digitale des entreprises dans lesquelles nous avons travaillé ou que nous avons conseillées et de notre pratique personnelle du marketing Internet.

« La transformation digitale, c'est connaître le digital par cœur pour savoir l'oublier »

Interview de Yann Gourvennec, fondateur de Visionary Marketing

Vous avez vu grandir Internet, puis le web, puis le digital. Comment les entreprises ont-elles adapté leur marketing ?

Il faudrait une vie entière pour répondre à cette question selon le pays, le secteur ou le type d'activité (B2B et B2C) tant les approches digitales sont différentes d'un pays à l'autre, d'un secteur à l'autre – les pays anglo-saxons étant beaucoup plus proactifs que la France sur le sujet. Prenons l'exemple de la banque, les différences y sont très significatives selon les pays, et c'est un des secteurs les plus développés en termes d'usages, car c'est aussi le plus ancien[a]. En France, on compte ainsi 65 % des personnes bancarisées utilisant des sites de banque en ligne, près de 90 % au Royaume-Uni, contre moins de 16 % en Suisse. La France est un pays quelque peu schizophrénique avec d'un côté des experts et des champions du digital (citons juste Criteo ou Scoop.it, eCairn), et de l'autre, la majorité du public à la traîne en termes d'usages, notamment en province. C'est encore plus vrai des entreprises et des PME en particulier.

Cela étant, et en généralisant notre propos, on constate une lente phase de maturation de l'usage du digital dans le monde réel (c'est-à-dire hors des *pure players*). Je dis bien maturation et non maturité. En effet, en France, le web n'est pas encore vu comme un outil business, il est encore trop souvent considéré comme un simple outil de communication. Alors que dans les faits, le digital éradique la frontière artificielle entre communication et marketing, grâce à la combinaison référencement (SEO, SEM), contenu et performance, en particulier dans le B2B.

En B2B justement, ce que nous remarquons sur le terrain au travers du travail que nous menons chez Visionary Marketing, c'est que trop de marques connues ont paradoxalement une très faible audience en référencement naturel (quelques centaines de visites par mois à peine), l'essentiel des visites se faisant *via* les recherches sur la marque (les moins intéressantes en termes de potentiel économique, les plus gratifiantes en interne). Cependant, de plus en plus d'entreprises prennent conscience de cet état de fait, et elles commencent donc à chercher à recruter des expertises digitales. Des consultants n'hésitent pas non plus à épingler les marques sur ces sujets[b].

En B2C, on reste encore dans la publicité, dans l'ère de ce que j'appelle les « mass media sociaux », avec une incompréhension persistante, malgré les échecs, des mécanismes du bouche à oreille. Les opérations très marketées dans les milieux de la communication avec de belles vidéos « virales », coûtant parfois jusqu'à 2 millions d'euros et des budgets publicitaires à l'avenant, ne peuvent pas être répliquées par les petits annonceurs. Il y a bel et bien une course entre les agences de communication, pour faire de la surenchère en matière de buzz, mais la réalité est ailleurs. Les marques n'ont pas compris que les médias sociaux, comme dans tout marketing du bouche à oreille, ont pour objectif de faire parler de vous sans dépenser des budgets faramineux, ni ramener systématiquement des « visiteurs » sur des pages de marques qui ressemblent à de mauvais sites web. Les médias sociaux valent mieux que ce que la plupart des marques en font[c].

Je crois que cet état de fait est à l'origine de la volonté croissante de certains annonceurs de faire appel à des agences indépendantes. C'est d'ailleurs la particularité de la France, où celles-ci représentent environ 68 % du marché (chiffres 2012), soit deux fois plus qu'en Angleterre et près de trois fois plus qu'aux États-Unis. Certes, le paysage des agences de marketing et communication digitales se resserre avec de grosses vagues de rachats ces derniers temps. Mais paradoxalement, plus le paysage se reconfigure, plus je pense qu'il y a un besoin pour ce que les Américains appellent des « *boutiques agencies* » afin de répondre au fort besoin d'expertise demandé par les annonceurs.

Comment mesurer la capacité d'une entreprise à concevoir et distribuer des produits et services dans un monde digital ?

Le monde a évolué, changeant le sens même du web. Dans les années 2000, on croyait que les *pure players* et le commerce en ligne allaient devenir la règle et la norme. Or, près de quinze ans plus tard, Ilan Benhaim de vente-privée constatait dans une réunion privée avec la presse au Adobe Summit de Londres, que la vente en ligne représentait largement moins de 10 % du marché en moyenne. La vente en ligne est donc, selon ses propres termes, un échec ; même si c'est un échec tout relatif. Cela d'autant plus que le chiffre d'affaires de la vente en ligne se tasse pour la première fois en quinze ans d'existence, avec une longue traîne d'acteurs, un morcellement du panier d'achat et un accroissement du pouvoir donné au consommateur[d].

Je ne suis pas seul à penser que le e-commerce n'est plus l'avenir du commerce, ni même le m-commerce, encore moins le multicanal. Le challenge des deux à cinq ans qui viennent, c'est l'omnicanal, c'est-à-dire concevoir des produits qui peuvent se consommer, se facturer, se distribuer, se redistribuer *via* l'ensemble des sources digitales, et pas seulement le web, mais aussi la télévision connectée, la tablette, le mobile, les nouveaux terminaux qu'on ne connaît pas encore et bien sûr les objets connectés, et tout cela en parfaite interaction (dans les deux sens) avec les points de vente physiques. Ce n'est pas juste une question de sémantique, le passage du multicanal à l'omnicanal est un changement d'approche radical et révolutionnaire.

Donc la question devrait être reformulée de la manière suivante : quelle est la capacité à utiliser tous les canaux digitaux pour promouvoir les ventes ? Ce qui obligera à réfléchir aux conflits de canaux et à les résoudre. On constate très peu de progrès sur ce sujet depuis dix-huit ans. Par exemple, lorsque j'achète un produit à la Fnac (qui pourtant n'est pas le plus mauvais acteur sur ce marché et de loin), le prix n'est pas le même que sur Internet ; en me le faisant livrer en magasin, je le reçois quelques jours plus tard (alors que le produit est disponible en tas devant mes yeux) et je ne peux pas le renvoyer alors que si je l'achète dans le magasin, cela est possible ; enfin, cerise sur le gâteau, je ne bénéficie pas du même service après-vente, ni de la remise adhérent. Tout est fait pour séparer artificiellement les achats « *low cost* » (Internet) des achats haut de gamme (magasin), mais cette distinction est archaïque et illisible, surtout quand on utilise la même marque sur les deux canaux !

La véritable problématique du e-commerce de demain est donc bien l'intégration du digital sans couture. La transformation digitale est d'ailleurs avant tout une transformation business. Elle suppose de bien connaître les outils, et donc de disposer de l'expertise nécessaire. La transformation digitale, c'est connaître le digital par cœur pour savoir l'oublier.

Vous aidez vos clients à adapter leur marketing et leur communication au digital. Quels critères de succès seront déterminants à l'avenir dans ce domaine ?

La question peut être posée différemment. Trop longtemps on a considéré la communication digitale comme un animal à part s'adressant à un « internaute » (un *nerd** à lunette). Aujourd'hui, 80 % de la population est sur Internet. Il n'y a donc plus de communication digitale, mais une communication avec le digital, sans couture. Cette évolution de la communication a un impact sur tous les annonceurs. Celui qui ne communique pas sur Internet est mort : les pages jaunes d'antan désormais, c'est le web. Un consommateur visite en moyenne sept sites avant de se rendre en magasin. Il faut considérer cet outil comme quelque chose de sérieux. Il faut parler aux gens, être empathique, s'intéresser à leurs problèmes, arrêter d'affirmer qu'on est le meilleur alors que ce n'est pas vrai.

Ce qui suppose de revoir la manière de concevoir les sites web : revoir les plateformes pour qu'elles soient *Google friendly* (indexables par les moteurs de recherche), et publier des contenus tournés vers l'extérieur qui répondent aux problématiques des clients. Les marques sont mûres aujourd'hui pour entendre que leur site est mauvais. Des professionnels comme nous (Visionary Marketing), même sans avoir accès à leurs statistiques, peuvent leur montrer combien fait leur site web, où il se situe, comment il se compare à ses concurrents, son niveau de performance et comment l'améliorer. Ce n'est donc pas une adaptation, c'est un reformatage complet.

Comment voyez-vous évoluer le paysage des acteurs du marketing digital (agences, éditeurs de logiciels, éditeurs de contenus, plateformes de distribution, etc.) ?

On observe une concentration des agences, en particulier en France. Cependant, comme toute entreprise se transformant en dehors de son cœur de métier, les grosses agences sont confrontées à de fortes résistances et elles doivent faire évoluer leurs savoir-faire, au moment où la publicité bascule désormais sur le *on line*. Les grosses agences rachètent ainsi de petites agences, et même les ESN rachètent ou créent des agences : GFI par exemple a acheté Awak'iT, Business & Decision a fondé Herewecan, etc. C'est un mouvement que l'on a déjà connu, et moi en particulier chez Cap Gemini, il y a près de vingt ans, au début du web. Mais à l'époque, le marché n'était pas mûr. À l'opposé, le digital est devenu aujourd'hui incontournable. C'était bien le sens de la fusion ratée entre Publicis et Omnicom, même si la manière d'y arriver n'était pas très lisible.

En même temps, la difficulté d'intégrer le digital à l'intérieur des métiers traditionnels est énorme, et en cela les agences ne sont pas mieux loties que leurs clients. Il y a un besoin énorme d'expertise, de transfert de compétences et de sous-traitance pour les agences. Ce qui laisse une place pour les *boutiques agencies*, plus axées sur le marketing, la performance et le RoI, et moins sur la communication.

Les produits et services reposent de plus en plus sur la technologie. Comment voyez-vous évoluer les directeurs marketing et les directeurs informatiques ? Le chief digital officer a-t-il vocation à les réconcilier ?

Les directeurs marketing considérant le web et le digital comme des « nouvelles technologies » ont du souci à se faire pour leur futur. Le web est une « arme de guerre », un média que l'on maîtrise et un nouveau capital de l'entreprise (*owned media*) qui devrait figurer au bilan de l'entreprise. Heureusement, ces comportements deviennent rares, et ce n'est pas qu'une question de génération Y, laquelle n'existe pas d'ailleurs[e]. Cela étant, en France, il y a de nets progrès à faire. Allez outre-Manche et parlez avec n'importe quel entrepreneur britannique qui monte son entreprise, et il vous parlera en premier de son site web ; cela n'est pas encore un réflexe en France. Sur des problématiques de marque, mes clients sont souvent étonnés que je leur parle de nom de domaine par exemple et ils se demandent ce que ça vient faire dans la discussion. Cela prouve bien le faible niveau de compréhension du digital dans les milieux business en France. Le domaine c'est la marque, la marque c'est le domaine, il n'y a pas de frontière.

Sur le terrain, je vois peu de véritables *chief digital officers*. Souvent, on peut se demander si ce n'est pas plus un outil de communication pour montrer qu'« on est une entreprise dans le coup ».

D'ailleurs, je ne suis pas convaincu sur la nécessité ni le profil de ce fameux mouton à cinq pattes.

Le digital étant partout, le CDO doit avoir un rôle d'initiation, de formation, de sensibilisation aux techniques de marketing digital. Je ne suis pas convaincu que le CDO ait pour mission de passer l'entreprise au « moule à gaufres » du haut en bas. Le Gartner voit d'ailleurs le poste disparaître dans les deux années qui viennent.

Mettre un CDO à part, dans sa tour d'ivoire, c'est courir le risque de mettre le digital dans un silo, alors que celui-ci doit être traité par la direction marketing, la direction produit, la direction générale... bref, tout le monde.

En revanche il y a un énorme besoin de compétences, et donc de formation. On déplore un manque de 50 000 professionnels du web par an selon Jacques Froissant. L'acquisition de savoir-faire est indispensable et les directeurs marketing du futur doivent devenir bicéphales.

Ils doivent assimiler le vocabulaire digital pour manager les équipes, et être capables de fusionner sans effort technologie et marketing. De la même manière que si je travaille dans le secteur de la banque d'investissement et que je n'en comprends pas le vocabulaire, je ne peux pas aller bien loin.

Le CDO, à mon avis, a pour mission et but de transformer les compétences de l'entreprise, former, réaliser un « *empowerment* » des équipes et des divers responsables, puis il doit disparaître, car son rôle n'a pas lieu d'être dans le long terme.

(a) Le développement de la banque en ligne date de 1995-1996, et Yann Gourvennec y a participé en France et en Angleterre.

(b) Voir l'étude de Keley Consulting commentée sur le blog de Yann Gourvennec, http://visionarymarketing.fr/blog/2014/04/banques-assurance-seo.

(c) Voir la tribune libre de Yann Gourvennec ibune sur emarketing fr intitulée « les médias sociaux valent mieux que ce que vous en faites », e-marketing.fr/Thematique/Tendances-1000/Breves/Tribune-libre-medias-sociaux-valent-mieux-que-vous-faites-236647.htm.

(d) Ce dernier point est particulièrement vrai en Allemagne (et le sera bientôt en France, avec la loi Hamon qui arrive). Chez Puma Allemagne, par exemple, pour chaque achat, ce sont trois produits qui sont commandés sur Internet.
(e) « La génération Y est-elle responsable du développement du web ? », http://visionarymarketing.fr/blog/2014/02/la-generation-y-est-elle-responsable-du-developpement-du-web/.

Critères

Nous proposons de caractériser les produits et services d'une entreprise engagée sur le numérique suivant quatre critères répondant aux questions structurelles de ce type d'entreprises :

- Innovation : comment l'entreprise développe le partage et la collaboration tant en interne qu'avec des partenaires pour mieux innover et développer de la valeur.
- Conception/design : quelles actions effectue l'entreprise pour concevoir les produits et services, notamment dans une logique de prototypage et de POC (*proof of concept*) ?
- Distribution/vente : comment la logistique est-elle repensée avec le numérique ? L'entreprise peut-elle exploiter les données des clients laissées notamment sur les sites de l'entreprise pour mieux les cibler et générer de meilleurs taux de conversion en vente ?
- Marketing : quels sont les changements induits par le marketing avec le numérique ? Comment les données sont-elles au cœur du marketing digital ? Comment l'image de marque est-elle façonnée sur Internet et les réseaux sociaux ?

PS1 Innovation

Ce critère s'attache à l'infrastructure mise en place de nature à favoriser l'innovation et à mesurer le ratio des projets menés par ces nouvelles méthodes.

Il permet d'évaluer l'aptitude de l'organisation à développer les projets collaboratifs et le partage de nature à favoriser l'innovation grâce au décloisonnement des directions et au brassage des cultures.

Le fait de recourir à l'extérieur en s'appuyant sur un écosystème de partenaires, de clients et de fournisseurs permet également de développer un terreau fertile à l'innovation et à développer de nouveaux produits/services. On parle d'*open innovation*. Elle est importante notamment pour améliorer des produits ou des services existants en recueillant des suggestions et en collant au plus près aux besoins exprimés par les internautes – cela peut également être lié au *crowdsourcing*.

En revanche, ce critère ne préjuge pas des projets qui sont innovants ou non.

PS2 Conception/design

Ce critère vise à mesurer la capacité de l'entreprise à prototyper ses futurs services de façon à gagner du temps et assurer un meilleur choix des projets à lancer.

Il permet également d'examiner dans quelle mesure l'entreprise peut faire appel à l'extérieur pour tester les produits/services depuis le prototypage jusque peu avant de les lancer de façon à augmenter la qualité. Enfin, la documentation du produit et sa compatibilité avec d'autres produits/services existants ou qui peuvent se greffer autour sont prises en compte.

En revanche, ce critère ne s'attache pas aux méthodes de conception et de design utilisées.

PS3 Distribution/vente

Le processus de distribution et de vente est bouleversé avec le numérique (existence de plusieurs canaux pour atteindre le client, difficulté de tracer les ventes et de mesurer les liens qui existent entre les ventes en ligne et celles faites en magasin par exemple).

Ce critère vise à déterminer si le processus de commande d'un bien *via* le numérique est facile, quel que soit le support après une commande passée selon le canal souhaité par le client.

Il s'attache à apprécier la capacité de l'entreprise à connaître le stock des produits disponibles en temps réel (pour les biens matériels non dématérialisables) de façon à mieux servir le client en cas d'indisponibilité dans un magasin, les ventes réalisées en temps réel pour produire des analyses de nature à rendre réactive l'entreprise dans sa politique de prix.

Les informations liées aux parcours sur les sites, à la qualité de transformation d'une visite en vente et à la livraison des produits/services sont également prises en compte.

La politique de distribution du produit et du choix des canaux de vente plutôt que d'autres n'est pas prise en compte.

PS4 Marketing

Le marketing est transformé avec le numérique. Le modèle des 4P (Produit, Positionnement, Prix, emPlacement) évolue fortement. Nous proposons cinq sous-critères pour traiter du marketing digital.

L'exploitation des données clients, *via* les parcours sur les sites de la marque notamment, permet de personnaliser les offres finement en fonction des clients. En outre, proposer des offres personnalisées à des prix sur mesure fait partie d'un marketing digital personnalisé.

L'image de la marque et de ses produits/services perçue par les internautes, sa cohérence de nom sur Internet dans les pays où elle est implantée (souvent *via* des magasins physiques en complément du site) et les relais effectués sur les médias sociaux sont des paramètres à intégrer dans le nouveau marketing mix induit par Internet.

Ce critère ne s'attache pas à la qualité intrinsèque du produit et ses caractéristiques fonctionnelles.

« Le digital et ses implications signifient la disruption des usages, chaînes de valeurs et business model »

Interview d'Emmanuel Vivier, co-fondateur de HUB Institute

Vous observez en France et dans le monde une adaptation des offres des entreprises au monde digital. Quelles sont les entreprises qui tirent leur épingle du jeu face aux pure players ? Quelles sont leurs caractéristiques ?

Le digital reste un véritable défi pour de nombreuses entreprises. La plupart d'entre elles ont bien une présence et un département digital depuis les années 2000, mais le changement se gère plutôt de manière réactive et défensive avec une stratégie de la minimisation des risques et avec des moyens assez limités. Quand, aux États-Unis, certaines start-up peuvent lever des centaines de millions de dollars et les leaders du digital (Google, Facebook, Amazon, Apple, Salesforce, Oracle ou Microsoft) investissent des dizaines de milliards en R&D, rachat et innovation, les acteurs traditionnels sont obligés de réagir et sans demi-mesure. En Europe, la menace paraît (et souvent à tort) moindre et beaucoup de directions traînent les pieds devant le nombre de chantiers, leur complexité mais aussi et surtout le danger politique qu'ils représentent. Une majorité d'entreprises et d'organisations se contentent d'un site Internet et d'une présence basique sur les médias sociaux...

Pourtant, comme le montrent les arrivées d'Airbnb dans le domaine de l'*hospitality*, de Uber avec les taxis, de Tesla dans l'automobile, d'Amazon dans le *retail*, de Spotify et Deezer dans la musique... le digital n'impacte pas que la communication et le marketing. Le digital et ses implications signifient la disruption des usages, chaînes de valeurs et business model d'industries entières et des acteurs qui la composent...

Effectuer une transformation digitale nécessite donc une vision, mais aussi et surtout un effort et un support très importants et ce, pendant plusieurs années (alors que beaucoup de directions privilégient les développements rapides de type *quick win* à trois, six ou douze mois).

Réussir son passage au digital nécessite de repenser son business model et son offre, de déployer de nouvelles technologies, de réorganiser son entreprise et ses process, de redéployer ses ressources, d'embaucher ou de former ses collaborateurs à de nouvelles expertises, de repenser sa collaboration interne et avec son écosystème (*open innovation*) pour gagner en pertinence, agilité et réactivité. Ce type de mutation a un coût humain et financier et impose d'accompagner le changement et les peurs et résistances qu'il va naturellement entraîner.

Heureusement, certaines organisations ont pris ce *scope* global à bras-le-corps et investissent des moyens et une énergie considérables à réinventer leur métier en se préparant dès aujourd'hui aux enjeux de demain. On pourra ainsi citer La Poste, Axa, Pernod Ricard, Orange, Nike, Procter&Gamble, Nestlé... Malgré la lourdeur de l'existant, ces organisations – ou du moins certains services à l'intérieur de cellesci – sont caractérisées par plusieurs facteurs clés de succès : une vision ambitieuse des opportunités du digital par le management, une compréhension du potentiel de la donnée qu'il faut unifier et maîtriser pour piloter avec efficacité, des efforts importants en formation des collaborateurs, le déploiement de nouveaux outils (CRM, médias sociaux, *big data*...).

Quels critères retenez-vous pour évaluer la capacité d'une entreprise à concevoir et distribuer son offre dans un monde digital ?

Le premier critère est clairement sa connaissance client.

Cela semble une évidence mais, en y regardant de plus près, on se rend très souvent compte que les marques ont une connaissance très floue de leurs cibles. Habituées à des modèles de mass media avec des segments très larges qu'on pouvait toucher assez facilement avec un spot TV, beaucoup de directions sont assez déconnectées des nouveaux usages de leurs prospects et clients. Combien de CMO ne connaissent leurs « cibles » que par des études et n'ont jamais vraiment quitté leurs bureaux parisiens pour passer des journées sur le terrain avec leurs clients, prendre leurs questions au *call center* (souvent externalisé à une autre entreprise dans un pays à la main-d'œuvre bon marché). Combien ont pris le temps d'écouter ce qu'il se dit en temps réel sur les réseaux sociaux (et pris le temps de répondre ?). Combien se sont rendus dans la Silicon Valley ou en Asie, ou au Moyen-Orient pour comprendre les différences culturelles et découvrir les dernières innovations ? Combien rencontrent des blogueurs, des start-up ou ont organisé un hackathon ? À l'heure où le mouvement *big data* est une mode ultra-branchée, bien peu de directions marketing ne maîtrisent ne serait-ce que le *small data* (un bon référencement dans les moteurs, un contenu accessible en multi-écran, une optimisation de sites et des campagnes pub *on line* par *A/B testing*, l'envoi régulier d'*e-mailings/newsletters* avec une vraie stratégie CRM, un suivi précis et unifié des KPI *via* un *dashboard live*...).

Après, on pourra lister de nombreux critères comme la connaissance des outils technologiques, l'agilité et la réactivité, la capacité à industrialiser ses interactions avec les clients sur les différents points de contact et à en mesurer l'impact, la capacité à innover en interne et avec l'externe (start-up, développeurs, partenaires), la maîtrise de la donnée...

Au-delà du crowdsourcing, de l'open innovation et des fab labs, quels dispositifs pourront être demain utiles aux entreprises au service de leur capacité à innover dans la conception et la distribution de leurs produits, et dans leur relation client ?

L'innovation sera un des éléments clés et vitaux pour les entreprises dans le futur. Cela a toujours été le cas, mais avec l'accélération liée à Internet et à la mondialisation, l'évolution des comportements et des attentes des consommateurs, faire évoluer son offre et inventer de nouveaux produits/services devient plus important que jamais. La création de services, d'applications et de *brand utility* devrait permettre aux marques d'échanger la valeur de ce service contre de nombreuses données de la part des consommateurs.

En analysant ces données, les marques devraient pouvoir mieux comprendre les usages, besoins, attentes de leurs clients et donc faire évoluer leur offre ou lancer de nouvelles innovations plus rapidement et avec moins de risque. En lançant son application Nike+, Nike récupère ainsi les données de plus de 5 millions de coureurs dans le monde ! Un panel nettement plus grand que le plus grand panel qu'ils auraient pu imaginer se payer et ce, tout au long de l'année...

Les conditions vous semblent-elles réunies pour qu'émergent en France un marché de l'internet des objets et un marché du big data ?

La France n'est pas un marché déconnecté du reste du monde. Certes, il nous reste quelques spécificités en termes de langue, de régulation ou de taxes, mais il ne faut pas se leurrer, les technologies et les innovations vivent et se diffusent désormais au niveau mondial. Un être humain sur sept utilise Facebook, quasiment tout le monde utilise Windows Office, surfe sur Internet grâce à trois ou quatre logiciels...
Il faut aussi reconnaître qu'en France, nous avons un système éducatif qui prépare de très bons ingénieurs avec une très bonne expertise en programmation, données, même si une partie croissante est désormais chassée par les start-up et leaders digitaux américains, anglais, allemands... Le vieux monde de la politique commence enfin à découvrir le potentiel de croissance et d'emploi offert par le digital. Mais la concurrence est lancée depuis longtemps avec les autres pays qui sont beaucoup plus agressifs pour attirer les entrepreneurs et les start-up. Lancer ou développer sa start-up aux États-Unis, c'est aussi bénéficier d'une taille de marché (avec une langue) beaucoup plus grande et de l'écosystème de la Silicon Valley qui est une vraie machine de guerre en termes de levées de fonds...
Je suis assez confiant si et seulement si le monde politique poussiéreux et dépassé commence enfin à se mettre à jour et à se lancer sérieusement dans la bataille. Sinon, on verra tous nos talents partir ou se faire racheter par quelques gros leaders américains (et bientôt asiatiques).

Quelles innovations digitales déjà expérimentées dans les pays les plus en avance (notamment le Japon, les États-Unis et la Corée du Sud), vont bientôt déferler en France ?

Les dix prochaines années promettent certainement beaucoup plus de changements que les dix années passées. C'est l'ère du Bang (*Bits, Atoms, Neurons, Genes*) où tout devient digital et connecté... Les prototypes déjà existants des Google Cars nous montrent que la voiture autonome n'est plus très loin, le rachat de Boston Robotics par Google nous promet l'arrivée de robots d'accompagnement d'ici dix à douze ans, les innovations ultra-rapides autour de l'impression 3D vont changer l'industrie du *retail*, de la distribution, mais je pense que c'est surtout dans l'énergie, l'environnement ou la santé que l'on va voir le mobile, le *big data*, et la puissance de calcul faire des progrès très importants.

Sous-critères

PS1.1 Décloisonnement

Ce sous-critère vise à apprécier la capacité de l'entreprise à passer d'une organisation cloisonnée en mode silos à une organisation en mode projets et collaborative, allant jusqu'à une structure auto-apprenante « à la Google ou Facebook ». Le décloisonnement permet de voir un problème ou un projet sous plusieurs angles de nature à apporter une richesse liée à l'échange des cultures.

PS1.2 Open innovation

Ce sous-critère mesure les partenariats et les projets réalisés avec des acteurs externes à l'organisation (écoles et universités, écosystème de start-up et d'entreprises innovantes ou complémentaires à ses activités). Il s'agit de la capacité à nouer des partenariats, répondre à des projets et obtenir des financements (par exemple, appels à projets étatiques ou communautaires) pour avoir les budgets pour réaliser l'innovation. Le postulat étant qu'en brassant les compétences, les cultures et les générations et en ayant un niveau d'ouverture plus grand sur l'extérieur, l'innovation ouverte sera facilitée.

PS1.3 Crowdsourcing

L'organisation peut avoir recours au *crowdsourcing* pour plusieurs raisons : recueillir des idées ou des suggestions pour des produits et services existants, co-construire un produit ou un service en totalité ou en partie, faire tester des produits et services et recueillir des idées d'amélioration ou des corrections à apporter (par exemple, cas du lancement d'une application avec remontée de dysfonctionnements sur tel type de navigateur, de matériel ou de système d'information).

L'organisation peut également instaurer un système d'animation et de récompense de sa communauté : cadeaux, bons d'achat et réductions, ou témoignages de satisfaction, micropaiement (avec le cas échéant de la monnaie virtuelle).

PS2.1 Prototype

Une entreprise qui réalise des POC, des démonstrateurs (avec des vidéos cibles de ce que serait le produit ou le service futur), s'inscrit dans une dynamique de *go/not go* auprès de ses dirigeants (décision d'aller plus loin ou d'industrialiser en comité de direction) et permet de réduire la durée de ses cycles de développement et leur complexité, ainsi que ses coûts de développement associés. Le fait de ne pas donner le *go* à un POC peut être également source d'économie par rapport à un projet dont la rentabilité serait mauvaise ou les usages peu porteurs.

PS2.2 Prélancement

Le lancement d'un produit ou d'un service peut être avancé (passage de la version bêta à la version alpha) et bénéficier, d'une part, de tests au-delà des équipes dédiées au sein de l'organisation et, d'autre part, des retours des internautes qui vont tester en avant-première le produit ou le service. Cela permet de repérer les failles éventuelles signalées, de les corriger pour favoriser le lancement avec une version présentant moins d'erreurs (par exemple, Amazon expérimente une version de son site avec des nouveautés fonctionnelles dans un État des États-Unis. Puis, si le test est probant et en fonction des remontées des utilisateurs, la nouvelle version est ensuite généralisée dans d'autres États, voire le reste du monde).

PS2.3 Produit fini

Il s'agit de disposer de la bonne documentation du produit/service afin de pouvoir pleinement l'utiliser ainsi que l'ensemble de ses fonctionnalités au moment voulu. Le processus de révision de la documentation apporte une valeur supplémentaire au produit/service.

PS2.4 Intégration

Le fait qu'un produit/service numérique soit compatible avec d'autres produits/services de l'organisation ou d'autres organisations est une caractéristique importante dans la conception.

PS3.1 Bien numérique

Il s'agit de la rapidité de la commande d'un bien *via* les canaux numériques en toute sécurité. Il s'agit aussi, et plus particulièrement s'il s'agit d'un bien numérique, de pouvoir facilement l'utiliser sur l'ensemble de son cycle de vie et de pouvoir procéder, le cas échéant, à des mises à jour (par exemple, version d'un logiciel) ou à l'utiliser sur d'autres supports numériques (par exemple, DRM).

PS3.2 Canaux

Ce sous-critère s'attache à la capacité à s'adresser à l'ensemble du marché (clients, prospects, fournisseurs et partenaires) sur les différents canaux et à être visible de ses cibles de façon cohérente.

PS3.3 Gestion des stocks

Ce sous-critère vise à connaître l'état du stock en temps réel avec les outils idoines permettant de mieux satisfaire le client (logique de réapprovisionnement entre les points de vente et réassort).

PS3.4 Pilotage des ventes

La connaissance de ses ventes en temps réel et la possibilité de faire des analyses (par exemple, connaissance de ses marges) et même la connaissance des prix des concurrents sont de nature à améliorer le pilotage des ventes et à donner plus de marge de manœuvre aux commerciaux.

PS3.5 Statistiques des ventes

La connaissance des parcours des clients et prospects sur les sites marchands, les mots clés qui drainent de l'audience et la transformation en achat sur le site constituent de précieuses informations à analyser par les marketeurs ainsi que l'audience en provenance de médias sociaux qui vont donner lieu à des ventes sans oublier les sites partenaires.

PS3.6 Qualité de service

Le fait qu'une visite se transforme avec une probabilité élevée en vente est révélateur d'une qualité dans la prestation offerte par le site marchand ainsi que l'évaluation de la qualité de la logistique de l'organisation pour livrer ses produits selon l'exigence requise.

PS4.1 Expérience client

L'exploitation des données laissées par les clients à l'issue des parcours faits sur le site (cookies, logs de connexion dans le cas d'un espace avec identifiant et mot de passe) ou en magasin et *via* des capteurs (par exemple carte Navigo de la RATP) est clé dans le marketing digital. Elle permet d'adapter son offre en fonction du client, un peu à l'image des bandeaux publicitaires proposés par Criteo et ce dans le respect de l'*opt'in*.

PS4.2 Prix

Proposer un produit à une offre tarifaire sur mesure est possible grâce à Internet. Le prix tient compte des inducteurs de coûts et du nombre de produits/services commandés ainsi que de la personnalisation éventuelle du produit.

PS4.3 Positionnement

La façon dont l'organisation se positionne sur le numérique est déterminante dans l'image numérique et technologique qu'elle renvoie. Il est intéressant de mesurer l'image perçue grâce au numérique et de voir dans quelle mesure elle est en phase avec l'image voulue par la direction de la communication de l'organisation.

PS4.4 Identité de marque

La manière dont l'organisation est perçue d'un point de vue numérique et la cohérence du nom de la marque sur Internet sont des gages de visibilité positive et de meilleure notoriété. Il s'agit aussi de réserver sa présence sur Internet pour éviter tout phénomène de *cybersquatting* ou d'homonymes nuisant à son image. La cohérence des noms à l'international et des contenus proposés dans les langues où la marque est implantée participe aussi à son identité.

PS4.5 Vie du produit ou service

Ce sous-critère a pour objectif de déterminer l'audience du produit ou du service sur Internet et en particulier sur les médias sociaux en fonction de son cycle de vie (prototype, lancement, campagne publicitaire, buzz, nouvelles fonctions, opération commerciale, retrait) avec les reprises qu'il suscite.

« Les objets connectés sont une façon de démultiplier les boutiques, les occasions d'acheter simplement, au bon moment »

Interview de Catherine Barba, présidente de CB Group, auteur de Le Magasin n'est pas mort ! et Business Angel

Vous avez vu décoller Internet en France. Qu'est-ce qui peut permettre de dire dans l'usage de standards, d'outils pour le e-commerce, de qualité de service des sites, de sécurité qu'une entreprise est plus mature qu'une autre ?

Plusieurs éléments peuvent permettre de mesurer le degré de maturité d'une entreprise sur le digital. Si je me place du point de vue du client (le seul qui vaille !), je commence par regarder la plateforme e-commerce, là où commencent quasiment tous les parcours clients. Le site est-il pensé pour le cross canal, autrement dit fonctionne-t-il comme une passerelle directe vers les magasins physiques de l'enseigne ? Existe-t-il pour cela sur le site un espace dédié à chaque magasin et à son actualité (les offres du moment, un contact magasin, un « store locator » facile d'accès...) ? Citons par exemple le site e-commerce de la Foir'Fouille, développé sous Hybris[a], qui a ouvert une fenêtre géolocalisée sur sa page d'accueil et donne un accès immédiat depuis le support digital à chacun de ses 180 points de vente.

Quand je parle plateforme e-commerce, je regarde avant tout la version mobile du site, car le mobile est le premier canal de contact avec les clients. Existe-t-il un bon site mobile, des apps utiles, faciles et agréables à utiliser, pensées client au-delà du simple responsive design ? Quand un site e-commerce est pensé pour et avec les équipes terrain pour en faire un vrai « magasin augmenté », alors l'entreprise est probablement plutôt mûre sur le sujet du digital.

Pour que la passerelle entre digital et magasin fonctionne vraiment, le site doit aussi être capable de référencer l'exhaustivité de l'assortiment de ses magasins. Car quand le client est chez lui, il veut pouvoir immédiatement savoir si tel produit est disponible en physique près de chez lui, éventuellement le réserver avant de venir le retirer en magasin. Il y a notamment ici un enjeu logistique de gestion des stocks et d'identifiant produit unique qui peut se révéler compliqué à gérer pour les franchises ou le commerce associé – mais rien dont on ne puisse finalement venir à bout avec une vision client forte et partagée.

Si je suis cliente de l'enseigne ou de la marque, je regarde aussi si les équipes magasin ont un accès direct à ma fiche client, avec l'historique de mes achats et de mes préférences *on* et *offline* (mon panier moyen, les produits que j'achète, les canaux par lesquels j'aime que l'on me contacte...), comme le fait par exemple Sephora qui a travaillé à l'élaboration d'un identifiant client unique et à des outils simples à usage des vendeurs permettant un enrichissement permanent de chaque profil client. Une entreprise qui cherche à toujours mieux connaître ses clients, notamment grâce au digital, peut assurément mieux les servir.

En matière de sécurité enfin, c'est je crois un non-sujet : le consommateur français est depuis bien longtemps ultra protégé quand il achète sur un site français ! La confiance affichée des Français dans l'e-commerce en témoigne largement. Comme c'est moins le cas pour les achats « cross-border », je regarde simplement ce que disent les consommateurs sur un site étranger avant d'y faire un achat ; si le site soigne sa e-réputation en même temps que ses clients, c'est probablement que l'entreprise a compris que le digital est d'abord du lien, de la proximité, du service aux clients… et qu'elle sera encore là dans 20 ans !

Compte tenu du changement permanent des outils (version bêta permanente), qu'est-ce qui est pérenne dans l'observation de la présence d'une organisation sur Internet ?

On est loin d'avoir atteint une phase de stabilité et de maturité ! Tout commence, on n'est vraiment qu'au début de la transition numérique. Je crois que la seule réponse à l'incertitude et au changement permanent que nous sommes en train de vivre est la culture du test. Internet est une sacrée école d'humilité : ce qui était vrai hier ne l'est souvent plus aujourd'hui, les innovations, les nouveaux modèles, les nouveaux entrants ne cessent d'arriver et tout s'accélère. Les organisations traditionnelles qui aiment que tout soit gravé dans le marbre, qui contrôlent et cloisonnent, ont un défi à relever : digitaliser les esprits, notamment ceux des dirigeants, pour repenser leur entreprise autour du client le plus vite possible, le mieux possible, dans le respect de leurs valeurs. Le « test and learn » est aussi indispensable qu'enthousiasmant dès lors que l'on réveille son esprit d'entrepreneur. Il s'agit bien davantage d'un basculement de mentalités que d'outils.
J'aime bien l'idée du « ce qu'il fait à l'intérieur se voit à l'extérieur » : ce n'est pas tant la présence d'une organisation sur Internet que j'aime à observer que les coulisses de l'entreprise. Car avant de repenser les parcours clients, il s'agit de questionner ses parcours collaborateurs. Que fait concrètement l'entreprise pour muscler la culture digitale de chacun de ses salariés, pour qu'ils ne se sentent pas en rupture, « largués » ? – on l'est tous ! Orange avec la Digital Academy sensibilise ses collaborateurs non seulement aux outils numériques, mais aussi à une nouvelle façon de travailler en interne, ensemble, de manager à l'ère du digital, de responsabiliser ses équipes, d'encourager le feedback et motiver la coopération horizontale, en étant une « Open company »…
La grande distribution commence aussi à bouger efficacement. Ma conviction est que le digital est l'affaire personnelle quotidienne de chacun dans l'entreprise, et que la machine se met en marche dès lors que la direction générale est elle-même digitalisée, le CEO, le Comex… Le chemin est encore long mais je sens que 2014 constitue une vraie étape.

Face aux accès multiples du client (selon les supports de connexion, les navigateurs, les versions, les canaux), que conseillez-vous pour avoir une vision unique du client et lui faciliter son parcours sur les sites de la marque qu'il parcourt dans le but d'améliorer les ventes ?

Une chose m'a marquée lors de mon dernier voyage d'études aux États-Unis[b] : quand je rencontrais un entrepreneur, que ce soit le fondateur de Nike ou un jeune dirigeant d'une start-up, il commençait toujours par me décrire son entreprise à travers sa visée ; pas la description de ses produits ou services, mais son sens, son ambition, le bénéfice ultime et différenciant apporté à ses clients. Aux États-Unis, j'ai ainsi eu le sentiment de rencontrer beaucoup d'entreprises du « pourquoi », alors qu'en France je croise surtout des entreprises du « comment ».

Avoir une vision du client unique, c'est d'abord avoir défini une ambition relationnelle unique pour ses clients (the « North Star », disent les Américains), que chaque collaborateur aura la liberté de traduire au quotidien dans ses postures, ses comportements, ses attitudes, et « augmenter » sa qualité de service grâce aux outils numériques. La conjonction de cette ambition client forte, d'une culture de la liberté (« empowerment ») et d'une bonne culture digitale est une formule extrêmement efficace. Aucune entreprise ne peut prétendre accompagner ses clients dans leur transformation digitale sans d'abord se transformer elle-même en une entreprise « digitale » autour de ses clients.

Il y a là un énorme enjeu de communication et de formation en interne, tant au siège qu'auprès des équipes terrain ; certaines entreprises l'ont bien intégré qui investissent largement sur ces postes clés. Comment faire comprendre à chaque personne dans l'entreprise qu'un client n'est plus égal à un canal ? Que l'on doit continuer à servir son client en magasin (ou au téléphone, sur le site, par mél, sur les réseaux sociaux...) le mieux possible, avec le plus d'écoute et d'empathie possible, mais aussi se sentir responsable de la façon dont il est servi sur les autres canaux, parce que c'est le même client – le mien !

Face à un client plus libre que jamais de passer d'un canal à un autre, chacun doit apprendre à être Shiva, à coopérer plus que jamais, pour vivre d'abord soi-même en interne l'expérience sans couture, fluide et cohérente que l'entreprise prétend vouloir faire vivre à ses clients.

Comment faire grandir sa capacité d'écoute et d'empathie, individuelle et collective, pour se tenir au plus près des attentes, du ressenti, des besoins de ses clients et de ses salariés, et peut-être réorienter sa production, ses produits et ses services en conséquence ?
L'avenir est à la co-création en interne, et à la coopération accrue entre les grandes et petites entreprises. « *Find people who make you better* » me conseillait un grand entrepreneur américain : une quête passionnante dont chacun dans l'entreprise ne peut ressortir que grandi et le client... ravi !

Est-ce que la monnaie virtuelle pourrait être une façon de rétribuer le crowdsourcing ? Et comment stimuler l'open innovation dans le but de développer de nouveaux produits et services ?

S'agissant de la monnaie virtuelle et des Bitcoins en particulier, je ne peux que vous inviter à vous référer aux analyses de l'excellent Philippe Rodriguez[c] dont l'avis sur la question sera plus pertinent que le mien.
Sur l'open innovation, je ne crois pas que l'on puisse se réinventer, faire sa « mue du serpent », en ne comptant que sur ses propres forces. Ce ne sont pas les compagnies de fiacres qui ont inventé la machine à vapeur ou le moteur à explosion. S'il y a bien une chose que j'ai apprise aux États-Unis, c'est la nécessité de favoriser la coopération entre les entreprises traditionnelles et tout ce qui n'est pas celles-ci : les start-up, les étudiants, les médias, les clients... Cette innovation ouverte sur le monde suppose de la part des dirigeants d'accepter de reconnaître qu'ils ne savent pas, qu'il faut se remettre en question pour grandir et se réinventer, et mettre en place des véhicules d'écoute, de partage, de financement de start-up pour se nourrir de leur vitalité, leur énergie, leur vision disruptive. À Portland, en Oregon, l'agence de pub Wieden+Kennedy a été à l'origine de la création d'un incubateur, PIE, www.piepdx.com, lieu d'échange, sorte de « club house » entre start-up et grandes marques : les petites boîtes agiles et innovantes rencontrent les plus grands noms (Coca-Cola, Nike, Target, Daimler Benz...), reconnues pour être « the most risk-aversed companies on earth ».
De ce choc des cultures naît une collaboration doublement bénéfique pour les start-up : les porteurs de projets se voient offrir une superbe identité de marque par les cadors créatifs de W+K contre du capital (allez voir les sites de Cloudsucces.com, getlittlebird.com, simple.com pour vous faire une idée, ça change du graphisme fait par le

cousin d'un pote qui est freelance et pas cher...) et profitent gracieusement des conseils business et tech prodigués par les professionnels des plus belles marques mondiales dans un programme complet de 7 semaines – une expérience qui, je pense, constitue une sérieuse alternative aux si chers MBA. Côté grandes marques, quelle bouffée d'air frais pour les salariés que cette plongée dans l'énergie, l'ambition un peu folle, la détermination, l'humilité, la flexibilité, la frugalité de start-up où – important, la hiérarchie se vit tout autrement – « Make things simple ».

Le résultat, ce sont 41 sociétés incubées en 3 ans, 400 emplois locaux créés et 100 millions d'euros levés. Preuve que grands et petits peuvent coopérer, il suffit de s'y mettre.

Quels vont être les nouveaux usages apportés par la mobilité, l'Internet des objets et comment le e-commerce va-t-il trouver un nouveau souffle dans les années à venir ?

Les objets connectés sont une façon fantastique de démultiplier les boutiques, les occasions d'acheter simplement, au bon moment. J'ai bien aimé l'idée de l'opération Fastshopping de Comptoir des Cotonniers lancée du 28 mai au 17 juin 2014. Il était possible d'acheter depuis son smartphone grâce à un flashcode inséré dans des publicités offline poussées sur du mobilier urbain, des affiches, des magazines... L'enseigne présentait astucieusement son opération comme l'exploit d'avoir réussi à ouvrir 10 000 boutiques en une nuit ! Si l'idée est géniale, je ne suis pas certaine en revanche que le résultat en ventes ait été concluant : le téléchargement de l'appli Powatag n'était pas simple, or tout ce qui n'est pas simple ne marche pas !

Dans le même esprit, la start-up Selectionnist, qui permet d'acheter en un clic depuis une appli les produits que l'on a vu dans la presse me semble un très malin fil conducteur qui relie deux mondes, physique et virtuel, qui ne peuvent plus vivre l'un sans l'autre.

Le téléchargement d'appli et les QR codes complexifient souvent inutilement le parcours client ; vivement que l'on invente le Shazam des objets – Amazon a pris une petite avance en la matière, de même avec Amazon Dash[d], le dictaphone intelligent qui permet de faire sa liste de courses depuis chez soi oralement ou en scannant les code-barres, et de se faire livrer.

Ce qui m'enthousiasme dans toutes ces innovations en cours et à venir, c'est qu'elles vont dans le sens d'une extrême simplification du commerce pour le client, en vue à la fois de lui rendre service et de lui faire plaisir. Tout ce qu'on aime !

Et dans cet univers où le parcours client sera de plus en plus fragmenté en une somme de contextes d'achat différents (chez moi sur ma tablette, dans la rue devant une affiche 4x3, dans la vitrine interactive d'un magasin...), le paiement va devenir une brique de plus en plus cruciale. Des acteurs comme Leetchi, qui développe la solution de paiement MangoPay, l'ont bien compris et ont, à n'en pas douter, un bel avenir devant eux.

(a) www.hybris.com/fr/news-events/press-releases/130321-la-foirfouille
(b) www.lefigaro.fr/entrepreneur/good-morning-entrepreneurs/index.php
(c) www.huffingtonpost.fr/philippe-rodriguez/bitcoin-pas-monnaie-avenir_b_4685549.html
(d) www.lesnumeriques.com/amazon-dash-telecommande-connectee-pour-faire-courses-en-ligne-n33910.html

Indicateurs

PS1.1.1 Degré de transversalité entre les directions de nature à faciliter l'innovation

Cet indicateur mesure la capacité de l'organisation à faire travailler les directions ensemble, y compris au-delà de l'organisation elle-même :

- 1 : Existence de modes projets à côté de l'organisation hiérarchique.
- 2 : Existence d'outils collaboratifs permettant de capitaliser et de consigner les résultats de projets en interne pour les réutiliser pour d'autres projets.
- 3 : Évaluations, commentaires à 360° par différentes personnes de l'organisation.
- 4 : *Idem* 3 + notations, suggestions, y compris des partenaires, clients, fournisseurs.
- 5 : Existence de temps alloué par l'organisation pour des projets personnels innovants.

PS1.2.1 Ratio de produits/services réalisés dans une démarche open *innovante*

Il convient de recenser le nombre de produits/services ayant un lien avec le numérique réalisés par l'organisation. Puis d'évaluer le ratio entre le nombre de produits/services réalisés dans une démarche *open* innovante sur le nombre de produits/services totaux réalisés dans l'année.

Les projets réalisés selon une démarche *open* innovante comprennent les projets issus de partenariats (réponses à appels à projets communs avec d'autres entreprises, projets tutorés avec des écoles et des universités, projets conjoints avec des clients ou des fournisseurs).

- 1 : [0-10 %[des projets sont réalisés selon une démarche *open* innovante.
- 2 : [10-20 %[des projets sont réalisés selon une démarche *open* innovante.
- 3 : [20-30 %[des projets sont réalisés selon une démarche *open* innovante.
- 4 : [30-50 %] des projets sont réalisés selon une démarche *open* innovante.
- 5 : plus de 50 % des projets sont réalisés selon une démarche *open* innovante.

PS1.3.1 Ratio de produits/services crowdsourcés

Cet indicateur mesure le degré des produits/services *crowdsourcés*.

- 1 : L'organisation fait appel ponctuellement au *crowdsourcing* (sondage pour le nom d'un produit ou d'un service ou pour le changement d'un logo).
- 2 : *Idem* 1 + l'organisation fait appel aux internautes pour recueillir des idées d'amélioration des produits/services existants et remonter des dysfonctionnements existants.

- 3 : *Idem* 2 + l'organisation demande aux internautes d'apporter des idées pour des nouveaux produits/services.
- 4 : *Idem* 3 + les cahiers des charges de quelques nouveaux produits et services sont réalisés conjointement avec les internautes et un système de récompense des internautes est instauré.
- 5 : *Idem* 4 + les cahiers des charges de projets majeurs sont réalisés conjointement avec les internautes et un système de rétribution des internautes pour le travail *outsourcé* est instauré.

PS2.1.1 Degré de projets conduits avec un prototypage de type POC avant généralisation

Cet indicateur correspond au ratio entre le nombre de projets en mode prototypage de type POC et le nombre de projets de l'entreprise.

- 1 : [0-0,1[
- 2 : [0,1-0,3[
- 3 : [0,3-0,5[+ existence d'une méthode de prototypage.
- 4 : [0,5, 1] + la méthode de prototypage est transverse dans l'organisation et partagée.
- 5 : > 1 plus de prototypes que de projets induisant des choix et un criblage des projets à lancer.

PS2.2.1 Capacité à tester en impliquant l'organisation et l'écosystème numérique

Cet indicateur mesure la capacité de l'organisation à attirer autour d'elle un écosystème dans le but de mener des campagnes de tests de ses produits/services à grande échelle :

- 1 : Implication de plusieurs entités de l'organisation dans les tests (logiciels, données de test, produit cobaye en production).

- 2 : Traçabilité des tests et capitalisation par rapport aux autres versions et produits/services analogues.
- 3 : Les tests de prélancement impliquent l'extérieur (internautes).
- 4 : Des corrections sont apportées par l'extérieur *via* du *crowdsourcing* et un réseau de bêta-testeurs.
- 5 : *Idem* 4 + des corrections sont directement faites sur le produit/service par l'extérieur et remontées aux équipes de développement pour la traçabilité.

PS2.3.1 Degré de documentation du produit/service pour sa bonne utilisation

Cet indicateur mesure le degré de maturité dans la documentation de ses produits et services pour le bien des utilisateurs :

- 1 : La documentation existe et est claire.
- 2 : La documentation peut être obtenue (en ligne sur le site de l'entreprise ou *via* un lien).
- 3 : La documentation est accessible sur les outils de l'entreprise, elle peut être partagée et commentée dans un but d'enrichissement ou de corrections des anomalies ou défaut d'explication.
- 4 : Le cas échéant, la documentation existe dans d'autres langues correspondant aux pays où le produit/service est disponible. La mise à jour de la documentation bénéficie d'une correction automatique des anomalies avec une remontée d'information vers les personnes en charge de la documentation et un signalement des utilisateurs (mél, SMS) en cas de modifications importantes impactant l'utilisation du produit/service.
- 5 : Le produit/service comprend en lui-même la documentation (par exemple, si le produit est pris en photo ou si le code du service de type QR-code permet d'avoir une vidéo ou une information augmentée le présentant et permettant facilement de naviguer vers la question posée).

PS2.4.1 Capacité d'un produit/service numérique à interopérer avec d'autres produits/services de l'organisation ou d'autres organisations

Cet indicateur détermine la propension de l'organisation à bâtir des services compatibles avec d'autres :

- 1 : Les produits/services développés par l'organisation sont bien décrits et commentés.
- 2 : *Idem* 1 + ils sont globalement génériques et peuvent être facilement réutilisés au sein de l'organisation.
- 3 : *Idem* 2 + ils sont évolutifs sans avoir à changer la structure et l'interfaçage avec l'extérieur.
- 4 : Les produits/services développés sont facilement réutilisables pour d'autres organisations avec développement d'APIs spécifiques pour favoriser l'interfaçage.
- 5 : Les produits/services développés permettent le lien entre les mondes physique et numérique (par exemple, QR-code) et entre les biens numériques et le reste du monde numérique.

PS3.1.1 Disponibilité d'un bien via *des canaux numériques*

Cet indicateur détermine le fait qu'un bien soit disponible *via* le digital :

- 1 : Le bien est disponible sur un site. Il est livré rapidement – quelques secondes pour un bien immatériel si téléchargement, 48 heures environ pour un bien physique ou consultable en streaming.
- 2 : Le paiement se fait de façon sécurisée (par exemple https).
- 3 : Le bien est disponible sur les différents sites marchands de l'organisation et des sites partenaires ou affiliés. Il est consultable à la demande, en tout temps, en tout lieu.
- 4 : Le bien peut être utilisé sur d'autres supports numériques et être mis à jour en fonction des évolutions de version.

- 5 : Le bien fait partie d'un écosystème de services. Il bénéficie d'une traçabilité, d'un support et de services autour (produit augmenté *via* réalité augmentée, etc.).

PS3.2.1 Degré dans le multicanal pour la vente des produits/services

Cet indicateur mesure la complémentarité entre les canaux de vente et le partage de l'information clients entre eux :

- 1 : Existence de plusieurs canaux de vente ou de contact de ses cibles.
- 2 : Les canaux de vente ou de contact sont complémentaires (site, chat, SMS, magasin, centre d'appels, etc.).
- 3 : Un référencement est fait sur les canaux (référencement naturel et éventuellement payant sur les moteurs de recherche, catalogues, comparateurs de prix en ligne).
- 4 : Les informations sur les différents canaux sont cohérentes et mises à jour simultanément (prix, services) tout en offrant une logique de personnalisation propre au canal (par exemple, interface différenciée selon les terminaux (PC, tablettes, *smartphones*, objets connectés).
- 5 : Les canaux permettent la remontée des informations sur le client dans une base de données unique pour disposer d'un historique et lui offrir davantage de sur mesure (par exemple, une visite en magasin avec un intérêt pour un produit sera connue du centre d'appels, un SMS envoyé à un commercial sera également tracé dans la base de données).

PS3.3.1 Capacité à piloter ses stocks et à initier des réassorts automatiques grâce au numérique tout en étant en flux tendu

Cet indicateur mesure la capacité e-logistique de l'organisation dans la gestion de ses stocks pour une meilleure optimisation et satisfaction du client :

- 1 : Connaissance de l'état des stocks par magasin en fin de journée.

- 2 : Connaissance de l'état des stocks par magasin en temps réel.
- 3 : Génération de réassorts automatiques en cas de niveau de stock d'un article faible par rapport à l'historique des commandes passées, des pics éventuels et d'autres paramètres liés à des phénomènes de mode, de communication ou de publicité.
- 4 : Possibilité en cas de produits/services non disponibles en stock, de se faire livrer *via* un autre magasin pour que le client ait le produit dans le magasin de son choix ou de se faire livrer à domicile au créneau horaire de son choix.
- 5 : *Idem* 4 + prise en compte des délais et des coûts dans l'optique d'une satisfaction du client.

PS3.4.1 Capacité à disposer de reportings *de vente des produits/services en temps réel et à effectuer des analyses de CA, marges, etc.*

Cet indicateur permet de mesurer l'aptitude de l'organisation à disposer grâce au numérique d'outils de *reportings* lui permettant des analyses de ses chiffres d'affaires et de ses marges dans l'optique d'une prise de décision rapide.

- 1 : Connaissance des ventes de produits/services d'un point de vue temporel (jour, mois, même période précédente) et selon les pays, sites, magasins dans la journée.
- 2 : *Idem* 1, mais en temps réel.
- 3 : Connaissance fine de ses marges *via* un outil utilisé ou développé par l'organisation permettant les analyses. Les ventes *via* les apporteurs d'affaires, ou les affiliations sont intégrées à l'outil de pilotage.
- 4 : Les ventes *via* un code de réduction ou une promotion peuvent être tracées. Toute vente est tracée et l'événement déclencheur peut être remonté et analysé précisément.

- 5 : Les prix des concurrents et en fonction du niveau de service sont intégrés dans l'outil de pilotage de nature à pouvoir réaligner rapidement les prix. Les modifications des prix sont effectuées simultanément sur l'ensemble des canaux de vente.

PS3.5.1 Existence de tableaux de bord dynamiquement pilotés

Pour l'établissement de cet indicateur complexe qui intègre de nombreux paramètres (provenance des visites issues des moteurs de recherche, des liens sponsorisés *via* des mots clés en fonction du niveau d'enchère effectué, parcours au sein du site marchand conduisant à l'achat, visites en provenance de médias sociaux sur lesquels l'entreprise est présente, vente *via* des apporteurs d'affaires ou des affiliés, existence de codes de réduction, vente sur le site après une visite en magasin, etc.), il est fait appel à la communauté, sachant aussi que l'entreprise peut également disposer d'outils d'analyse de ses pages vues et des parcours clients *via* Google Analytics – le tout permettant d'établir des tableaux de bord dynamiques pilotés.

PS3.6.1 Taux de transformation d'une visite en vente

Cet indicateur est relatif au taux de transformation d'une visite en vente depuis un lien produit (il traduit le passage du CPC* au CPA*)

- 1 : [0, 3 %[
- 2 : [3 -8 %[
- 3 : [8-12 %[et capacité à générer des ventes additionnelles ou des options pour un produit/service dans plus de 20 % des cas pour une commande passée.
- 4 : [12-20 %] et capacité à générer des ventes additionnelles ou des options pour un produit/service dans plus de 40 % des cas pour une commande passée.

- 3 : > 20 % et capacité à générer des ventes additionnelles ou des options pour un produit/service dans plus de 50 % des cas pour une commande passée.

PS3.6.2 Taux de conformité aux engagements de délais de livraison

Cet indicateur permet d'évaluer la qualité de la logistique de l'organisation pour livrer ses produits, dans une logique de mesure de la qualité de service de bout en bout, incluant les délais de livraison et surtout la fiabilité à respecter les engagements de livraison, laquelle est très importante pour un e-commerçant.

Des enquêtes sont adressées aux clients (de façon numérique) en mesurant le taux de retour des produits, la note globale obtenue (délais de livraison et fiabilité des engagements), la prise en compte des suggestions faites pour améliorer la satisfaction (une moyenne arithmétique de ces trois sous-indicateurs permet de définir un seuil délivrant le niveau) :

- 1 : [6-9/20[
- 2 : [9-11/20[
- 3 : [11-13/20[
- 4 : [13-16/20]
- 5 : > 16/20

PS4.1.1 Capacité à exploiter les données pour adapter son offre

Les données du client sont exploitées (e-CRM, bases de données, *big data*) pour offrir une personnalisation de l'interface, des suggestions d'achat ou conseils dans l'utilisation des produits/services et des offres sur mesure.

Étant donné le caractère évolutif de cet indicateur et sa complexité, nous proposons à la communauté de le co-construire.

PS4.2.1 Capacité à avoir une offre tarifaire sur mesure grâce au numérique

Cet indicateur mesure le niveau de réalisation de l'entreprise pour établir un prix sur mesure selon les cibles très différentes tout en tenant compte des inducteurs de coût et des caractéristiques du produit/service. Les spécificités du numérique et des marchés liés au numérique (C2C, places de marché) ou les pratiques facilitées par Internet (achat groupé) sont prises en compte. Nous proposons de co-construire cet indicateur avec la communauté.

PS4.3.1 Niveau de perception numérique de l'organisation

Cet indicateur mesure la perception de l'organisation en matière d'image numérique.

Une enquête de perception est à conduire. Elle peut faire l'objet d'un renouvellement annuel sur un panel pour mesurer l'évolution.

Il est intéressant de réaliser deux enquêtes, une enquête auprès des collaborateurs de l'organisation et une enquête miroir auprès des clients, fournisseurs, partenaires pour évaluer les éventuelles divergences.

Les facteurs pour l'évaluation de l'image numérique de l'organisation seront définis collaborativement avec la communauté.

PS4.4.1 Cohérence de la présence de la marque et de ses produits/services sur le web

Cet indicateur a pour but de vérifier la cohérence d'un point de vue du nom de la présence de la marque et de ses produits/services sur le web. Il reflète aussi la capacité à réserver un nom le premier et à lutter efficacement contre les homonymes tout en choisissant des noms différenciants.

- 1 : Le nom de la marque sans différer sur les médias sociaux a été seulement réservé sur deux à trois médias sociaux + existence d'un site Internet.
- 2 : Le nom de la marque a été réservé sur au moins cinq médias sociaux. Le nom de la marque peut différer sur au plus deux médias sociaux et le nom des produits de la marque peut différer sur plus de cinq médias sociaux.
- 3 : *Idem* 2 + le nom de la marque peut différer sur au plus deux médias sociaux et le nom des produits de la marque peut différer sur au plus trois médias sociaux.
- 4 : *Idem* 3 + le nom de la marque est unique sur les médias sociaux. Le nom des produits de la marque peut différer sur au plus deux médias sociaux.
- 5 : Unicité du nom sur les différents médias sociaux et sites (par exemple, Dupont partout, produit1 partout, etc.). Politique de réservation par anticipation des noms de produits et de marques sur les différents médias sociaux et ceux qui se créent. Le nom de la marque a été réservé sur au moins cinq médias sociaux.

(Voir l'outil http://namechk.com pour la disponibilité des noms sur Internet.)

PS4.4.2 Adéquation entre les noms de domaines détenus et la stratégie de la marque à l'international

Cet indicateur permet de mesurer la cohérence de la marque sur Internet à l'international, en particulier l'adéquation entre les noms de domaines détenus et la stratégie de la marque à l'international. Les noms de domaine doivent refléter la stratégie de la marque.

- 1 : Un seul nom de domaine (par exemple .fr ou .com).
- 2 : Quelques noms de domaines pour des pays où l'entreprise est implantée (par exemple .fr, .uk, .es).

- 3 : Des noms de domaines pour les principaux pays où la marque est présente + un .pays pour le pays où l'entreprise est principalement implantée.
- 4 : Des noms de domaines pour les principaux pays où la marque est présente + un .com en plus du .fr ou du .pays pour le pays où l'entreprise est principalement implantée.
- 5 : Autant de noms de domaines que de marques et de pays où la marque est présente + un .com et éventuellement un .quelquechose en rapport avec le secteur d'activité de l'entreprise (par exemple .tv pour la télévision, .md dans le domaine médical). Cela est à mettre en balance avec la rationalisation de la présence afin d'éviter la profusion de sites qui peuvent nuire à la visibilité de l'entreprise.

PS4.4.3 Taux de couverture des langues ciblées

Cet indicateur mesure l'effort de l'entreprise pour localiser les contenus qu'elle produit aux marchés qu'elle veut adresser.

- 1 : [0-20 %[des contenus produits par l'entreprise sont disponibles dans toutes les langues ciblées.
- 2 : [20-50 %[des contenus produits par l'entreprise sont disponibles dans toutes les langues ciblées.
- 3 : [50-70 %[des contenus produits par l'entreprise sont disponibles dans toutes les langues ciblées.
- 4 : [70-100 %[des contenus produits par l'entreprise sont disponibles dans toutes les langues ciblées.
- 5 : 100 % des contenus sont disponibles dans toutes les langues ciblées.

PS4.5.1 Niveau d'audience et de vie de l'organisation (ou d'un de ses produits) sur les médias sociaux

Cet indicateur permet d'évaluer le niveau d'audience de l'organisation en considérant le nombre d'interactions sociales sur les médias sociaux liées aux produits de l'organisation dans une semaine (commentaires, partages, « J'aime » sur Facebook et mentions, retweets, ajout aux favoris, listes sur Twitter, interactions sur d'autres médias sociaux).

Cela est à ramener à la taille de l'organisation avec des effets de seuils (cf. tableau suivant) qui sont supprimés par la formule de calcul proposée.

Outils. Détail du PS4.5.1			
Niveau\Nombre d'interactions sociales par semaine	**Organisation de moins de 100 personnes**	**Organisation de 101 à 5 000 personnes**	**Organisation de plus de 5 001 personnes**
1	[5, 12]	12 + effectif/200	30 + effectif/500
2	[12, 30]	30 + effectif/150	65 + effectif/300
3	[30, 80]	80 + effectif/100	105 + effectif/200
4	[80, 200]	200 + effectif/80	230 + effectif/150
5	Plus de 200	Plus de (500 + effectif/25)	Plus de (2 000 + effectif/100)

Synthèse des indicateurs selon le type d'organisation

Une croix dans une case du tableau signifie que l'indicateur est applicable pour la catégorie d'organisation considérée.

Indicateur \ Type d'organisation		TPE et petite PME, petite association	Grande PME et grande entreprise	Administration, grande association
PS1.1.1	Degré de transversalité entre les directions de nature à faciliter l'innovation		X	X
PS1.2.1	Ratio de produits/services réalisés dans une démarche *open* innovante		X	X
PS1.3.1	Ratio de produits/services *crowdsourcés*		X	X
PS2.1.1	Degré de projets conduits avec un prototypage de type POC avant généralisation	X	X	X

PS2.2.1	Capacité à tester en impliquant l'organisation et l'écosystème numérique	X	X	X
PS2.3.1	Degré de documentation du produit/service pour sa bonne utilisation	X	X	X
PS2.4.1	Capacité d'un produit/service numérique à interopérer avec d'autres produits/services de l'organisation ou d'autres organisations	X	X	X
PS3.1.1	Disponibilité d'un bien *via* des canaux numériques	X	X	X
PS3.2.1	Degré dans le multicanal pour la vente des produits/services		X	X
PS3.3.1	Capacité à piloter ses stocks et à initier des réassorts automatiques grâce au numérique tout en étant en flux tendu	X	X	
PS3.4.1	Capacité à disposer de *reportings* de vente des produits/services en temps réel et à effectuer des analyses de CA, marges, etc.	X	X	
PS3.5.1	Existence de tableaux de bord dynamiques pilotés		X	
PS3.6.1	Taux de transformation d'une visite en vente	X	X	
PS3.6.2	Taux de conformité aux engagements de délais de livraison	X	X	X
PS4.1.1	Capacité à exploiter les données pour adapter son offre		X	X
PS4.2.1	Capacité à avoir une offre tarifaire sur mesure grâce au numérique		X	
PS4.3.1	Niveau de perception numérique de l'organisation	X	X	X
PS4.4.1	Cohérence de la présence de la marque et de ses produits/services sur le web	X	X	X
PS4.4.2	Adéquation entre les noms de domaines détenus et la stratégie de la marque à l'international	X	X	
PS4.4.3	Taux de couverture des langues ciblées	X	X	X
PS4.5.1	Niveau d'audience et de vie de l'organisation (ou d'un de ses produits) sur les médias sociaux	X	X	X

POINTS CLÉS

- Développez des prototypes sous forme de POCs dans une logique de Go/no Go et ayez une culture du test au-delà de l'organisation.
- Pensez à la cohérence entre vos canaux de vente/distribution et les informations recueillies.
- Tirez parti du numérique pour adapter votre offre et son positionnement tarifaire.
- Surveillez l'audience de vos produits sur les médias sociaux.
- Mesurez vos progrès dans la transformation digitale de vos produits et services selon quatre critères : innovation, conception/design, distribution/vente et marketing.

Chapitre 7

Levier : environnement

Présentation

L'entreprise digitale évolue dans un environnement extrêmement changeant. Les relations avec les partenaires se font et se défont en s'appuyant souvent sur des APIs. Les innovations technologiques et de services utiles pour l'entreprise naissent et meurent chaque jour. La réputation en ligne de l'entreprise se propage instantanément au travers des médias sociaux. Les partenariats industriels s'appuient sur une ingénierie contractuelle tirant profit de solutions évolutives donnant une grande souplesse à la relation. Le cadre juridique et fiscal évolue au rythme du développement extrêmement rapide de services plébiscités par les consommateurs ou d'évolutions législatives, voire de lobbies. De nouvelles normes de fait ou émanant d'organismes s'imposent rapidement. L'adoption de technologies et d'usages par les consommateurs et les clients de l'entreprise se fait à grande vitesse.

Ces changements permanents supposent une attitude d'ouverture, de veille, d'appréhension des nouveautés, qu'elles soient liées au cœur du métier de l'entreprise ou à sa périphérie : technologies et services supports, écosystème économique, comportements des consommateurs (pour les entreprises B2C) et des clients (pour les entreprises B2B), règlementation juridique et fiscale. Cette appréhension des changements se révèle au travers d'activités menées par l'entreprise, comme nous avons pu l'observer au sein d'entreprises dans lesquelles nous avons travaillé ou que nous avons conseillées.

«Google a une véritable politique de brevets. En 2013, Google a ainsi déposé 1851 brevets aux États-Unis»

Interview d'Olivier Iteanu, Avocat, Chargé d'enseignement en droit du numérique à l'Université de Paris I Sorbonne et en droit des communications électroniques internes à l'Université de Paris XI Sceaux.

La veille est cruciale pour des entreprises comme Google ou Facebook. Existe-t-il dans les GAFA notamment une culture du secret ou des classifications des informations ou alors l'ouverture et la vitesse priment le secret?

La culture du secret n'est pas bonne pour l'image des GAFA. Elles surfent sur le mythe de l'ouverture et de la transparence, l'un des mythes fondateur d'Internet. Ceci dit, il est une évidence que le secret et la classification des informations sont des pratiques qui ont cours parmi ces sociétés. Ainsi et par exemple, Google a une véritable politique de brevets. En 2013, elle a ainsi déposé 1 851 brevets aux États-Unis, la plupart d'entre eux étant étendus dans le monde. Ca n'est pas négligeable du tout, même si cela reste loin derrière IBM avec plus de 6 000 brevets déposés au titre de l'année 2013. Qui dit brevet, dit forcément politique du secret. C'est donc bien la preuve irréfutable que cette culture existe bien au sein des GAFA quoi qu'on dise. Il est vrai que face à la procédure administrative d'attribution d'un brevet, l'esprit start-up s'accommode mal des lourdeurs, des délais (en moyenne plus de trois ans pour l'enregistrement d'un brevet) et des coûts administratifs d'une telle procédure. Cet esprit start-up a soufflé sans contestation possible à l'origine des GAFA, Google et Facebook en tête. J'ai le sentiment que ce temps est passé et les récentes acquisitions externes de ces grandes entreprises montrent que l'innovation est désormais à l'extérieur de ces entreprises ou emprunte des voies plus «traditionnelles» comme, justement, le recours à la propriété intellectuelle et à la culture du secret. Google n'est pas encore Apple, le roi des brevets et de la fermeture, mais il s'y dirige doucement.

Comment le juridique notamment s'agissant du numérique peut devenir un critère de maturité d'une entreprise ?

Le droit est l'avenir du numérique. Mais il a de nombreux défis à relever. Il est l'avenir du numérique, car qu'il soit décliné *off line* ou en mode communications électroniques, le numérique abolit les frontières physiques et logiques. Le lieu le plus visible de cette évolution est l'entreprise. Tous les processus se dématérialisent. Les équipements entrent et sortent de l'entreprise, qu'ils soient propriété de l'entreprise ou du personnel. Le travail se fait à distance de partout. On ne se connecte plus au SI de l'entreprise, on est connecté. Qui va donc faire le tri entre ce qui est personnel et professionnel, entre ce qui est social et antisocial, ce qui est bon pour l'entreprise et ce qui ne l'est pas ? Le droit. Mais un droit clair, simple, fondé sur un cadre légal qui laisse respirer la réalité et ne cherche pas à imposer une vision idéologique des choses. La Loi n'est pas forcément l'avenir du droit. Je crois plus à un cadre légal souple et à la casuistique, c'est-à-dire la résolution des problèmes par ceux qui les traitent, les juges. L'arrêt rendu par Cour de Justice de l'Union européenne du 13 mai 2014 sur le droit à l'oubli et Google (arrêt C-131/12 Google Spain SL, Google Inc. / Agencia Española de Protección de Datos, Mario Costeja González), est l'illustration de mon propos. Donc aujourd'hui, faire du droit souple, c'est créer des normes communes juridiques et opposables comme les chartes informatiques qui pullulent dans tous types d'organisations grandes mais aussi, ce que nous constatons de plus en plus, dans des organisations moyennes voire petites. C'est aussi revoir à l'aune de cette évolution sa batterie de contrats, avec les collaborateurs, salariés et freelances, partenaires ; c'est organiser, toujours pas contrat, la circulation de l'information avec les fournisseurs, les clients. Le contrat est un outil juridique aujourd'hui effectif.

En quoi le lobbying, la mise en place d'une cellule d'intelligence économique peut être un levier de développement de la maturité numérique d'une entreprise ou d'une organisation ?

Votre question est d'une certaine manière la suite de ma réponse précédente. Le lobbying est permanent et très efficace lorsque les cercles de pouvoir sont bien identifiés et très concentrés. C'est tout à fait le cas de l'Europe et de Bruxelles. Pour mémoire, en Europe, c'est bien Bruxelles qui a pris le leadership de la réglementation applicable aux technologies de l'information alors que les Parlements nationaux ne font plus que transposer les directives communautaires ou constater l'application des Règlements européens. De ce point deux vue, les GAFA l'ont très bien compris et vous ne trouverez pas un seul groupe de travail, une seule commission où ils ne siègent pas, donnent leurs avis, influencent. Donc oui, pour répondre à votre question, le lobbying est un levier efficace. Le système judiciaire quant à lui est très difficile à contrôler par les puissants car très éclaté. Un « petit » juge dans son coin a autant de pouvoir qu'une grande Cour d'appel. Il est le régulateur d'Internet et à mon sens, il est l'avenir d'Internet et son esprit de coopération absolument nécessaire à sa survie.

Enfin comment l'implantation d'une organisation sur plusieurs sites distants et à l'international peut s'avérer un atout avec le numérique pour assurer une plus grande cohésion, un meilleur esprit d'entreprise et une plus grande éclosion des idées ?

Evidemment, le numérique donne cette possibilité d'une coopération à grande distance, fruit d'une très grande richesse. Et les entreprises auraient tort de se priver de cette faculté qui leur est offerte. C'est ma conviction profonde, ma croyance même, est que cette apparente diversité est au contraire gage de cohésion au sein de l'entreprise, si elle est bien gérée. Cohésion ne signifie pas que chacun perde sa singularité. Au contraire, il faut combattre l'uniformisation et que chacun apporte ce qui lui est propre. L'impératif c'est la finalité qui doit être commune. Nous avons par exemple dans notre Cabinet, monté un Wiki pour un clausier. Chaque Avocat y poste les clauses de contrats qu'il a négociées ou écrites ou qu'il rencontre. Il classe ensuite chaque clause postée par catégories (projet informatique, e-commerce, etc.) et nous discutons ensuite tous ensemble à la virgule près pour aboutir à la clause parfaite, le plus souvent les clauses sont parfaites en fonction qu'on se place d'un côté ou de l'autre du contrat. En plus de 20 ans de métier, je n'avais jamais connu un tel outil. Nous progressons tous à pas de géants avec une telle coopération. Nous l'avons ouvert à nos correspondants étrangers et nous discutons maintenant des clauses en anglais applicables dans les pays où nous intervenons le plus souvent. C'est magique et jamais ça n'aurait pu exister avant le Web pour des professionnels non techniques comme nous. Mais au-delà de l'objet de la coopération, il faut aussi y fixer des règles communes à respecter pour le bien de tous, par exemple en termes de confidentialité des accès ou des données. Là encore, le droit a un rôle à jouer. Les règles communes peuvent s'écrire, se discuter, se contractualiser. Oui, le droit, dans cet environnement nouveau, est bien devenu un partenaire indispensable de la technique et de l'organisation.

Critères

Nous proposons de caractériser la maîtrise de son environnement par l'entreprise digitale selon quatre critères regroupant les questionnements de l'entreprise :

- Relations : comment l'entreprise interagit-elle avec ses partenaires, ses clients ? Comment gère-t-elle son e-réputation ? Comment tire-t-elle profit du digital pour développer autour d'elle un écosystème d'acteurs ? Comme profite-t-elle des innovations contractuelles apportées par le digital pour développer ses activités ? Quelle est sa stratégie d'implantation physique de ses sites, pour bénéficier des pôles d'emplois technologiques ?
- Règlementaire : comment l'entreprise traite-t-elle ses obligations juridiques liées à ses activités en ligne ? Comment tire-t-elle profit du digital pour optimiser sa fiscalité et être compétitive avec ses concurrents mondiaux ?
- Normes : comment l'entreprise contribue-t-elle aux organismes en charge de l'élaboration des normes qui régissent le digital ?
- Usage : comment l'entreprise tient-elle compte de la maturité digitale de ses publics (clients finaux, entreprises) pour adapter son offre et ses services en ligne ? Comment appréhende-t-elle les particularités territoriales du digital dans les régions où elle souhaite se développer ?

E1 Relations

Ce critère vise à apprécier la capacité de l'entreprise à mettre en place un environnement relationnel favorable au développement d'un écosystème autour d'elle, à mener une veille concurrentielle sur le digital, à appréhender les évolutions de comportements de ses clients du fait de leur appropriation du digital. Il vise aussi à apprécier la capacité de l'entreprise à mettre en place une ingénierie contractuelle propice à l'innovation et à implanter ses sites dans des bassins d'emploi dynamiques afin de profiter de compétences digitales.

L'entreprise digitalisée offre à des acteurs tiers la possibilité de développer leurs propres services en s'appuyant sur les APIs qu'elle propose. Dans le secteur public, l'approche *open data* permet ainsi le développement de services à valeur ajoutée s'appuyant sur des données publiques. La même logique peut être appliquée par les entreprises privées qui vont drainer une communauté d'entreprises autour d'elles (start-up, etc.). La veille concurrentielle et de comportement des clients utilisant le digital est réalisée de manière centralisée et collaborative, en impliquant les collaborateurs. Les nouveautés sont ainsi détectées plus rapidement et les collaborateurs sont beaucoup plus conscients du regard que les clients portent sur l'entreprise. La e-réputation de l'entreprise est ainsi perçue en permanence en interne. Sur le plan contractuel, les relations de l'entreprise avec ses partenaires reposant sur une infrastructure de flux de données, l'application de bonus ou de pénalités est automatisée. Enfin l'entreprise digitalisée implante ses sites d'innovation au plus près des bassins d'emploi attirant les talents du digital, profitant ainsi du fourmillement d'idées et de tentatives.

Cependant, ce critère ne couvre pas tout ce qui relève des relations avec les futurs collaborateurs qui font partie du cœur de métier des directions des relations humaines. Il ne traite pas non plus de la manière dont les relations se réalisent, ni les supports utilisés, ni leur densité (par exemple nombre de contacts par mois avec des journalistes au travers du mél), ni de leur qualité, autant d'aspects qui relèvent du cœur de métier de la direction de la communication. Il ne s'intéresse pas non plus à ce qui relève du cœur de métier de la direction des achats, tels le catalogue fournisseurs, les processus de sélection de fournisseurs, etc.

E2 Réglementaire

Ce critère permet d'évaluer la capacité de l'entreprise à appréhender les évolutions juridiques et fiscales provoquées par le développement du digital dans nos sociétés. Ce domaine étant par essence complexe et évolutif, nous proposons, dans notre version du modèle de maturité digitale, un cadre d'accueil des spécificités du digital dans leur domaine d'expertise. Charge aux experts du droit et de la fiscalité du numérique d'apporter leur contribution en proposant des critères, sous-critères et indicateurs révélateurs de la maturité d'une entreprise à bien appréhender ces domaines.

L'entreprise digitalisée a intégré dans la conception de ses produits et de ses services, dans sa relation avec ses clients, dans sa distribution, à la fois les limites autorisées légalement (en application du principe : tout ce qui n'est pas interdit est autorisé), les flous dans la jurisprudence pour développer des innovations à la « frontière » du droit, et l'évolution rapide du droit national et international qui s'applique à ses marchés. Sur le plan fiscal, elle optimise ses charges (toujours légalement bien sûr) en tirant parti des dispositifs tels que la moindre taxation de ses bénéfices dans des pays plus avantageux (l'Irlande ou le Luxembourg en Europe, par exemple).

Ce critère ne vise pas à apprécier l'application stricte du droit ou encore le recours à tel ou tel dispositif d'optimisation fiscale dont l'accès est facilité par le digital. Il ne présage pas non plus de la manière dont l'entreprise maîtrise les lois qui s'appliquent à ses activités en ligne, que ce soit au travers d'un département juridique centralisé ou bien au travers de sous-traitants spécialisés consultés au cas par cas.

E3 Normes

Ce critère permet d'évaluer les efforts qu'une entreprise alloue aux travaux de normalisation du digital.

L'entreprise digitale est en effet une entreprise consciente qu'elle opère sur un ensemble meuble. L'innovation y est permanente, à la fois dans l'offre (de technologies, de services, de produits) mais aussi dans le comportement des consommateurs. L'entreprise qui se positionne en acteur du digital s'implique ainsi dans le développement de normes et de standards facilitant la création de richesses au travers du digital. Son implication repose sur la délégation d'une partie de ses ressources humaines à cet effort collectif de normalisation animé le plus souvent par des organismes internationaux ou des *think tanks*.

En revanche, ce critère ne présage pas de la nature même des normes auxquelles l'entreprise choisit de consacrer une partie de ses ressources. En effet, selon son secteur d'activité et ses enjeux stratégiques, l'entreprise peut avoir intérêt à s'investir sur des normes (ou groupes de travail) spécifiques.

E4 Usage

Ce critère permet d'apprécier la capacité de l'entreprise à prendre en compte la maturité des consommateurs (B2C) et des clients (B2B) en termes d'équipement et d'usage du digital.

Les services en ligne, bien que conçus pour être théoriquement accessibles depuis le monde entier, ne sont pas forcément consommables par les utilisateurs auxquels ils sont destinés. Ainsi, un site e-commerce hébergé en France, à destination de clients localisés en Allemagne, pourra souffrir localement de temps de réponse anormalement lents, du fait d'une infrastructure inadaptée. L'entreprise digitale prend en compte la capacité d'usage de ses publics dans les régions qu'elle cible, leur accès à une infrastructure, à des matériels, à leurs habitudes et leurs référentiels culturels. Elle adapte ainsi les services qu'elle propose en cohérence avec la stratégie de développement digital qu'elle s'est fixée.

En revanche, ce critère ne s'intéresse pas à tel ou tel type d'usage. Il ne présage pas non plus de la capacité des utilisateurs à maîtriser telle ou telle technologie.

« Le big data impose d'anticiper de nouveaux « potentiels » concepts autour de la protection des données personnelles »

Interview d'Alain Bensoussan, avocat sur les obligations juridiques liées au digital

Avez-vous établi une check-list des obligations juridiques qu'une organisation doit observer pour être performante sur le web (déclaration Cnil, LCEN, etc.) en France et à l'international ?

Plus qu'une check-list des obligations juridiques, la performance d'une entreprise se pose en termes de conformité à un référentiel légal. Par exemple, le développement de la conformité « Informatique et libertés » et plus généralement dans le domaine du numérique, suppose de développer des logiciels d'audit juridiques. C'est pourquoi, nous avons développé des systèmes intelligents d'aide à la mesure de la conformité afin de déterminer les niveaux d'écart, les risques, l'impact des risques et les plans d'action à mettre en œuvre.
Un référentiel juridique est par nature évolutif et la performance juridique se mesure également en termes de capacité à suivre au plus près, voire anticiper, les évolutions réglementaires. C'est l'objet de la veille juridique que nous pratiquons au quotidien.

Quelles vont être les évolutions juridiques prévisibles dans les 5 prochaines années auxquelles les organisations vont devoir se préparer ? On peut songer aux impacts du cloud, du big data, de l'open data...

Parmi les grands enjeux juridiques des nouvelles technologies du futur, on trouve le Cloud computing et le big data. Le premier est susceptible de concerner tous les acteurs et secteurs économiques, et induit la convergence de nombreuses thématiques telles que les relations contractuelles, la sécurité, les données à caractère personnel, la confidentialité. Autant d'aspects qu'il est indispensable de gérer en amont de l'implémentation du cloud.

Quant au second, le Big data, il soulève un nouveau paradigme du droit à travers l'application de la loi Informatique et libertés. Cette dernière est en effet fondée sur la collecte, qui doit être licite et loyale, alors que le big data repose sur la création et non la collecte de données par l'entreprise.

Mais d'autres évolutions juridiques sont prévisibles à cinq ans, comme l'Internet des objets, le développement de la robotique, de l'intelligence comportementale et du cerveau artificiel. L'essor des projets, notamment dans la robotique de services, rend incontournables les questions d'ordre juridique soulevées par la régulation de l'activité robotique. Cette dernière figure au nombre des technologies clés à l'horizon 2020. En témoigne le plan France Robots initiatives, publié en mars 2013 sous l'autorité conjointe du ministre du Redressement productif et de celui de l'Enseignement supérieur et de la Recherche.

Or il est rare que l'apparition d'une innovation ou d'une technologie ne s'accompagne d'une adaptation du cadre juridique. Il en découlera la nécessité d'instaurer un droit des robots, dotant ceux-ci d'une personnalité et d'une identité juridique pour permettre le développement de l'activité robotique (cf. notre chronique juridique dans le magazine Planète Robots).

Observez-vous chez vos clients et vos partenaires une capacité à appréhender les évolutions du droit numérique ? Quels dispositifs de veille mettent-ils en œuvre ? Quelles formations en matière de droit numérique suivent-ils ?

La maîtrise des évolutions du droit numérique est essentielle pour les entreprises. C'est pourquoi elles doivent organiser une transition numérique vers l'Internet des objets (IdO) afin de mieux comprendre l'univers des objets connectés, percevoir les opportunités d'application et définir des stratégies.

Aujourd'hui, on considère qu'une personne est en moyenne connectée à deux outils ou applications. Plutôt que de parler de l'Internet des objets, on doit d'ailleurs parler d'objets connectés ou d' « objets intelligents ».

Cette transition numérique pose un problème de mutation des produits, des services, des processus et des individus. Ces nouvelles technologies se mettent en place (réseaux, processeurs, logiciels, services à valeur ajoutée) autour des géants comme Google, Intel, IBM ou Apple.

Être en veille ne suffit plus, il faut initialiser sans attendre des projets tenant compte de ces mutations. C'est le cas du big data qui impose d'anticiper de nouveaux « potentiels » concepts autour de la protection des données personnelles, l'open data, la propriété intellectuelle ou encore la protection des bases de données.

Comment les relations contractuelles qui existent entre une organisation et ses partenaires (conventions de service avec des infogérants, SLA/SLR, etc.) peuvent-elles avoir des degrés d'exigence croissant pour le bien réciproque des parties ?

Les relations contractuelles doivent être fondées sur des schémas juridiques articulés autour de diverses matrices telles que :

- la matrice d'analyse qui consiste à croiser différentes approches afin de tenter de cerner une « vérité ». Il en est ainsi, par exemple, de la matrice d'analyse des preuves.
- la matrice des actions et des responsabilités à toutes les phases d'un projet informatique (conception, réalisation, conformité, exploitation, garantie, maintenance, etc.)
- la matrice de performance, etc.

La matrice de performance permet notamment de recenser et de croiser les différents niveaux de performance observés (temps de réponse, temps de traitement, durée maximale de rétablissement, etc.).
Il est pertinent d'avoir recours à de telles matrices se présentant souvent sous la forme de tableaux qui peuvent être intégrés dans le plan qualité projet annexé au contrat et auxquelles pourront renvoyer certaines clauses.
Ces matrices permettent en effet de dresser la liste des obligations contractuelles essentielles, le titulaire de l'obligation ainsi qu'une cotation du poids de l'obligation en fonction du risque que les parties associent à l'inexécution ou la mauvaise exécution des obligations.
Ce sont là des outils de gouvernances indispensables car ils permettent de renforcer la confiance des parties.

Enfin comment le juridique, loin d'être vu comme une contrainte, peut-il être un vecteur et une opportunité pour développer le numérique au sein d'une organisation ?

Le juridique évolue de la maîtrise de l'exploitation d'un système vers la création de règles juridiques.
Le nouveau métier de l'avocat est d'être « designer juridique », assumant les fonctions de conception, réalisation et déploiement de solutions juridiques pour créer de la valeur économique et pas seulement de la sécurité juridique.

Sous-critères

E1.1 Parties prenantes

Ce sous-critère vise à apprécier la maturité de l'entreprise dans ses interactions avec ses parties prenantes, partenaires, concurrents, consommateurs et plus largement l'ensemble des personnes susceptibles de communiquer avec et sur l'entreprise. Il porte l'attention sur l'entretien d'un réseau de partenaires développeurs de services s'appuyant sur les APIs qu'elle fournit, sur le dispositif de veille concurrentielle ou encore sur l'organisation en place pour gérer la e-réputation de l'entreprise.

E1.2 Clients

L'entreprise digitale est résolument tournée vers ses clients. Consciente de leurs besoins, elle s'imprègne de leur perception de ses produits et services. En menant en permanence une veille des comportements et usages, elle collecte ainsi les informations nécessaires à l'amélioration de l'expérience vécue par les consommateurs et nourrit son innovation.

E1.3 Contractuel

Les contrats conclus par l'entreprise avec ses partenaires, fournisseurs et clients, sont susceptibles de mettre en œuvre des solutions informatiques, souvent hébergées dans le *cloud*. L'entreprise digitale mature automatise cette relation contractuelle, optimise ainsi ses coûts, allège ainsi la charge de gestion des contrats.

E1.4 Implantation géographique des sites

Ce sous-critère porte l'attention sur la capacité de l'entreprise à s'implanter physiquement dans des lieux attirant les talents du digital. Il peut s'agir de pépinières d'entreprises innovantes, d'espaces de co-*working*, de lieux d'exposition de solutions technologiques innovantes, etc. La présence de l'entreprise digitale dans ce type de lieu offre à ses collaborateurs un accès à la nouveauté par les contacts noués sur place, stimule la créativité des équipes, challenge leurs productions confrontés à celle des start-up présentes, donne de la visibilité aux créations de l'entreprise auprès de relais d'opinion actifs dans les canaux de communication digitaux.

E2.1 Juridique

L'entreprise digitale collecte des données, y compris des données personnelles des utilisateurs des services en ligne qu'elle propose, déploie ses services sur des territoires soumis à des contraintes règlementaires spécifiques, ou encore met à disposition de ses collaborateurs des outils numériques. Ces activités entraînent des obligations dans un cadre règlementaire évoluant rapidement, ce qui suppose de la part de l'entreprise digitale, non seulement une veille sur la jurisprudence, les lois (nationales et internationales), mais aussi une revue régulière du respect de ce cadre juridique par l'entreprise.

E2.2 Fiscal

Ce sous-critère vise à apprécier la capacité de l'entreprise à tirer parti des possibilités que le digital offre en terme d'optimisation fiscale. L'idée n'est pas ici d'encourager l'évasion fiscale, mais *a minima* d'encourager une veille sur l'innovation fiscale, ne serait-ce que pour mener des actions de lobbying auprès des pouvoirs publics (par exemple, militer pour une taxation des revenus des entreprises sur le lieu de consommation de leurs produits et non sur le lieu d'implantation de leur siège social).

E3.1 Organismes

L'entreprise digitale alloue des ressources à la définition des normes et standards du digital. Ce sous-critère permet de mesurer l'engagement de l'entreprise dans les organismes de normalisation. À terme, nous pouvons imaginer de prendre également en compte l'impact de cet engagement sur le chiffre d'affaires de l'entreprise, par exemple grâce aux normes qu'elle aura contribué à faire émerger et qui peuvent lui donner un avantage concurrentiel.

E4.1 Clients

Ce sous-critère vise à apprécier la capacité de l'entreprise à offrir des services et des contenus en adéquation avec la maturité digitale de ses clients, sur la zone de chalandise visée. Il porte également l'attention sur l'adoption du mobile sur la zone en question. À l'avenir, au fur et à mesure de l'adoption de nouvelles technologies (par exemple, objets connectés, télévision connectée, RFID), ce sous-critère pourra être complété, toujours dans l'esprit de s'assurer que l'entreprise fournit des services en ligne adaptés à l'usage de ses clients.

E4.2 Entreprises

De manière équivalente au sous-critère précédent, mais pour des entreprises opérant en B2B, ce sous-critère apprécie l'accès au haut débit par les entreprises clientes de l'entreprise. Le postulat étant qu'une entreprise digitale B2B se doit de fournir à ses clients des services et contenus adaptés à leurs usages, par exemple des contenus vidéo pour des clients disposant d'une bande passante élevée.

Indicateurs

E1.1.1 Nombre de sociétés utilisatrices des APIs exposées par l'entreprise

Cet indicateur se définit comme le nombre de sociétés utilisatrices des APIs exposées par l'entreprise au cours du mois précèdent la mesure. Dans cette première version du modèle, nous ne distinguons pas les sociétés clientes, fournisseurs, partenaires ou simples consommatrices des données accessibles au travers des APIs. Nous n'avons pas non plus trouvé de définition permettant d'être insensible à la taille de l'entreprise. Néanmoins, nous considérons que cette première définition permet de prendre en compte l'importance des APIs dans le développement du digital. Les niveaux de maturité que nous proposons sont définis de manière empirique au regard de nos expériences :

- 1 : [5-10[entreprises.
- 2 : [10-100[entreprises.
- 3 : [100-500[entreprises.
- 4 : [500-1 000] entreprises.
- 5 : Plus de 1 000 entreprises.

E1.1.2 Présence d'un processus de veille concurrentielle

Le processus de veille concurrentielle est d'autant plus mûr qu'il offre une détection plus rapide des signaux pouvant avoir un impact sur l'activité de l'entreprise :

- 1 : Veille manuelle assurée par quelques collaborateurs identifiés.
- 2 : Veille automatisée au moyen d'outils embryonnaires (par exemple Google Alerts).
- 3 : Veille collaborative mobilisant un réseau de collaborateurs, *reportings* hebdomadaires diffusés aux directions opérationnelles.
- 4 : Veille proactive s'appuyant sur une communauté de veilleurs internes et externes à l'entreprise et réalisation de newsletters pour des décideurs identifiés dans l'entreprise. Utilisation d'outils d'automatisation de sa veille (par exemple, Digimind, Ami Software, Sindup).
- 5 : Veille proactive avec diffusion automatique d'alertes aux collaborateurs concernés et suivi des actions qui en découlent

E1.1.3 Présence d'une organisation de gestion de la e-réputation

La gestion de la e-réputation d'une entreprise commence par la prise de conscience que les parties prenantes communiquent sur l'entreprise, ses cadres dirigeants et ses collaborateurs. Cette communication sans maîtrise possible peut surprendre l'entreprise peu habituée aux codes du digital. L'entreprise la plus mûre a non seulement compris que la parole des parties prenantes est libre (tout en tombant sous le coup de la loi dans le cas de dénigrement ou de diffamation par exemple), mais elle a en plus développé une communauté capable d'agir spontanément pour défendre ses intérêts :

- 1 : Surveillance manuelle d'espaces communautaires sélectionnées.
- 2 : Mise en place d'un dispositif d'écoute du web social, automatisé, impliquant une ressource interne clairement identifiée.
- 3 : Intervention au nom de l'entreprise lorsque nécessaire, sur des conversations et des thématiques ciblées remontées par le processus de veille.
- 4 : Une stratégie de gestion de la e-réputation est définie, impliquant l'ensemble des directions de l'entreprise. Des relais opérationnels sont nommés.
- 5 : La communauté (interne et externe) intervient rapidement et sans directive pour protéger la réputation de l'entreprise ou de la marque.

E1.2.1 Présence d'une veille sur les comportements et usages

Cet indicateur permet de mesurer la capacité de l'entreprise à identifier les nouveaux comportements et usages des consommateurs :

- 1 : Participation de quelques collaborateurs à une veille sur les nouveaux comportements et usages au travers de lectures (études, livres, publications diverses), d'informations glanées sur le web et de conférences.

- 2 : Partage des nouveaux comportements identifiés au sein d'une communauté de collaborateurs identifiés.
- 3 : Réalisation d'enquêtes terrain, en propre ou en co-investissement avec des partenaires, chaque année, sur les zones de chalandise ciblées.
- 4 : Réalisation et publication d'études d'impacts des nouveaux comportements sur les produits, les services, la distribution de l'entreprise. Participation à des forums et à des conférences.
- 5 : Dispositif de collecte des nouveautés soumises par les consommateurs, la communauté signalant les nouveaux comportements que l'entreprise doit prendre en compte.

E1.3.1 Degré de maturité de la relation contractuelle

Cet indicateur apprécie la capacité de l'entreprise à gérer les contrats, licences, SLA/SLR avec les sociétés tierces, la dépendance économique, la renégociation périodique des contrats, en particulier sur les applications stratégiques pour l'activité de l'entreprise :

- 1 : Contrats de services hétérogènes, mais clairement référencés au sein de l'entreprise, référentiel à jour permettant d'entrer rapidement en relation avec un fournisseur si nécessaire.
- 2 : Niveaux de SLA/SLR, de dépendance économique, de pénalités, négociés systématiquement et connus par les responsables opérationnels en charge des contrats sur les applications critiques pour l'entreprise.
- 3 : Contrats avec les prestataires des applications critiques, centralisés sur une espace collaboratif, quel que soit le département de l'entreprise à l'origine du contrat.
- 4 : Campagne d'audits ponctuels de contrôle du respect des contrats des applications critiques, renégociation des contrats chaque année.

- 5 : Solutions de contournement des applications critiques activables dans l'heure qui suit la détection d'une panne, collecte automatisée permanente des informations support au calcul d'indemnités.

E1.4.1 Proximité des principaux sites

Cet indicateur mesure l'effort que fait l'entreprise pour être physiquement présente sur les sites où se réunissent les innovateurs :

- 1 : Identification des sites réunissant les innovateurs dans les bassins d'emploi où l'entreprise est implantée.
- 2 : Participation de quelques collaborateurs à des projets réalisés dans des sites réunissant des incubateurs.
- 3 : Mise en place de passerelles (projets, emplois, ressources temporaires) entre les sites attirant les innovateurs et l'entreprise.
- 4 : Participation active de l'entreprise à l'animation et au financement de sites réunissant des innovateurs autour de l'entreprise, faisant de l'entreprise un mécène de l'innovation locale.
- 5 : Création de sites propriétés de l'entreprise, attirant des sociétés innovantes, faisant de l'entreprise un incubateur.

E2.1.1 Niveau de maturité du droit du numérique

Cet indicateur se base sur une liste, qui reste à définir, d'obligations juridiques telles que celles imposées par la Cnil (traitement automatisé d'informations nominatives, durée de conservation des logs, droit à l'oubli, principe de l'*opt'in*), la LCEN (hébergement des données et responsabilité associée, par exemple détection de contenus pédophiles publiés sur les plateformes ouvertes), la lutte contre la fraude informatique ou encore les obligations pour répondre à la DGCCRF (par exemple, protection de l'internaute consommateur en cas d'achat frauduleux *via* son compte bancaire, délai de rétractation). Cette liste sera mise à jour chaque année. Cet indicateur se définit comme le ratio d'obligations respectées par les actifs numériques de l'entreprise :

- 1 : [5-30 %[
- 2 : [30-50 %[
- 3 : [50-70 %[
- 4 : [70-90 %]
- 5 : Plus de 90 % et respect des processus opérationnels (par exemple, destruction des données personnelles collectées depuis plus de trois ans).

E2.2.1 Niveau de reporting*, de consolidation et d'optimisation grâce aux outils numériques et dans le respect de la loi*

Nous proposons à la communauté de définir cet indicateur en prenant en compte la connaissance de l'entreprise des optimisations fiscales rendues possibles grâce au numérique.

E3.1.1 Nombre d'ETP dédiés aux organismes de normalisation du numérique

Cet indicateur se définit comme le rapport entre le nombre d'équivalents temps plein de collaborateurs travaillant sur des normes et le nombre d'équivalents temps plein de l'entreprise. Dans la mesure où, à notre connaissance, aucune référence n'existe aujourd'hui pour cet indicateur, nous proposons d'en définir les seuils avec la communauté. Les entreprises jugées les plus matures seront celles dont l'implication sera reconnue comme significative par les organismes de normalisation.

E4.1.1 Adéquation entre l'offre de services proposée liée aux débits et la capacité de la cible à les utiliser

Cet indicateur se définit comme le pourcentage de la population d'une zone de chalandise cible de l'entreprise capable d'utiliser les services en ligne qu'elle propose. Cette capacité comprend : la bande passante disponible, les terminaux déployés, l'adoption des technologies et usages fondamentaux aux services :

- 1 : [0-20[%
- 2 : [20-40[%
- 3 : [40-60[%
- 4 : [60-90] %
- 5 : Plus de 90 %

E4.1.2 Taux de souscription d'Internet mobile sur le territoire

Cet indicateur se calcule comme le rapport entre le nombre de consommateurs des zones de chalandise de l'entreprise ayant souscrit une offre d'accès à Internet en mobilité sur le nombre de consommateurs potentiels de la zone. Cet indicateur fait l'objet d'une révision annuelle du fait de l'évolution de l'abonnement des utilisateurs :

- 1 : [0-20[%
- 2 : [20-40[%
- 3 : [40-60[%
- 4 : [60-80] %
- 5 : Plus de 80 %

E4.2.1 Pénétration du haut débit chez les entreprises clientes

Cet indicateur, applicable aux entreprises B2B, se calcule comme le rapport entre le nombre d'entreprises des zones de chalandise de l'entreprise ayant souscrit une offre d'accès à

Internet en haut débit (la notion de haut débit** et de très haut débit étant actualisée chaque année, selon les informations délivrées par l'Arcep), sur le nombre d'entreprises clientes potentielles de la zone :

- 1 : [0-20[%
- 2 : [20-40[%
- 3 : [40-60[%
- 4 : [60-80] %
- 5 : Plus de 80 %

** Le haut débit, c'est l'ADSL par exemple. La fibre optique peut être considérée comme du très haut débit. Ces éléments sont précisés dans le chapitre 8 sur la nécessité du modèle collaboratif et du site associé pour recueillir *via* le *crowdsourcing* les suggestions de l'intelligence de la multitude.

Synthèse des indicateurs selon le type d'organisation

Une croix dans une case du tableau signifie que l'indicateur est applicable pour la catégorie d'organisation considérée.

Indicateur / Type d'oganisation		TPE et petite PME, petite association	Grande PME et grande entreprise	Administration, grande association
E1.1.1	Nombre de sociétés utilisatrices des APIs exposées par l'entreprise		X	X
E1.1.2	Présence d'un processus de veille concurrentielle	X	X	
E1.1.3	Présence d'une organisation de gestion de la e-réputation	X	X	X
E1.2.1	Présence d'une veille sur les comportements et usages		X	X
E1.3.1	Degré de maturité de la relation contractuelle		X	X
E1.4.1	Proximité des principaux sites		X	X
E2.1.1	Niveau de maturité du droit du numérique		X	X

E2.2.1	Niveau de *reporting*, de consolidation et d'optimisation grâce aux outils numériques et dans le respect de la loi		x	
E3.1.1	Nombre d'ETP dédiés aux organismes de normalisation du numérique ramené au nombre de collaborateurs		x	
E4.1.1	Adéquation entre l'offre de services proposée liée aux débits et la capacité de la cible à les utiliser		x	x
E4.1.2	Taux de souscription d'Internet mobile sur le territoire		x	x
E4.2.1	Pénétration du haut débit chez les entreprises clientes		x	x

POINTS CLÉS

- Mettez en place une veille permanente pour appréhender les changements : innovations (y compris en dehors de votre secteur), juridique, fiscal, nouveaux comportements des consommateurs.
- Construisez un écosystème autour de votre entreprise et de certaines de vos données en vous appuyant sur une infrastructure digitale ouverte (APIs).
- Impliquez certains collaborateurs experts dans l'élaboration des normes du digital utiles à votre entreprise.
- Mettez-vous à la place de vos clients, surveillez systématiquement vos services en ligne comme ils le feraient.
- Mesurez vos progrès dans la transformation digitale de votre appréhension de l'environnement à partir de quatre critères : relations, réglementaire, normes, usage.

Chapitre 8

Au-delà du modèle de maturité digitale…

Un modèle à vivre !

Vous venez de découvrir le modèle de maturité digitale que nous vous proposons. Cinq leviers, décomposés en 22 critères, eux-mêmes décomposés en 70 sous-critères, mesurés avec 117 indicateurs dont nous avons décrit chacun des cinq niveaux de maturité. C'est beaucoup, et pourtant ce n'est pas suffisant.

En structurant et organisant le modèle de cette manière, nous avons voulu couvrir l'ensemble de la problématique posée par l'adoption du digital par tout type d'organisation. Certains indicateurs sont issus de modèles existants, d'études traitant d'une partie de cette problématique, ou encore de nos expériences dans la transformation digitale des organisations. Il s'agit de la grande majorité des indicateurs, que nous avons pu définir finement en proposant des définitions précises de chacun des cinq niveaux de maturité qui les caractérisent.

Cependant, d'autres indicateurs sont plus délicats à définir. Ainsi, certains indicateurs sont fortement dépendants du secteur d'activité de l'entreprise. La définition de chaque niveau de maturité de ces indicateurs ne peut donc se faire que par des experts de ces différents secteurs d'activité. Avec les retours d'expérience, les indicateurs pourront faire l'objet de coefficients permettant de déterminer plus finement le niveau de maturité atteint par une entreprise sur chacun des cinq leviers. Par ailleurs, certains indicateurs plus innovants relèvent à la fois de notre intuition confortée par plus de vingt ans d'expérience dans la conception et la gestion opérationnelle de dispositifs digitaux dans diverses organisations privées comme publiques mais aussi de considérations prospectivistes (avènement du web 3.0, de la robotique, impression 3D, etc.). L'expérience nous a appris que dans ce cas, la confrontation de points de vue différents garantit l'obtention d'un excellent résultat. Enfin, certains indicateurs relèvent de domaines d'expertise que nous maîtrisons moins, tels que le juridique ou la fiscalité. La sollicitation des experts relève dans ce cas du bon sens.

Nous avons eu beau imaginer de nombreux cas, y compris dans des domaines encore embryonnaires, peu répandus, innovants, nous avons pleinement conscience que la rapidité d'évolution du digital peut conduire à l'obsolescence rapide d'un modèle de maturité digitale. Construit voici dix ans, un tel modèle aurait probablement ignoré l'impact des communautés qui s'expriment au travers des médias sociaux et les conséquences que cette expression a eues sur l'obligation de transparence de l'entreprise vis-à-vis de ses clients et des internautes ou encore sur l'implication des collaborateurs dans l'innovation. De la même manière aujourd'hui, l'internet des objets ou encore l'impression 3D sont encore trop récents pour que nous puissions proposer des indicateurs qui leur soient liés, même si notre modèle prévoit cette évolution. Nous y faisons déjà référence, considérant qu'il s'agit des évolutions majeures du web à venir. Si l'usage de ces technologies devient courant dans les prochaines années, il pourra être utile d'enrichir le modèle avec des indicateurs spécifiques permettant de mesurer leur adoption par l'entreprise.

Le modèle se veut ainsi une structure d'accueil embrassant toutes les dimensions de la problématique posée par l'adoption du digital par une organisation. Il a vocation à être enrichi des expériences menées sur le terrain. Il se veut un organisme vivant, s'adaptant au fur et à mesure de l'adoption du digital. Les praticiens qui l'utiliseront seront autant de sources de son enrichissement au service de tous, à l'image des produits *open source* qui abondent sur le web.

Une collaboration dans l'intérêt de tous

Nous nous sommes lancés dans la construction de ce modèle de maturité digitale en partant du constat qu'aucun modèle existant ne permet d'embrasser l'ensemble de la problématique. En l'utilisant sur le terrain, les praticiens de la transformation digitale disposeront d'un outil permettant de savoir où se situe l'organisation dans sa digitalisation. En utilisant l'outil à plusieurs intervalles de temps, ils disposeront d'un moyen de mesurer les progrès accomplis. Cependant, en partageant les résultats qu'ils auront pu mesurer ou les lacunes du modèle qu'ils auront identifiées, ils seront à leur tour des acteurs d'une meilleure compréhension de la maturité digitale d'une organisation.

Vous êtes un cadre dirigeant et vous vous posez des questions sur une dimension que nous n'avons pas prise en compte ? Jouez le jeu du digital ! Connectez-vous sur le site digitalimpacts.fr et partagez votre expérience. Votre proposition d'un indicateur, d'un sous-critère ou d'un critère, débattue avec vos pairs, pourra venir compléter le modèle. Lorsque vous souhaiterez évaluer les progrès de votre entreprise dans sa digitalisation, vous retrouverez ainsi cette dimension qui vous a semblé importante. Ou bien, s'il s'avère que cette dimension n'est pas significative, vous aurez bénéficié de l'expérience des autres en vous concentrant sur d'autres aspects plus essentiels.

Vous êtes un manager opérationnel et vous utilisez le modèle pour évaluer la maturité de votre entreprise dans sa digitalisation ? Partagez votre expérience et les résultats de votre évaluation. Comparez-vous ainsi avec d'autres entreprises, éventuellement des concurrents. Prenez ainsi conscience de l'avance ou du retard de votre entreprise. Comme dans tout dispositif collaboratif, donner ou partager une information est le meilleur moyen de recevoir une information de plus grande valeur en retour.

Un site pour réunir les contributions

Le site lié au livre est aussi un réceptacle vivant des expériences de la grande communauté des praticiens du digital, qu'il s'agisse d'experts dont c'est le métier, comme de professionnels dont le métier évolue sous l'impulsion du digital.

Vous y trouverez les podcasts de certaines interviews retranscrites dans l'ouvrage. Écoutez les témoignages que nous avons collectés, vous verrez l'importance de la voix dans la transmission des connaissances et le partage d'expérience.

Enfin, un livre étant par définition figé lorsqu'il sort de presse, vous trouverez sur le site des compléments intervenus entre sa rédaction et sa publication, et bien sûr au-delà. Il peut s'agir de présentations de nouveaux modèles de maturité traitant d'un aspect du digital, de nouvelles éditions des études et publications sur lesquelles nous nous sommes appuyés, de réflexions que nous aurons pu avoir en échangeant avec nos premiers lecteurs, ou encore d'informations d'actualité sur la maturité digitale des organisations (par exemple, classements, études, produits).

Une communauté dédiée à la transformation digitale

À terme, vous l'aurez compris, le site digitalimpacts.fr a vocation à fédérer la communauté de ceux qui changent leurs entreprises en tirant partie du digital. Il est épaulé par un compte Twitter (@digitalimpacts), une page Facebook (facebook.com/digitalimpacts) et le groupe Digital Impacts sur LinkedIn.

Notre modèle est ouvert et public pour tirer parti de l'intelligence de la multitude. Il ne tient qu'à vous, cher lecteur, d'être acteur de cette communauté. Chaque contribution, même modeste, compte pour faire du digital un atout au service du business et améliorer notre maîtrise collective des innovations.

Postface

Toute transformation suppose un changement radical tant sur la forme que sur le fond. Pour le numérique et l'entreprise, si cette transformation s'inscrit dans un modèle de société fondé principalement sur la croissance et le profit, elle requiert aussi de reculer les limites du possible. Le mouvement est devenu tel qu'il ne s'agit plus de dynamique, mais de frénésie. Une frénésie qui tend à ignorer l'ambivalence et complique la cohabitation de l'impulsion et de la raison. Tout un chacun y va donc de son petit couplet contributeur afin de façonner ce monde 3.0 dont on ne sait précisément ce qu'il adviendra.

De mon point de vue, il s'agit d'un impératif apodictique contrarié qui ne pose pas toujours la question du sens et du pourquoi. C'est sans doute là que le bât peut blesser : car le numérique – quand il n'est pas associé à l'innovation – ne constitue qu'une stratégie de moyens et non une finalité. En effet, le numérique n'est pas ce que le marché essaie de nous faire croire : ce n'est pas une forme ultime de finalité : c'est un moyen inscrit au sein d'un système d'autres moyens, ce que Ellul appelait le « système technicien ». Comme la technique, le numérique devrait être neutre. C'est loin d'être le cas. Et tenter de promouvoir une certaine idée de l'usage du numérique est difficile tant les intérêts mercantiles aspirent toute volonté d'autonomisation. Seules comptent les causes qui généreront l'effet. Et ces causes sont toujours évaluées sur la base d'autres techniques, d'autres artefacts. Pour paraphraser Hegel, le numérique est un fait effectif, une réalité agissante qui conditionne et contraint nos comportements pour nous donner l'illusion du choix et de la liberté ! Le numérique projette nos espérances, il recule ce que nous pensions impossible, pour le meilleur mais aussi pour le pire. Le meilleur, s'il contribue à nous construire dans une perspective anthropocentrique. Le pire, quand il nous rend dépendants. Sans confondre science et technique, on est bien loin de la pensée de Poincaré[1]. Que dirait-il face à l'émergence de nouveaux oligopoles qui confèrent à leurs acteurs un pouvoir prescriptif absolu sur le monde et sur l'humanité ? Un pouvoir qui dépasse la puissance des États et qui, obligatoirement, écrase les quelques valeurs éthiques résiduelles. En vérité, puissance et croissance numérique s'avèrent ne pas être fongibles dans un tel système.

Le dispositif semble désormais prêt pour dériver davantage. Tout récemment, une grande société d'assurances annonçait vouloir récompenser les assurés qui prendront soin de leur santé. Sur le fond, l'idée semble louable. Le moyen ? Remonter les paramètres personnels *via* des objets connectés. De cette façon la connaissance du client sera encore plus précise. Je te rémunère, je te récompense, mais en contrepartie, tu me donnes aujourd'hui ton corps ! Et demain ? Ton âme ? On n'est pas encore dans cette perspective faustienne, mais saura-t-on y résister longtemps ?

En vérité, il ne peut plus y avoir de limites dans l'usage et la dépendance du numérique. Nous inscrivons désormais nos actions dans cette systémique pour servir des buts, parfois des objectifs. Mais sans limites, au-delà de ces buts et objectifs, il devient de plus en plus évident qu'il ne demeurera ni valeur ni culture, ce qui rendrait abscons ce que nous nommons

1. Henri Poincaré, *La Valeur de la Science*, 1905 : « Si nous voulons de plus en plus affranchir l'homme des soucis matériels, c'est pour qu'il puisse employer sa liberté reconquise à l'étude et à la contemplation de la vérité. »

aujourd'hui la « culture numérique » que nous appelons tous pourtant de nos vœux.

Pour le dire de façon moins brutale : le numérique ? Oui, bien sûr… mais pas n'importe comment. Et je veux m'élever ici contre la radicalité des procédés marketing de ceux qui laissent entendre que seule la technique guide l'usage. Ce n'est pas *tout-à-fait* exact. Sans valeurs, sans vision, on ne peut tirer la quintessence de moyens numériques : une *stratégie* digitale ne pouvant se désarticuler d'une stratégie globale.

Il y aurait beaucoup à dire sur ce dernier point. D'abord, le terme *stratégie*[2] numérique est brocardé. On ferait mieux de parler de tactique, tant le numérique n'est que la conséquence de choix supérieurs. Ensuite, *stratégie* ou tactique réclame de la cohérence. Cohérence technique, afin de décliner la quintessence des moyens sans chronophagie d'une technologie par une autre ; cohérence fonctionnelle, afin de pouvoir arbitrer des moyens alignés sur une finalité.

Ainsi, faut-il comprendre que toute technologie nécessite une appréhension dans son ontologie et son ambivalence :

- ontologie, notamment dans son rapport au temps tel que peut le décrire Hartmut Rosa[3], mais aussi dans la manière d'en appréhender les usages ;
- ambivalence, car la technologie peut offrir le pire comme le meilleur tant dans son usage que dans sa prédestination.

---

2. De *stratégein*. Terme utilisé pour la première fois par Joël de Maizeroy en 1775. Jusqu'au 19e siècle, on préférait parler de « grande tactique ». On a beaucoup écrit sur cette thématique, mais sans doute la citation du vainqueur de Sedan (le maréchal Von Moltke) résume bien notre enjeu : « La stratégie est un système d'expédients. Elle est plus qu'une science : elle est la transmission du savoir dans la vie pratique, le perfectionnement de la pensée capable de modifier l'idée directrice primitive conformément aux situations sans cesse modifiées, c'est l'art d'agir sous la pression des circonstances les plus difficiles. »

3. Hartmut Rosa, *Aliénation et accélération. Vers une théorie critique de la modernité tardive*, éditions de la Découverte, 2010.

Si nous faisons l'effort d'une « remise à plat », d'un retour aux fondamentaux visant à instaurer un rapport symétrique entre le sujet et l'objet, entre le produit et le consommateur, on s'apercevra que nombre d'artefacts numériques abrutissent ce dernier, lui font perdre de vue la simplicité, la confiance, le sens, le juste prix.

Car nous sommes passés depuis belle lurette du *mass-market* à la satisfaction individuelle du plus grand nombre : non pas sur du sur mesure de masse mais sur du sur mesure de différenciation. Le numérique y est pour beaucoup. On peut s'en réjouir, même si on est bien éloigné de ce que disait Ellul sur la consommation et les nécessités[4]. Mais au-delà de cet apophtegme, la consommation supposait une forme de jouissance à travers l'usage. Aujourd'hui avec le numérique, on ne parle plus de consommateur mais de *e-shopper*. Derrière cet anglicisme se cache une définition redoutable. Car si le consommateur consomme c'est-à-dire jouit d'un bien, le *e-shopper* prend du plaisir à acheter pour acheter. Il s'agit là d'une approche capitalistique totalement paradoxale en regard de l'économie de la fonctionnalité, elle aussi prônée par le numérique.

Dans ses conséquences, le postulat numérique, fondé sur la confiance, viendra involontairement se répercuter sur la dynamique du discount dans le sens où l'achat, l'utilisation, la restitution (dans une limite de 14 jours autorisée par la loi) dudit bien augmenteront un coût de transaction qui se retrouvera directement dans le prix de l'offre globale ! Est-ce cohérent à l'heure où nous parlons d'économie circulaire, de marché gris et de lutte contre l'obsolescence programmée et d'impression 3D ? C'est pourquoi nous devrions repenser avec le numérique une manière plus intelligente d'envisager la « croissance ». Celle-ci ne devrait plus être verticale, mais

4. « La liberté est une victoire sur les nécessités. » Si nous sommes incapables de faire la différence entre nécessité et besoin, nous ne sommes plus libres.

horizontale, une croissance rhizomique, forcément innovante, par analogie à la description faite en son temps par Gilles Deleuze et Félix Guattari.

Cela étant, on assiste aujourd'hui à l'émergence de deux types d'entreprise :

- l'entreprise numérisée qui adapte plus ou moins rapidement ses modèles d'affaires aux réalités et enjeux du marché ;
- l'entreprise numérique qui s'est créée *ex nihilo* ou qui a basculé totalement son *busines-model*.

Sauf à disparaître, il n'existe guère d'échappatoire possible à ce mouvement irréversible. Mais le fait de ne pas avoir d'autre choix peut entraîner une reproduction mimétique des *patterns*, une pensée unique, qui appellera *de facto* à la banalisation. D'où (à terme) une forme possible de « commodisation[5] » de la chose numérique. Par exemple, qu'est-ce qui différencie une application m-commerce d'une autre dans un même segment de marché ? Rien ou si peu ! Cela donne le champ à l'émergence de méta-applications, de méta-portails, d'offres *« saasisées »* où les oligopoles (GAFA) que j'évoquais précédemment mettront tout le monde d'accord. La révolution des usages plaide en faveur de cette direction. Sur le lot d'applications existantes, n'utilisons-nous pas tous à peu près les mêmes services ? Donc l'entreprise, si elle veut tirer son épingle du jeu, a intérêt à jouer finement : il en va de sa survie.

C'est une raison supplémentaire pour conduire le fait numérique, lui donner du sens, étalonner sa gouvernance et ses principes d'actions. Mais comment procéder ?

Chez les Mousquetaires, la démarche de gouvernance numérique se fait autour d'une commission qui réunit toutes les compétences (juristes, développement durable, DSI,

---

5. Par analogie avec le « *IT does not matter* » de Nicholas Carr des années 2000.

directions marketing, communication), commission habilitée à rendre un avis dans les 48 heures qui suivent une demande et qui reporte sa décision directement à direction générale du groupement. En bientôt quatre ans d'existence, cette commission aura traité près de 300 demandes. Cet exemple est symptomatique du fait que la chose numérique n'est pas la propriété d'une entité particulière mais bien de toutes les parties prenantes.

Au Cigref, très tôt (et sans doute les premiers) nous nous sommes emparés de la thématique de la gouvernance du numérique. À cette fin, nous avons publié de nombreux livrables téléchargeables gratuitement sur notre site cigref.fr. J'en cite ici les plus significatifs, mais il y en a pléthore :

- Bruno Menard, *L'entreprise numérique*, 2012 ;
- *Entreprise et culture numérique*, 2013 ;
- Un outil d'évaluation pour optimiser la transformation numérique des entreprises.

Au cours de nos travaux, nous nous sommes interrogés quant à la manière d'apprécier la gouvernance de la culture numérique d'entreprise à travers un modèle de maturité qui s'inspirerait des grands référentiels de l'IT revisités, complétés, adaptés. Objectifs : aboutir à une forme de *benchmarking* – mais aussi et surtout de *benchlearning* – où les processus d'étalonnage permettraient de disposer d'un langage commun et de métriques « normalisées ».

Les grandes idées n'étant jamais solitaires, l'ouvrage de David Fayon et Michaël Tartar tombe à pic puisqu'il ambitionne de répondre à cette problématique à travers deux objectifs consubstantiels : une bonne gouvernance du numérique pour un numérique gouverné, c'est-à-dire la symbiose du moyen et de la fin.

Pour avoir réalisé l'exercice proposé dans cet ouvrage, on perçoit bien, au fil des questionnements, les choses à faire et celles qu'il faut vite proscrire. On perçoit aussi la suggestion de *modus operandi* permettant la conduite harmonieuse du numérique dans l'entreprise.

Il s'agit là d'un ouvrage fondateur sur lequel – et c'est la volonté des auteurs – viendront se greffer d'autres travaux dans un mode collaboratif. C'est bien le moindre qu'on puisse attendre d'un fait numérique qui n'a de cesse de vouloir s'inscrire dans une économie de la connaissance et du partage !

Georges Épinette
Directeur de l'organisation et des systèmes d'information du groupement des Mousquetaires

Vice-président du Cigref

Glossaire

ABC (***activity based costing***)/**ABM** (***activity based management***) : méthode d'analyse des coûts qui permet d'analyser finement les inducteurs de coût d'un produit et d'un service/méthode dérivée d'ABC et centrée sur les activités et les processus.

APIs (***application programming interface***) : interface de code source fournie par une application ou une plateforme pour intégrer son contenu à d'autres composants logiciels développés autour. Elle assure l'interopérabilité d'applications.

Bad buzz : écho ou bouche à oreille négatif, massif et rapide fait sur Internet pour un produit, un service ou une information.

Bande passante (***bandwidth***) : quantité maximale d'information (en bit/s) que peut véhiculer un canal de communication. Peut être vue comme la largeur des tuyaux de communication mis à disposition pour le transfert de données.

Big data : traitement de quantités massives de données, en batch ou en temps réel, du fait de la profusion d'informations produites (capteurs, puces RFID, échanges sur le web, etc.) nécessitant de nouveaux outils (par exemple, MapReduce, Hadoop), différents des classiques outils de gestion de bases de données et faisant appel à des algorithmes complexes.

ByOD (***buy your own device***): pratique consistant à utiliser ses équipements personnels (*smartphone*, tablette, PC) dans un contexte professionnel ou à choisir des équipements ayant des usages à la fois professionnels et personnels.

Cloud computing **(informatique dans les nuages ou infonuagique)** : concept qui consiste, entre autres usages, à stocker sur des serveurs distants des données ou des applications, et à y accéder.

CMMI (***capability maturity model integration***) : ensemble structuré de bonnes pratiques utilisé par les ESN, les directions des systèmes informatiques pour évaluer et améliorer leurs développements de produits/services.

CobiT (***control objectives for information and related technology***) : outil fédérateur qui permet d'établir un langage commun pour traiter de la gouvernance des systèmes d'information.

Community manager : personne qui met en œuvre la stratégie et les méthodes pour gérer, modérer et animer une communauté d'internautes sur le web (dans les forums, pages de réseaux sociaux, etc.).

Coopétition : collaboration et compétition simultanée que se livrent les entreprises.

CPA (coût par action) : unité de mesure du coût d'achat d'un espace publicitaire sur un site internet.

CPC (coût par mille impressions) : voir CPA.

Crowdfunding : outils et méthodes de financement d'un projet grâce à Internet et aux réseaux sociaux.

Crowdsourcing : utilisation de l'intelligence, des idées et du savoir-faire des internautes par l'entreprise qui sous-traite certaines tâches effectuées en interne ou par un prestataire.

Défacement : modification non sollicitée d'un site web consécutif au piratage de celui-ci.

Domotique : ensemble des techniques de l'informatique, de l'électronique et des télécoms pour rendre l'habitat intelligent.

Drive : nouvelle forme de vente au client où le client se déplace en voiture pour récupérer une commande qui peut être faite en ligne.

eSCM (***e-sourcing capability model***) : référentiel qui permet de mesurer et d'améliorer la relation entre clients et fournisseurs dans le cadre de la fourniture de services utilisant les technologies de l'information et de la communication.

ESN : entreprises de services du numérique, anciennement SSII.

Fab lab (***fabrication laboratory***) : lieu ouvert au public, et en particulier un écosystème d'étudiants, de start-up, d'entreprises où des outils mis à disposition (par exemple, imprimante 3D) permettent d'innover et concevoir de nouveaux objets.

GPEC (gestion prévisionnelle des emplois et des compétences) : gestion par anticipation des ressources humaines d'une organisation se plaçant à un horizon futur afin de déterminer les personnels cibles et ses compétences requises pour satisfaire l'évolution de l'organisation.

Hackathon : événement qui réunit des développeurs, généralement des étudiants ou des jeunes ayant un challenge informatique et collaboratif à réaliser sur plusieurs jours (par exemple développement d'une application sur smartphone).

Infobésité : désigne l'explosion des données produites sur Internet. Cela nécessite d'effectuer une veille efficace pour dénicher les informations pertinentes noyées dans la masse et les signaux faibles.

Internet des objets : objets reliés à Internet *via* des étiquettes dotées de codes (par exemple, puces RFID), des adresses IPv6 uniques et des URL/URI propres permettant de les identifier et de les tracer avec la géolocalisation notamment. Certains objets, plus évolués, sont dotés d'une intelligence propre qui leur permet de s'auto-organiser selon les événements et les environnements. L'internet des objets permet l'apparition d'une multitude d'applications.

IRL (*in real life*) : indique la vie physique par opposition à la vie sur Internet.

ISO 27001/27002 : norme internationale de système de gestion de la sécurité de l'information.

ITIL (*information technology infrastructure library*) : ensemble d'ouvrages recensant les bonnes pratiques du management du système d'information.

Klout : outil qui mesure l'influence sociale traduisant la présence d'une personne (morale ou physique) sur les médias sociaux, en particulier Facebook, Twitter, LinkedIn et Google+. Il s'agit d'un score compris entre 0 et 100.

MOOC (*massive open online course*) : cours en ligne ouvert à tous.

Nerd : geek solitaire et mordu par des sujets scientifiques ou technologiques.

***Open data* :** données ouvertes d'organisations publiées sur le web et réutilisables par des tiers qui peuvent ainsi développer de nouvelles applications.

PageRank : algorithme utilisé par le moteur de recherche de Google pour mesurer la popularité d'une page web et qui repose notamment sur le nombre de liens qui pointent vers elle et sur leur importance respective. Un score de 0 à 10 est délivré.

Phishing : fraude aux coordonnées bancaires (*phreaking* + *fishing*) qui consiste à récupérer souvent *via* des spams des informations bancaires personnelles.

POC (*proof of concept*) : réalisation d'une maquette pour démontrer la faisabilité d'un nouveau produit ou service.

Quantified self : outils et techniques permettant à chacun de mesurer ses données personnelles, de les analyser et de les partager (par exemple, fréquence cardiaque, nombre de pas dans une journée, tracé et statistiques d'un jogging effectué).

RACI (réalisateur, autorité, consulté, informé) : matrice qui indique les rôles et responsabilités des acteurs impliqués dans un processus.

Responsive design : site adaptatif, permettant d'avoir un affichage différencié et adapté au support de connexion à Internet : PC, tablette, *smartphone*, etc.

SaaS (*software as a service*) : modèle où les logiciels sont installés sur des serveurs distants plutôt que sur la machine de l'utilisateur.

Simplexité : contraction de simplicité et complexité, désigne le fait de concevoir des applications simples pour l'utilisateur, même si elles génèrent une complexité notable au sein de l'entreprise qui la conçoit.

TOGAF (*the open group architecture framework*) : ensemble de concepts et également standard industriel adressant le domaine des architectures informatiques d'entreprise.

Web 2.0 : deuxième génération du web qui recouvre trois composantes : technique (utilisation de technologies combinées : feuilles de style, Ajax, syndication de contenu), sociale (interactions entre les utilisateurs et partage/collaboration avec les blogs et les wikis) et relative aux données collectées qui sont dépendantes de l'application web 2.0 considérée et qui sont accessibles quel que soit le lieu de connexion au site 2.0.

Annexe

Construction du modèle de maturité

Pourquoi un modèle de maturité du numérique s'impose ?

Comme exposé au cours des deux premiers chapitres, la digitalisation d'une entreprise ne s'improvise pas. Elle s'inscrit dans la durée selon une stratégie mûrie au plus haut niveau. À cet effet, il est indispensable que le dirigeant puisse s'appuyer sur un outil de mesure qui le guide dans cette démarche pour que l'introduction du numérique soit créatrice de valeur selon les priorités stratégiques définies par l'organisation. Le numérique, qui est omniprésent dans la société, doit être aligné sur la stratégie même de l'organisation, que ce soit l'amélioration de sa rentabilité, le développement de produits et de services pour mieux satisfaire ses clients et/ou répondre à des attaques concurrentielles, la meilleure gestion de ses ressources humaines, etc.

Il nous a paru pertinent de nous inspirer des concepts apportés par les référentiels et outils de bonnes pratiques informatiques puis de bâtir un modèle reposant sur des axes (ou leviers) complémentaires et adressant l'ensemble de la problématique du numérique. Chacun des axes du modèle est étanche de façon à proposer l'exhaustivité de la problématique du numérique sans être redondant.

Mais avant de parler de modèle numérique, pour alimenter notre réflexion il nous a paru utile d'appréhender l'état de l'art en matière de maturité du système d'information.

L'apport des outils de gouvernance du système d'information

L'univers du système d'information

Afin d'éviter le syndrome de la feuille blanche, nous avons capitalisé sur la connaissance des concepts des outils utilisés pour le système d'information et l'étude de leur pratique. En effet, le système d'information s'est progressivement doté d'outils et de référentiels depuis la fin des années 1980 et ils sont aujourd'hui éprouvés. *A contrario*, l'apparition du digital dans les entreprises est plus récente, surtout avec la révolution induite par les réseaux sociaux et le web 2.0 qui n'a réellement débuté qu'au début des années 2010 pour l'entreprise. Cela induit un manque de recul sur le numérique, accentué par la rapidité des changements générés.

Aussi les concepts des outils et des modèles de l'informatique (pour la rigueur dans la modélisation) et du système d'information (pour l'approche systémique) sont pertinents à exploiter. Même si le domaine du numérique est plus vaste que le seul système d'information, les concepts issus de ce dernier sont très intéressants à réutiliser et réadapter à la problématique du numérique.

La DSI assure généralement les fonctions d'études et de développement (réalisation d'applications pour les métiers clients au sein de l'organisation) et de production informatique (gestion du parc de terminaux, du réseau informatique, maintien en conditions opérationnelles du parc applicatif). Ces deux fonctions peuvent être en partie externalisées auprès de prestataires.

Le rôle d'une DSI et le cycle de vie des projets

En se basant sur les méthodes de conception et de développement qui existent sur l'ensemble du cycle de vie d'un projet, l'objectif d'une direction du système d'information est de satisfaire ses clients, les métiers de l'organisation qui vont utiliser plusieurs applicatifs, historiquement sous forme de dialogue entre maîtrise d'ouvrage et maîtrise d'œuvre avec des phases allant du cahier des charges, en passant par la conception générale, la conception détaillée, le développement, la recette, jusqu'au déploiement. Désormais, cette relation entre DSI et les métiers est assurée de façon de plus en plus intégrée avec un accompagnement et une anticipation plus grande de la part des DSI qui n'imposent plus des applications, mais qui dialoguent pour développer conjointement des solutions. Cela peut également passer par l'intégration de produits sur étagères avec une surcouche fonctionnelle et technique.

Historiquement, des méthodes ont été conçues pour l'ensemble des facettes de l'informatique, que ce soit pour la conception et le développement (par exemple MERISE dès les années 1970), le développement des applications avec par exemple des méthodes « en V » pour l'ensemble du cycle de vie. Ces outils ont permis de rendre l'informatique structurée dans la conception en ayant pour objectif la diminution des coûts et des bugs alors même que son introduction dans les années 1960 et 1970 dans les organisations et les entreprises avait été artisanale[a]. Plus récemment, on a vu éclore des méthodes agiles telles que Scrum dans la gestion de projet et plus particulièrement le développement logiciel. Le champ est très large car les problématiques de gestion du système, du parc informatique, de la sous-traitance, de la téléphonie, etc. sont couvertes par l'ensemble des outils existants.

(a) Face à la pénurie d'informaticiens, des mathématiciens, des physiciens et des scientifiques étaient massivement convertis à l'informatique en apprenant parfois sur le tas. Par ailleurs, les langages informatiques (Cobol dans la gestion et Fortran dans le domaine scientifique), malgré l'usage massif d'organigrammes, ne faisaient pas l'objet d'une approche rigoureuse dans la programmation (peu de codes commentés par exemple ou de blocs réutilisables pour d'autres fonctions ou applications).

Contrairement au système d'information où les outils et référentiels de la gouvernance traitent des projets et de la plupart de ses aspects, le modèle de maturité digitale que nous proposons permet de faire une photo à un instant donné de la maturité digitale d'une organisation. Seules quelques idées sont empruntées aux outils du système d'information. Il en est ainsi de notre levier produits et services avec les quatre sous-critères de conception/design qui s'inspirent des cycles de développement informatiques.

De la méthodologie et de la modélisation des systèmes d'information

Conceptuellement, une profusion de méthodes, d'outils, de bonnes pratiques, de référentiels existent dans le monde du système d'information et en particulier de sa gouvernance. Ces outils s'appliquent à trois niveaux :

- stratégique et tactique,
- opérationnel,
- support.

Ces référentiels sont tous basés sur le concept de processus (un ensemble d'activités qui transforme des éléments d'entrée en éléments de sortie). Chaque processus est présenté comme une « bonne pratique » ou *a minima* comme un guide d'actions pour ne rien oublier dans le domaine concerné (par exemple, pour CobiT les processus formation des utilisateurs, gestion de la qualité, installation et certification des systèmes).

Les organisations peuvent ainsi établir une cartographie de leurs processus qui modélise l'ensemble des activités de leur direction du système d'information à un instant *t*. Cette cartographie peut ensuite être déclinée avec des outils pour accompagner chacun des processus : fiche d'information du processus avec le responsable du processus, logigrammes pour expliquer l'enchaînement des actions réalisées dans le processus, outillage associé, notamment le RACI pour définir les rôles et les responsabilités de chacun et les modes opératoires qui en découlent. Cela permet de capitaliser les savoir-faire et de les partager. Pour la modélisation des processus, nous pouvons distinguer trois catégories qui sont isomorphes aux trois niveaux d'application des outils informatiques. En se basant sur la modélisation des processus d'une organisation, nous avons construit une modélisation générique où les trois catégories de processus (management, opérationnels, supports) sont appliquées au système d'information, ce qui se traduit par :

- **Les processus de management** : pour ceux-ci, les dix processus du domaine planification et organisation de CobiT sont légitimes et permettent une bonne base de départ. Parmi ces processus, nous avons notamment le processus fondamental d'élaboration de la stratégie du système d'information qui a servi d'inspiration à l'indicateur plan stratégique du levier organisation. Ils peuvent être complétés par la définition de l'architecture fonctionnelle et technique (issue de TOGAF*), la définition et gestion d'une politique de *sourcing* (eSCM*), ces activités émanant de la stratégie mise en place par le management.
- **Les processus opérationnels** où pour l'acquisition et la mise en place du système d'information, il est possible de s'appuyer sur les quatre catégories de domaines de processus de CMMI (gestion de processus, gestion de projet, ingénierie, support). Et pour la gestion du système d'information, les processus issus du soutien des services et de fourniture des services d'Itil.
- **Les processus supports** où l'on peut imaginer différents apports d'autres outils de gouvernance spécifiques comme la gestion de la sécurité (avec ISO 27001/27002*), la facturation entre DSI et métiers pour les grosses organisations afin d'établir des facturations qui soient mesurables avec les prestations que des tiers assureraient (par exemple des ESN). Dans ce cas, l'apport des méthodes ABC/ABM* dans une logique de maîtrise de ses coûts (*costing, pricing, billing*) est opportun. Cela a alimenté notre réflexion pour la définition d'indicateurs permettant de mesurer les ratios de la part du digital. D'autres processus comme celui de la gestion de la connaissance ou la réalisation de veille ou d'intelligence économique peuvent être modélisés avec création d'outils ou de méthodes internes ou utilisation de logiciels adéquats.

En cas d'absence de méthode normalisée pour un processus identifié, l'organisation modélise ses propres outils. C'est également l'approche que nous retenons avec le numérique.

La vision de l'ensemble des processus d'une DSI peut être représentée par la cartographie qui suit :

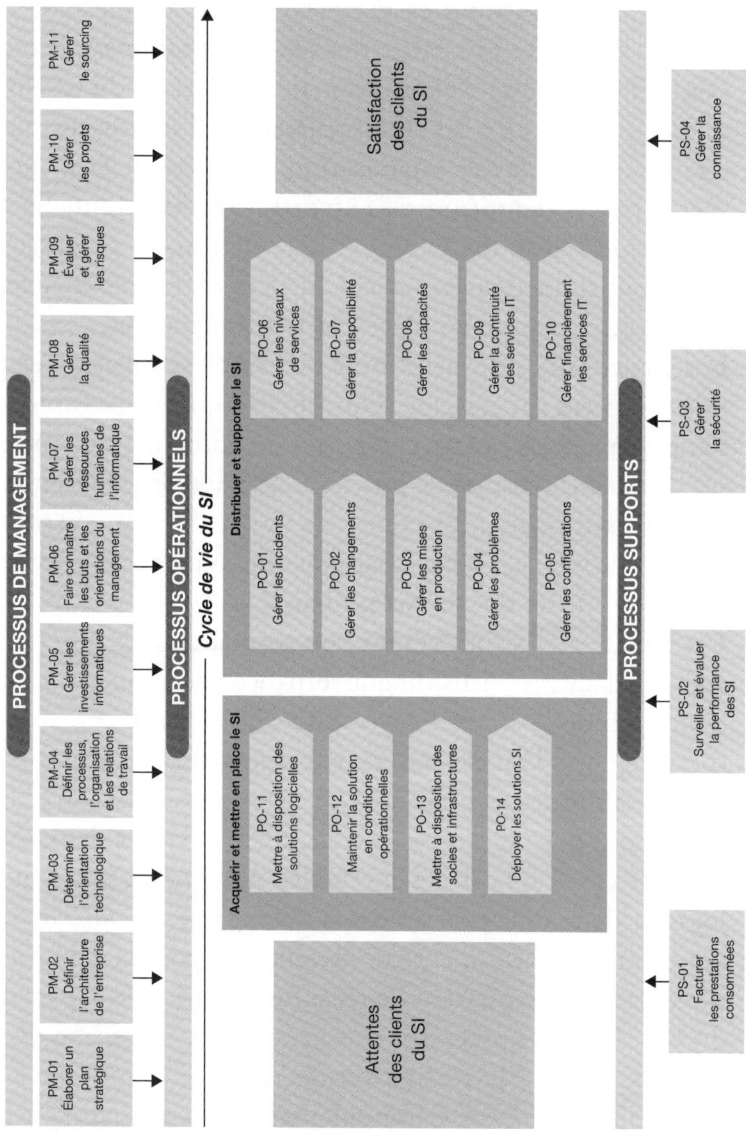

Figure A.1 Modélisation de l'ensemble des processus d'une DSI

L'idée, pour bâtir notre modèle de maturité numérique, consiste pour la partie technique à s'appuyer sur la majeure partie des outils du système d'information et pour le reste d'être force de proposition. Plutôt que de conserver les trois niveaux (processus de management, processus opérationnels, processus supports), il nous a paru plus opportun pour le domaine du numérique d'avoir une approche par leviers.

Aussi cette cartographie des processus du système d'information est-elle un point de départ de notre réflexion qui s'attache à définir un modèle de maturité propre au numérique. La vocation n'est pas de remplacer ces outils, méthodes et référentiels qui ont un rôle et qui vont perdurer. Concrètement, il s'agit de construire un modèle propre au numérique dont la portée est plus large car transverse, d'une part à l'ensemble de l'organisation et non au seul système d'information et, d'autre part, au-delà du fait des interactions nombreuses, sur le web notamment avec les clients, fournisseurs, partenaires, internautes, etc.

Les outils de gouvernance du système d'information associés dans la modélisation des processus d'une DSI, en adéquation avec la figure A1, sont représentés par la cartographie en page suivante (voir Figure A.2).

Le numérique, qui est partout, est transverse tant pour la DSI que pour l'ensemble des directions métiers de l'organisation et ce, sur l'ensemble de la vie de l'organisation.

Notons également que l'approche qualité (ISO 9001) est également transverse à la démarche processus du système d'information car intervenant tant au niveau stratégique et tactique qu'opérationnel et support. La qualité est intégrée dans notre modèle de maturité internet *via* des indicateurs spécifiques comme la qualité de service dans la distribution/vente dans le levier produits et services ou la qualité du réseau télécom dans les outils de productivité dans le levier technologie et innovation.

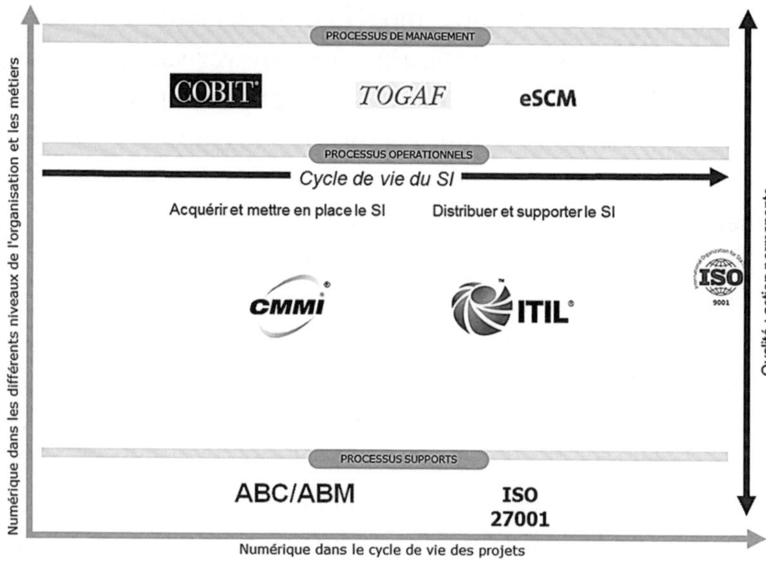

Figure A.2 Apport des outils de gouvernance d'un système d'information dans la modélisation des processus d'une DSI

Le numérique est un facteur d'accélération du temps. Aussi une méthodologie propre au numérique se doit d'être évolutive en prenant en compte la création de produits et de services avec des étapes par essais et erreurs, avec un écosystème extérieur à l'organisation, une logique de *proofs of concept* (POC) avec des *go/not go* de la direction générale avant de continuer ou non les projets. Cela vient chahuter les modèles existants qui sont à revisiter car incomplets face à ce nouveau paradigme propre au digital. Cela explique notre proposition de combler le manque dans la modélisation de l'activité numérique d'une organisation.

La définition de leviers et leur construction, socle du modèle de maturité

L'état de l'art dans l'univers du système d'information, qui est relativement stable, constitue une première étape. Avec le numérique où les cycles de vie sont accélérés, nous avons constaté des spécificités propres qui nous ont amenés à nous poser les questions des dimensions à intégrer. En particulier, la logique de chaîne de valeur est fondamentale avec le produit au centre et l'orientation client très développée. *A contrario*, dans le monde du système d'information et plus particulièrement des projets informatiques, le triptyque « qualité/coût/délai » prime.

À noter que d'un point de vue technologique, où le système d'information est souvent moteur dans l'entreprise, les processus de la DSI ne couvrent pas tous les besoins d'analyse. Par exemple, le référencement est de l'ordre du marketing, le calcul, du retour sur investissement, souvent géré par le contrôle de gestion. Les mondes du système d'information, du marketing notamment mais aussi ceux du contrôle de gestion et des RH sont complémentaires. Pour être complet et cohérent dans la construction d'un modèle du numérique, il est nécessaire d'analyser et de formaliser les apports respectifs et les jonctions qui existent.

L'introduction de nouvelles technologies en entreprise est un bouleversement qui, pour être réussi, doit intégrer trois dimensions[1] technique, humaine et organisationnelle. Cette triade constitue le point de départ des cinq leviers incontournables du modèle que nous proposons :

- **Levier 1. Organisation** (avec la stratégie propre au numérique, la gouvernance, le management qui doit faire face aux enjeux du collaboratif et du caractère ouvert de l'organisation sur Internet et les ressources humaines en lien avec le levier personnel).
- **Levier 2. Technologie et innovation** (le facteur innovation a été adjoint du fait des nouveaux *business models* propres au numérique, des techniques disruptives et du facteur temps qui s'accélère, rendant la course à l'innovation un objectif permanent de survie et/ou de différenciation).

1. D. Fayon et B. Quinio, « Le management des systèmes d'information en entreprise », revue *Flux*, 2000.

- **Levier 3. Personnel** (terme que l'on préfère à celui d'humain. En effet la notion de formation permanente intervient dans la logique d'employabilité face aux nouveaux métiers qui émergent rapidement, aux connaissances qu'il est nécessaire d'emmagasiner en permanence tant dans une logique d'employabilité propre à titre individuel que de GPEC pour l'organisation à titre collectif. La notion de partage est davantage présente dans un monde numérique où l'aplatissement des structures et la coopération donne un avantage à l'organisation qui saura en tirer profit).

Ces trois premiers leviers ne nous ont pas paru suffisants, dans la mesure où d'un point de vue numérique, le marketing et le commercial ont un rôle fondamental, ce qui nous amène à nous préoccuper également du produit ou du service dans la construction de notre modèle. Cela est la raison d'être des organisations (à l'exception de quelques associations ou administrations). Le produit ou le service est sublimé par les nouvelles possibilités offertes par le numérique et le web 2.0 en particulier, du fait que les internautes sont davantage acteurs du produit.

- **Levier 4. Produits et services** (avec l'innovation pour cocréer, la conception et le design où les internautes et un écosystème peuvent être associés, la distribution avec des évolutions rendues possibles par la e-logistique, le marketing enfin où le marketing mix avec la règle des 4P [produit, prix, positionnement, politique de distribution] fait sa mue).

Enfin, en nous appuyant sur nos réflexions sur le modèle des « cinq + une » forces de Porter 2.0[2], nous pensons que le fait d'inclure l'environnement est un enrichissement nécessaire du fait de l'importance du lobbying, du rôle de l'État en

2. D. Fayon et B. Quinio, « Stratégie d'entreprise 2.0 : vers un Porter 2.0 avec les outils du Web 2.0 », *Télécom*, 2012,

matière de fiscalité[3], et plus généralement de tous ces facteurs externes. Les forces de Porter 2.0 avec les facteurs d'augmentation et de diminution de la force sont résumées dans le tableau qui suit :

Force	Ce qui augmente la force	Ce qui permet de diminuer la force
Négociation des clients	Clients plus informés, plus exigeants, achat groupé.	Co-production de valeur avec les clients qui sont ainsi fidélisés.
Négociation des fournisseurs	Regroupement de vendeurs, plates-formes B2B pour les achats. Déport des informations clients vers les fournisseurs de services CRM.	Achats des mots clés aux enchères pour le référencement sur Internet. Garantir la confidentialité des informations clients.
Entrants potentiels	Positionnement plus facile d'autres acteurs sur son propre créneau, raccourcissement des cycles, mondialisation.	Capacité à se diversifier sur d'autres créneaux.
Produits de substitution	Innovation permettant l'apparition plus rapide de produits/services de substitution.	Crowdsourcing. Nuage informatique. Capacité à innover pour générer ses propres produits/services de substitution.
Concurrence intrasectorielle	Intégration de l'innovation, des usages et des métiers par ses concurrents.	Intégration de l'innovation, des usages et des métiers qui en découlent avant ses concurrents.
Réglementation du secteur	Fiscalité souvent pénalisante.	Lobbying, apparence à des communautés pour influer favorablement sur la réglementation.

Ces forces de Porter 2.0 conduisent à un cinquième levier.

- **Levier 5. Environnement** (relations extérieures, questions réglementaires au premier rang desquelles les considérations juridiques et fiscales, normes et capacité de son personnel d'y participer et de peser sur les standards dans un sens favorable à l'organisation, usage notamment par rapport au débit internet de nature à permettre davantage de possibilités).

Ces cinq leviers complémentaires permettent d'assurer l'exhaustivité du modèle. Ils sont ensuite décomposés en critères

3. Par exemple, double condamnation de Google par la France, 150 000 euros par la Cnil, 1 milliard environ demandé par l'État en riposte à l'optimisation fiscale jugée frauduleuse. Voir numerama.com/magazine/28275-la-france-reclamerait-1-milliard-d-euros-d-impots-a-google.html.

eux-mêmes découpés en sous-critères. Pour chacun des sous-critères, un ou plusieurs indicateurs de mesure sont retenus avec des outils associés ou une méthodologie permettant d'estimer le niveau atteint par l'organisation pour chaque indicateur considéré.

Considérons par exemple le levier technologie et innovation. Dans celui-ci, nous avons le critère architecture puis le sous-critère *open data*. L'indicateur est la propension de l'organisation à ouvrir ses données. Si nous prenons la RATP, celle-ci a ouvert[4] les données relatives à ses lignes et stations de métro. Cela a permis à quelques applications, en dehors de l'entreprise, de se développer comme CheckMyMetro qui, lorsque le réseau internet est disponible, permet de connaître les temps d'attente des métros, les éventuels problèmes de trafic mais offre aussi des usages subversifs comme la présence de contrôleurs. Ensuite, il convient de mesurer le niveau atteint par l'indicateur.

Prenons le levier produits et services. Il comprend le critère marketing qui se décompose en sous-critère identité de marque. L'un des indicateurs est la cohérence de la présence de la marque et de ses produits/services sur le web. Il s'agit du degré d'uniformité du nom de la marque sur ses sites et les médias sociaux où elle est présente. Elle reflète la capacité à être pionnière dans la réservation des noms sur Internet et à lutter efficacement contre les homonymes et le *cybersquatting*. C'est au cœur de la stratégie de nom de la marque qui établit des complémentarités entre les mondes physique et virtuel.

Afin d'être le plus précis dans la mesure de la maturité, nous avons opté pour cinq niveaux pour chacun des indicateurs. Nous avons repris le modèle de notation de CMMI qui constitue un apport des méthodologies du système d'information. Celui-ci est également emprunté par IDC[5] dans son

---

4. Voir le site créé pour l'occasion http://data.ratp.fr.
5. In *La maturité numérique des dirigeants français*, IDC, 2e éd., octobre 2013.

étude sur la maturité numérique des dirigeants. Nous retenons l'appellation du modèle IDC avec en complément le niveau 0 de CMMI lorsqu'un critère est absent ou très embryonnaire :

Niveau	Maturité
0	Incomplet
1	Initial
2	Opportuniste
3	Renouvelable
4	Maîtrisé
5	Optimal

À l'image des poupées russes, pour atteindre un niveau de maturité donné, il convient de satisfaire les exigences des niveaux inférieurs.

La maturité numérique d'une organisation est estimée sur chacun des axes (ou leviers) globalement après agrégation et pondération des différents indicateurs figurant sur les critères et sous-critères. Pour certains indicateurs, il existe des outils et des méthodologies sur lesquels nous nous appuyons. *A contrario*, pour d'autres nous innovons et proposons soit de nouveaux outils en nous appuyant sur l'état de l'art, soit en faisant appel à la communauté de lecteurs du présent livre et d'utilisateurs du modèle de maturité internet. Un site évolutif vient en effet en complément du livre. En effet, certains critères nécessitent un retour d'utilisateurs étant donné, entre autres, les spécificités propres aux secteurs d'activité. Par exemple, le niveau de maturité associé à l'indicateur « pourcentage des dépenses opérationnelles allouées au numérique » peut varier fortement entre une entreprise technologique et une entreprise de l'industrie pharmaceutique ou encore de la grande distribution. N'ayant pas cette expertise, une vision ascendante ou *bottom-up* de la communauté est source de valeur pour enrichir le modèle. Par ailleurs, il est important que la méthode soit facile à mettre en œuvre quel que soit le type d'organisation, y compris les TPE et PME. Pour ces plus petites structures où le temps et les moyens sont limités, il est crucial que la méthode soit simplifiée et facile d'accès : des indicateurs au sein des critères sont notamment optionnels. Cela constitue un facteur clé de succès. Nous avons conceptuellement emprunté le principe de l'existence de version simplifiée des outils. Par exemple, pour CobiT, l'outil est disponible avec version facile à mettre en œuvre baptisée Quickstart. Celle-ci est principalement destinée aux PME pour lesquelles l'informatique ne représente pas un enjeu stratégique, mais plus un levier de croissance dans leur stratégie globale.

Notre modèle suit une logique similaire. Pour la description des critères, sous-critères et indicateurs, une mention est faite pour indiquer le caractère facultatif ou obligatoire en fonction de la taille de l'organisation selon trois catégories :

- TPE et petite PME, petite association,
- grande PME et grande entreprise,
- administration, grande association.

Par ailleurs, le calcul de certains indicateurs est fonction du secteur d'activité qui n'implique pas les mêmes opportunités et contraintes s'agissant du numérique.

Les leviers sont décrits dans les chapitres 3 à 7 avec les outils associés pour la mesure et la mise en œuvre au sein des organisations.

Nous invitons le lecteur à rejoindre la communauté des praticiens de la transformation digitale réunie sur www.digitalimpacts.fr. Vous pourrez en particulier contribuer à la construction des indicateurs ci-dessous, classés par leviers, critères et sous-critères du modèle de maturité que nous proposons.

Faites-nous part, sur l'espace collaboratif du site, de vos retours d'expérience concernant la mise en œuvre du modèle dans votre organisation.

Levier	Code Critère	Critère	Code Sous-critère	Sous-Critère	Code indicateur	Indicateur	Page
Organisation	01	Stratégie numérique	01.1	Création de valeur	01.1.1	Ratio des capitaux investis dans le numérique par rapport à l'ensemble des investissements	72
Organisation	01	Stratégie numérique	01.2	Revenus et coûts	01.2.1	Pourcentage de chiffre d'affaires réalisé au travers des canaux numériques (part de marché du numérique)	73
Organisation	01	Stratégie numérique	01.2	Revenus et coûts	01.2.2	Pourcentage du chiffre d'affaires réalisé avec de la monnaie virtuelle	73
Organisation	01	Stratégie numérique	01.2	Revenus et coûts	01.2.3	Pourcentage des dépenses opérationnelles allouées au numérique	73
Organisation	01	Stratégie numérique	01.2	Revenus et coûts	01.2.4	Ratio du coût de distribution sur chiffre d'affaires	74
Organisation	01	Stratégie numérique	01.2	Revenus et coûts	01.2.5	Ratio des paiements numériques	74
Organisation	02	Gouvernance	02.3	Pilotage	02.3.1	Part de marché des canaux numériques (part de chiffre d'affaires, part de commandes en volume et en valeur, part d'actes de gestion de relation client)	79
Organisation	02	Gouvernance	02.3	Pilotage	02.3.3	Positionnement concurrentiel	81
Organisation	02	Gouvernance	02.3	Pilotage	02.3.4	Prix du haut débit fixe	81
Organisation	02	Gouvernance	02.3	Pilotage	02.3.5	Prix du haut débit mobile	81
Organisation	02	Gouvernance	02.6	Finance	02.6.1	Taux de projets financés par des solutions innovantes	87
Organisation	02	Gouvernance	02.7	Juridique	02.7.1	Force de protection de la propriété intellectuelle	88
Organisation	03	Implantation des activités numériques	03.2	Avec des entités extérieures	03.2.1	Taux de services réalisés en partenariat avec des acteurs tiers, au travers d'API fournis par l'organisation	92
Organisation	04	Ressources humaines	04.1	Métiers du numérique	04.1.1	Taux de personnes ayant une activité numérique pour l'organisation	93
Organisation	04	Ressources humaines	04.1	Métiers du numérique	04.1.3	Taux de ressources scientifiques de haut niveau	94
Organisation	Q4	Ressources humaines	Q4.4	Innovation	Q4.4.1	Taux de ressources dédiées à l'innovation	96
Technologie et Innovation	TI6	Outils de productivité	TI6.1	Equipement	TI6.1.2	Qualité du réseau Télécom	139
Technologie et Innovation	TI6	Outils de productivité	TI6.2	Accès à Internet	TI6.2.2	Bande passante	140
Personnel	P1	Formation	P1.1	Niveau	P1.1.1	Maîtrise du numérique	166
Personnel	P1	Formation	P1.1	Niveau	P1.1.2	Maîtrise du numérique par les principaux cadres dirigeants	167
Personnel	P2	Partage	P2.1	Données	P2.1.1	Ratio relatif au taux de partage des données sur les projets	169
Personnel	P2	Partage	P2.2	Acteurs	P2.2.1	Taux de relais pour assurer les intérims et la continuité de service en cas d'absence et avoir plusieurs personnes pour réaliser une action au moment souhaité	170
Produits et Services	PS3	Distribution/Vente	PS3.5	Statistiques des ventes	PS3.5.1	Existence de tableaux de bord dynamiques pilotés	204
Produits et Services	PS4	Marketing	PS4.1	Expérience client	PS4.1.1	Capacité à exploiter les données pour adapter son offre	205
Produits et Services	PS4	Marketing	PS4.2	Prix	PS4.2.1	Capacité à avoir une offre tarifaire sur mesure grâce au numérique	206
Produits et Services	PS4	Marketing	PS4.3	Positionnement	PS4.3.1	Niveau de perception numérique de l'organisation	206
Environnement	E2	Règlementaire	E2.2	Fiscal	E2.2.1	Niveau de reporting, de consolidation et d'optimisation grâce aux outils numériques et dans le respect de la loi	231
Environnement	E3	Normes	E3.1	Organismes	E3.1.1	Nombre d'ETP dédiés aux organismes de normalisation du numérique ramené au nombre de collaborateurs	231

Figure A.3 Indicateurs soumis à la communauté

Bibliographie

Livres

AAKER Jennifer & SMITH Andy, *The Dragonfly Effect*, Jossey-Bass, 2010

BERNOFF Josh & SCHADLER Ted, *Empowered*, Harvard Business Review Press, 2010

BLANCHARD Olivier, *Social Media ROI*, QUE Publishing, 2011

CAMPANINI Erik, HUTCHINS Kyle, *Darwinism in a Consumer-Driven World*, Pearson, 2014

COLIN Philippe, WARGNIER Xavier, *Tout savoir sur… La transformation numérique - les 7 clés pour changer votre entreprise*, éditions Kawa, 2012

HUNT Tara, *L'effet Whuffie*, Les éditions Diateino, 2009

KAUFMAN Henri *et al.*, *Internet a tout changé*, Editions Kawa, 3e édition, 2010

JARVIS Jeff, *La Méthode Google*, Editions Télémaque, 2009

KABLA Hervé & LAURENT François, *Médias sociaux et B2B, un mariage d'amour ?*, éditions Kawa, 2013

QUALMAN Erik, *Socialnomics*, Wiley, 2009

SOLIS Brian, *What's the Future of Business? Changing the Way Business Create Experiences*, Wiley, 2013

WU Michael, *The Social of Science*, Lithium, 2012

WU Michael, *The Social of Science 2*, Lithium, 2013

Études et revues

« The digital advantage: how digital leaders outperform their peers in every industry », Cap Gemini consulting, 2012

« Étude IT Focus, enjeux et perspectives 2014 pour la DSI », *Le Monde Informatique*, janvier 2014

« The digital transformation: changing the game in financial services », Fiserv, 2010

« Digital transformation in 10 building blocks to boost customer experience and ROE, EFMA », McKinsey&Company, octobre 2012, efma.com/ressources/studies/2012/1-JXVJ0_E_study.pdf

« Cadre de référence de la culture numérique », Cigref, entreprises-et-cultures-numeriques.org/cigref-dote-la-culture-numerique-dentreprise-dun-cadre-de-reference/

« Digital Disruption », Deloitte Australie, rundlemall.com/bm.doc/deloitte-retail-research---digital-disruption.pdf

« Les 4 piliers de la transformation numérique des entreprises », *Les Échos*, faberNovel, http://business.lesechos.fr/directions-generales/numerique/0203254266148-les-4-piliers-de-la-revolution-numerique-des-entreprises-59412.php?goback=%2Egde_4529091_member_5832057114805170179#%21

« Greasing the Wheels of the Internet Economy (e-Friction Index) », BCG, bcgperspectives.com/content/articles/digital_economy_telecommunications_greasing_wheels_internet_economy/

e-Intensity Index, BCG, bcgperspectives.com/content/interactive/telecommunications_media_entertainment_bcg_e_intensity_index/

« La maturité numérique des dirigeants français », baromètre Syntec numérique, IDC France, 2e éd., octobre 2013

Ernst & Young, « Born to be digital, How leading CIOs are preparing for a digital transformation », ey.com/Publication/vwLUAssets/EY_CIO_-_Born_to_be_digital/$FILE/EY-CIOs-Born-to-be-digital.pdf

« Digital Economy, Analog Boards: The 2013 Study of Digital Directors », Russel Reynolds Associates, 2013, russellreynolds.com/content/digital-economy-analog-boards-2013-study-digital-directors

« Le conseil d'administration et la transition numérique de l'entreprise », IFA-Cigref, septembre 2013, http://images.cigref.fr/Publication/2013-IFA-CIGREF-Conseil-d-Administration-et-Transition-Numerique-d-Entreprise.pdf

« Impact d'Internet sur l'économie française – Comment Internet transforme notre pays », Rapport McKinsey, mars 2011

Charlene Li et Brian Solis, avec Alan Webber et Jaimy Szymanski, *The Evolution of Social Business: Six Stages of Social Business Transformation*, altimetergroup.com/research/reports/evolution-social-business

Outils et méthodes

CMMI (*Capability Maturity Model Integration*), Software Engineering Institute de l'Université de Carnegie-Mellon

ITIL (*Information Technology Infrastructure Library*) version 3

CobiT (*Control Objectives for Information and related Technology*)

EFQM (*European Foundation for Quality Management*)

Web

Webindex report 2013, https://thewebindex.org/, 2013

Blog de Bertrand Duperrin duperrin.com/2013/08/20/commencer-transformation-digitale-sociale/

Blog DearMedia, digital strategies and innovation dearmedia.be/2013/05/29/dearmedia-introduces-digital-transformation-modeling/

Association française d'audit et du conseil informatique, afai.fr

Modèle de maturité social media marketing, atinternet.com/wp-content/uploads/2012/10/AT_social-maturity-model_fr.pdf

Modèle de maturité numérique pour la continuité des soins, hospitalia.fr/WoHIT-2014-HIMSS-Europe-devoilera-son-modele-de-Maturite-Numerique-pour-la-Continuite-des-Soins_a249.html

Présentation des auteurs

David FAYON (@fayon, @davidfayon), expert technologies numériques, administrateur des postes et télécommunications, a été successivement directeur marketing de ColiPoste, responsable de l'outil des contrôleurs de gestion de La Poste puis directeur de projets et responsable prospective et veille SI à La Poste Courrier. Par ailleurs diplômé de Télécom ParisTech, de l'université Paris VI et de l'IAE de Paris, il assure ponctuellement des cours dans des grandes écoles et universités, et intervient pour des conférences et des missions de conseil en numérique (chambres de commerce et d'industrie, Association pour le progrès du management), notamment le web 2.0, les réseaux sociaux, la stratégie à déployer pour la transformation numérique. David Fayon est membre de plusieurs associations œuvrant pour le développement du numérique en France dont Renaissance numérique. Il a publié plusieurs ouvrages dont *Web 2.0 et au-delà* et *Géopolitique d'Internet* chez Economica et *Facebook, Twitter et les autres...* avec Christine Balagué chez Pearson et anime le site L'actualité du Web et du numérique (davidfayon.fr). Il est à présent consultant web dans la Silicon Valley.

Michaël TARTAR (@michaeltartar), ancien senior manager responsable de l'offre de conseil digital de BearingPoint en France, a bâti sa carrière sur les nouvelles technologies. Il a ainsi développé le système de distribution des ouvrages de la

Bibliothèque nationale de France sur les technologies objets naissantes, puis il a rejoint le pôle nouvelles technologies d'Euriware pour lancer les premiers sites web transactionnels en environnement B2B. En rejoignant Andersen, il a d'abord développé l'offre d'intégration d'applications d'entreprises (EAI) pour de grandes marques soucieuses de moderniser leur système d'information. Il a ensuite mis ses connaissances techniques au service des directions marketing et commerciales B2C, pour développer les ventes, la relation client en ligne et conduire des programmes de transformation digitale. Par ailleurs diplômé de l'EPITA en génie logiciel et titulaire d'un MBA de l'IAE de Paris, il a contribué à de nombreux ouvrages et livres blanc sur le digital, intervient en tant que conférencier et anime le blog michaeltartar.com.

Index

M

N

O

P

Q

R

S

T

U

IMPRIMÉ EN ESPAGNE

Imprimé par **GraphyCems**
31132 Villatuerta (Espagne)

Suivant sa politique de développement,
amélioration continue, qualité et gestion de l'environnement,
GraphyCems possède les certifications **ISO 9001**,
ISO 14001 et **FSC** (Forecast Stewardship Council).